U1009085

匡时 大学通识系列

哲 学 思 辨 与 伦 理 规 范

逻辑思维训练教程

谭群辉　谭轶斐◎编著

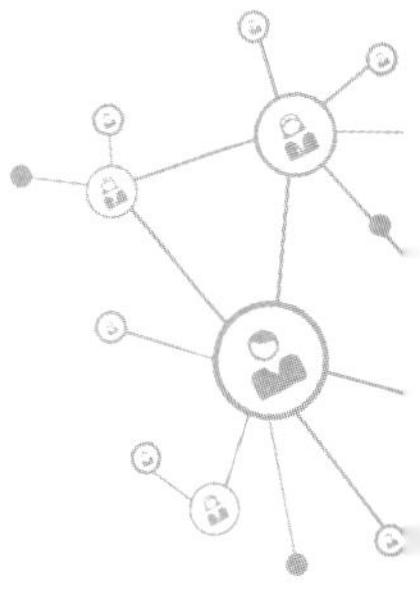

上海财经大学出版社

图书在版编目(CIP)数据

逻辑思维训练教程/谭群辉,谭轶斐编著. —上海:上海财经大学出版社,2019.3

匡时·大学通识系列·哲学思辨与伦理规范

ISBN 978-7-5642-3063-0/F·3063

Ⅰ.①逻… Ⅱ.①谭…②谭… Ⅲ.①逻辑思维-训练-高等学校-教材 Ⅳ.①B80

中国版本图书馆 CIP 数据核字(2018)第 141899 号

□ 责任编辑 陈 明

□ 封面设计 张克瑶

逻辑思维训练教程

谭群辉 谭轶斐 编著

上海财经大学出版社出版发行

(上海市中山北一路 369 号 邮编 200083)

网 址:http://www.sufep.com

电子邮箱:webmaster @ sufep.com

全国新华书店经销

上海华业装璜印刷厂印刷装订

2019 年 3 月第 1 版 2022 年 7 月第 4 次印刷

710mm×1000mm 1/16 22.5 印张(插页:2) 367 千字

印数:4 501—6 500 定价:52.00 元

前　言

2013 年，上海财经大学启动通识教育项目，“形式逻辑新解”被列入上海财经大学首批通识教育课程。2018 年 11 月，这门课程又有幸被列入通识教育核心课程的建设。

形式逻辑是一门古老的课程，自亚里士多德的《工具论》问世以来，它就形成了一个严密的理论体系。数千年来，这门课程在教育领域中始终是被作为方法论课程而传授的。形式逻辑新解之“新”，并非试图颠覆以往的传统逻辑的公理、规则，也非妄想创立一个新的逻辑系统，而是在传授逻辑知识的同时引导学生进行思维训练，把知识传授与逻辑方法训练合二为一。35 年的逻辑教学实践经验告诉笔者，在财经类大学开设这门课程的意义，不在于让学生去系统地掌握那些高深的逻辑体系的公理、规则和繁琐的论证，而在于对教学对象进行思维训练。目前国内的相关教材比较多的都是对基本原理的解析，很少有思维训练的内容。2014 年开设通识教育系列"形式逻辑新解"后，我曾出版过一本《逻辑基础》，试图把逻辑知识的传授与思维训练结合在一起，但当时由于时间仓促，思维训练的材料较少。借这次核心课程建设立项成功之机，专门写一本为“形式逻辑新解”课程配套的教材的条件已经成熟。

这本教材结合笔者 20 多年来教授的 MBA、MPA、MPACC 的考前辅导课的经验和积累的相关的资料，并以通识教育为主线，把逻辑基本原理论述和思维训练有机地融合在一起。本书由三个部分组成：逻辑基础知识（第一章至第八章）；专项训练；综合训练。希望读者通过对本教材的阅读，不仅了解形式逻辑的常识，而且通过专项训练和综合训练对枯燥的逻辑产生兴趣，提高逻辑思维能力。上海财经大学马克思主义学院院长章忠民教授、上海财经大学人文学院党委书记范宝舟教授对本书作了许多有益的指导，上海财经大学出版社李志浩老师、陈明老师为本书的出版提出了许多有益的建议，在此一并感谢。

由于作者的水平有限，书中的缺点和错误在所难免，恳请读者和学界同仁批评指正，以利于我们今后进一步做好修订和完善工作。

谭群辉　谭轶斐

2019 年元旦于武东路小白楼

目　录

基础知识

专项训练

综合训练

基础知识

第一章　绪　论

形式逻辑是一门古老的科学，迄今已有两千多年的历史。我国古代称之为名学、辩学；日本称之为论理学；印度则称之为因明学。在西方文化中，最早称之为逻辑，康德之后称之为形式逻辑。本章首先对形式逻辑的研究对象、性质和作用，以及学习它的意义和方法，作一概括的介绍，为系统地学习这门科学打好基础。

第一节　形式逻辑的对象

一、逻辑的含义

尽管在中国古代就有名学、辩学这些类似西方逻辑学的概念，但“逻辑”一词却是外来概念。现行“逻辑”一词译自英语“Logic”，导源于希腊文“逻各斯”。中国著名翻译家严复 1905 年在翻译《穆勒名学》时引入西方文化中的“逻辑”一词，这是现代汉语中首次出现“逻辑”一词。

在现代汉语中，“逻辑”一词至少有三种解释：一是指客观事物的规律。例如，“人类社会的进程和自然的进程是一致的，都有着内在的逻辑。”这是说社会发展和自然的发展是一样的，都必须受到客观规律的制约。二是指思维规律。例如，“写文章和讲课都要合乎逻辑。”这是说写文章和讲课都要遵守思维规律。三是指逻辑这个学科。例如，恩格斯指出，逻辑是“关于思维过程本身的规律的学说”[①]。本书所用“逻辑”一词主要基于第三种解释，即逻辑学科。逻辑学有广义和狭义之分。广义的“逻辑学”是关于形式逻辑、数理逻辑和辩证逻辑等几门科学的总称，狭义的“逻辑学”则专指形式逻辑。

---

① 《马克思恩格斯选集》第 4 卷，人民出版社 1972 年版，第 253 页。

形式逻辑是关于思维的科学，是一门以思维的基本形式、基本规律为研究对象的科学。一般来说，世界由三个领域构成，即自然领域、社会领域和思维领域。研究这三个领域的学问相应地就形成自然科学、社会科学和思维科学。当然，研究思维的科学门类较多，形式逻辑是其中之一。因此，形式逻辑并不研究思维领域的所有内容，而只研究思维形式的结构及其规律、规则，以及思维过程中经常使用的一些逻辑方法。为了理解形式逻辑的对象，我们应当明确思维、思维形式、思维的逻辑形式、思维的逻辑规律以及简单的逻辑方法等基本概念。

二、思维、思维形式、思维的逻辑形式

人们在社会实践中对客观事物的认识是一个辩证过程：第一阶段是人通过感官直接接触客观事物，认识事物的现象和外部联系，在人脑中产生感觉、知觉和表象，这属于感性认识阶段；第二阶段是在大量感性材料的基础上，进行由此及彼、由表及里的整理和改造，逐步把握事物的本质和内在联系，这属于人的理性认识阶段。这个理性认识的阶段，也就是思维的阶段。

所谓思维，是指人作为主体对客观事物及其规律的反映。思维对客观事物的反映具有概括性、间接性以及与语言不可分等特点。所谓思维的概括性，是指思维能够反映一类事物的内在的本质的属性，而舍去表面的、非本质的属性。例如，对于教师，感觉只能反映某个教师的外貌、衣着、言谈、教学过程等外表特征，至于教师这类人的内在的本质是什么，只有运用思维对一个个的教师加以比较、分析、综合、抽象等活动，才能得到“教师是指受过专门教育和训练，并在教育(学校)中担任教育、教学工作的人”这样一个关于教师这类人本质的认识。所谓思维的间接性，是指思维不是通过直接接触事物而获得认识，而是能根据已有的知识推出新的知识。所以，思维能够获得感觉、知觉、表象所不能提供或尚未提供的知识。例如，空气中的音速在 1 个标准大气压和 15℃的条件下约为 340 米/秒。音速是无法通过感觉而获得对它的直接认识的，但却可通过计算，凭借思维间接认识到这个速度。所谓思维与语言密不可分，是指思维对客观现实的反映不同于感觉对客观现实的反映，它必须借助语言材料才能实现。无论是思维的产生、存在，还是思维成果的表达，都离不开语言材料。只有在语言的词和句子的基础上，思维活动才能进行。语言材料把人思维活动的结果、认识活动的成果用词和句子记载下来并巩固起来，这样才能使人类社会中的思想交流得以实现。

没有语言材料，思维就失去了赖以实现和交流的物质手段，从而也就不可能有人的思维活动。

因此，我们可以说思维就是人脑凭借语言对客观现实的概括的、间接的反映。

形式逻辑是研究思维的科学。尽管形式逻辑和认识论、辩证法、心理学等都要研究思维，但它们却是从不同的角度来研究的。形式逻辑不研究思维的形成和发展过程及其规律、不研究思维如何反映现实以达到真理的问题、不研究思维的生理基础和心理过程及其规律，也不研究思维的具体内容及其真假问题；所有这些都是哲学、心理学以及其他各门具体科学的任务。形式逻辑主要是就思维的形式方面来研究思维的。但它不研究思维的一切方面，而只研究思维的形式及其规律。所谓思维形式，是指思维对客观特定对象及其属性的反映方式。具体地讲，就是指概念、判断和推理等。概念、判断和推理等形式，是根据思维的组成和表现形态的不同而划分出来的三种类型，所以，有的教科书又把概念、判断和推理称为思维类型或思维形态。

概念组成判断，判断组成推理。每一个具体的判断和推理自身都有内容和形式两个方面。所谓思维的内容，是指反映在思维中的特定对象及其属性。所谓思维的逻辑形式，是指思维内容各部分之间联系的方式，即思维内容赖以存在的方式。

我们可以通过如下例子具体加以说明。

例如，有以下三个具体判断：

(1)所有的星球都是运动的。

(2)所有的艺术作品都是用形象来反映社会生活的。

(3)所有的商人都是要追求利润的。

上面三个判断中：判断(1)属于物理学领域的具体思维，它反映思维对象“星球”具有“运动”这个属性；判断(2)属于艺术领域的具体思维，它反映思维对象“艺术作品”具有“用形象反映社会生活”这个属性；判断(3)属于经济领域的具体思维，它反映思维对象“商人”具有“追求利润”这个属性。这三个判断对这些特定对象及其属性的反映，就分别是这三个判断不同的思维内容。但这三个判断的内容各部分之间联系的方式都是相同的。我们以“S”表示反映思维对象的概念，以“P”表示反映属性的概念，那么，这三个具体判断内容各部分之间联系的方式都是“所有 S 是 P”。

“所有 S 是 P”就是上述三个内容各不相同的具体判断共同具有的逻辑形式。

再如，有以下两个推理：

(1)所有的金属都是导电的，

所有的铁都是金属，

所以，所有的铁都是导电的。

(2)所有的动物都是进化的，

所有的猴子都是动物，

所以，所有的猴子都是进化的。

以上两个推理的内容完全不同。推理(1)是对“金属”“导电的”与“铁”情况的反映。推理(2)是对“动物”“进化的”与“猴子”情况的反映，但这两个推理的内容各部分之间联系的方式都是相同的，在推理(1)中以“M”表示“金属”，以“P”表示“导电的”，以“S”表示“铁”；在推理(2)中，以“M”表示“动物”，以“P”表示“进化的”，以“S”表示“猴子”。那么，推理(1)和推理(2)这两个推理的内容各部分之间联系的方式都是：

所有 M 是 P，

所有 S 是 M，

所以，所有 S 是 P。

这就是上述两个内容各不相同的具体推理共同具有的逻辑形式。

从上述分析可以看出：第一，在具体思维中，思维的逻辑形式和思维的具体内容总是联系着的，没有思维的具体内容，就无所谓思维的逻辑形式；反之，没有思维的逻辑形式，思维的内容也就无法存在和表现。但思维内容与逻辑形式是有区别的，思维的逻辑形式对于思维内容又有相对的独立性。同一种逻辑形式可以具有不同的甚至相反的思维内容。因此，人们在科学研究中，可以把思维的逻辑形式从具体思维中抽象出来，可以暂时撇开思维的具体内容，只研究其逻辑形式。形式逻辑只研究思维的逻辑形式而不研究思维的内容，这不是要把逻辑形式和思维内容割裂开来；相反，形式逻辑研究逻辑形式，正是为了使人们自觉地掌握思维的逻辑形式的规律，从而更好地把逻辑形式与思维内容结合起来，如实地反映客观现实。第二，任何一种逻辑形式都是由逻辑变项和逻辑常项组成的。逻辑变项是指逻辑形式中可变的部分，即可以表示任一内容的符号，变项中无论代入何种具体内容，都不会改变其逻辑形式。逻辑常项是指逻辑形式中不变的部分，即表示具体内容之间联系的方式的语词（或符号），它是区别不同种类的逻辑形式的主要依据。比如，在“所有 S 是 P”这一种逻辑形式中，S 和 P 所表示的具体内容是可以变换的，我们可以用任何一个概念去替换它，所以，S 与 P 是逻辑变项。而“所有……都是……”在这种类型的逻辑形式中都是存在的，其含义是不变的，因此，我们把“所有……都是……”称为逻辑常项。

形式逻辑不只研究思维的逻辑形式，还要研究思维的逻辑规律。思维的逻辑规律，就是一切思维的逻辑形式共同具有的普遍规律，即运用概念组成判断和运用判断组成推理的规律。形式逻辑基本的规律有：同一律、矛盾律和排中律。这三条规律保证思维活动具有确定性、一贯性和明确性，同时又是具体逻辑规则的依据。所以，它们被称为形式逻辑的基本规律。

思维的逻辑规律之所以是思维正确的必要条件，能对思维具有强制性和规范性，是因为这些规律和逻辑形式一样，不是人们头脑中先天固有的，也不是人们约定俗成的，而是客观事物最普遍、最常见的关系在人们头脑中的反映，是人们在长期实践中经过无数次的重复而固定下来的。列宁曾明确指出：“逻辑形式和逻辑规律不是空洞的外壳，而是客观世界的反映。”①“最普通的逻辑的‘格’……是事物的被描绘得很幼稚的——如果可以这样说的话——最普通的关系。”②

形式逻辑除了主要研究思维的逻辑形式及其基本规律之外，还研究人们在思想和认识的过程中经常使用的一些简单的逻辑方法，如定义、划分、限制与概括、探求因果联系和论证的方法等。

总之，形式逻辑是研究思维的逻辑形式及其规律和一些简单的逻辑方法的科学。

形式逻辑研究的对象决定了它既不是有关世界观的学问，也不是给人们提供有关自然和社会的具体知识的具体科学，而是一门类似语法的工具性的科学。语法的特点在于它得出的是一般的词的变化规则，而不是指某一个词的具体的变化规则；它得出的造句规则，也不是关于某个具体句子的规则，而是指任何的

① 《列宁全集》第 38 卷，人民出版社 1959 年版，第 192 页。
② 《列宁全集》第 38 卷，人民出版社 1959 年版，第 189 页。

句子，不管某一个句子的具体形式怎样。语法是帮助人们驾驭语言以交流思想的工具。形式逻辑在研究概念、判断和推理时，也具有这样的特点。因此，有人把形式逻辑比作“思维的语法”。形式逻辑为人们认识事物进行思维和表达思想时提供常用的、必要的逻辑工具。

形式逻辑所研究的思维形式及其规律是全人类所共有的，思维形式是通过对各种不同民族语言的分析而抽象出来的。任何人要进行正常的思维活动，都必须遵守正确的思维形式及其规律的要求，都必须以形式逻辑作为认识的工具。而且，也只有遵守共同的思维形式及其规律的要求，才能准确地表达思想，各个阶级或不同民族之间才能开展正常的思想交流。在这个意义上，我们说形式逻辑是一门没有阶级性的专门科学。

三、形式逻辑与数理逻辑、辩证逻辑

形式逻辑、数理逻辑和辩证逻辑，是不同而又有联系的三门科学。了解它们之间的关系，对于了解形式逻辑这门科学的性质是有帮助的。

(一)形式逻辑与数理逻辑的关系

数理逻辑是在传统演绎逻辑的基础上发展起来的。它与形式逻辑的主要区别在于：

第一，数理逻辑的工具语言是人工符号语言，避免了形式逻辑所用的日常语言的歧义和其他不确定因素，所以在数学和计算机领域中得到了广泛应用。

第二，数理逻辑与形式逻辑在人们认识中起的作用是不同的。数理逻辑是数学研究和人工智能研究中的主要工具，形式逻辑则是日常思维中的便利工具。此外，形式逻辑所用的方法都是比较直观的，数理逻辑则大量地采用了形式化的数学方法，这也构成了两者的明显不同。

(二)形式逻辑与辩证逻辑的关系

第一，研究对象不完全相同。形式逻辑只从逻辑形式方面研究思维形式本身的确定性、一贯性和明确性，而不研究思维形式如何反映客观现实的发展变化及其规律；而辩证逻辑则结合思维内容研究思维形式如何反映客观现实的变化发展及其规律。所以，列宁说：“逻辑(指辩证逻辑——引者)不是关于思维的外在的学说，而是‘关于一切物质的，自然的和精神的产物’的发展规律的学说，即关于世界的全部具体的内容及对它的认识的发展规律的学说，即对世界的知识

的历史总计、总和、结论。”①

第二，研究的角度不同。形式逻辑只研究各种逻辑形式之间的真假关系，而不研究各种逻辑形式在认识发展过程中的联系和转化问题，但辩证逻辑却要研究这些问题。比如，形式逻辑只研究具有“这个S是P”“有的S是P”与“所有的S是P”这三种判断形式的思想之间，如果一个思想是真的，那么，其余的思想是真的还是假的。但辩证逻辑却要研究这些逻辑形式在认识发展过程中的联系和转化，即在认识发展过程中个别性的判断如何转化为特殊性的判断，进而如何转化为普遍性的判断。正如恩格斯所说：“辩证逻辑和旧的纯粹的形式逻辑相反，不像后者满足于把各种思维运动形式，即各种不同的判断和判断的形式列举出来和毫无关联地排列起来。相反地，辩证逻辑由此及彼地推出这些形式，不把它们互相平列起来，而使它们互相隶属，由低级形式发展成高级形式。”②总之，形式逻辑与辩证逻辑在整个认识过程中都是相辅相成的。

第二节　形式逻辑的作用

学习逻辑的目的是为了应用逻辑，形式逻辑既然是人类正确思维的工具，那么，掌握这个工具进行正确思维就具有十分重要的作用。

一、学习形式逻辑有助于人们准确地表达思想和严密地进行论证

要准确地表达思想和严密地进行论证，必须懂得如何准确使用概念，如何恰当下判断，如何正确进行推理。正确地表达思想，最基本的前提是准确通顺。毛泽东同志在分析谈话和写文章的准确性、鲜明性和生动性时就曾深刻地指出，准确性属于概念、判断、推理问题，是逻辑问题。鲜明性和生动性除了逻辑问题之外，还有辞章问题。著名作家、语言大师老舍先生说过：“语言的运用对文学是非常重要的。有的作品文学色彩不浓，首先是逻辑性问题。”他还说：“我们不能为了文字简练而简略，简练不是简略、意义含糊，而是看逻辑性强不强、准不准确。只有逻辑性强而又简练的语言才是真正的语言。”著名语言学家王力先生在回答什么叫通顺的文章时也说：“首先是看他的文章思路清不清楚，即他的逻辑思维

---

① 《列宁全集》第38卷，人民出版社1959年版，第89～90页。

② 《马克思恩格斯选集》第3卷，人民出版社1972年版，第545～546页。

怎样。”可见，思维的逻辑性对正确表达思想是极为重要的。决定语言文字准确通顺的重要因素是思维。掌握形式逻辑的系统知识，能帮助我们做到概念明确，判断恰当，推理有逻辑性，从而也就有助于我们在遣词造句时做到准确无误，在谋篇布局时做到中心突出、条理清楚、结构严谨、前后一贯、论辩有力。

二、学习形式逻辑有助于逻辑思维能力及工作能力的提高

学习逻辑知识是提高人的思维能力的一个必要条件。概括地说，人的思维能力的提高主要有三种途径：一是参加社会实践；二是学习各门科学知识；三是学习各种逻辑知识，变自发的逻辑思维为自觉的逻辑思维。对逻辑知识的学习和掌握反过来还会对学习各种科学知识和参加社会实践提供帮助。也就是说，对逻辑知识的学习和掌握可以帮助人们更好地理解和掌握各门科学知识，可以通过提高人们的逻辑思维能力来提高人们参加社会实践的实际能力。所以，形式逻辑作为正确思维的基础工具，同时也是开发智力的基础科学。通过系统和基本的形式逻辑思维训练，可以使人们的日常思维由自发的逻辑思维转变为自觉的逻辑思维，进而提高人的思维能力(认识能力)，并促进人的工作能力的不断提高。

三、形式逻辑有助于人们获得新知识

思维是对客观世界的概括和间接反映。正是由于思维具有这个特点，人们才能获得感性认识无法提供的有关事物本质和规律性的认识，从而大大扩展和加深了人们的认识能力。思维之所以能使我们获得对事物的更深刻的认识，是离不开逻辑形式、逻辑规律和逻辑方法的。其中，尤其是正确地运用推理，它是人们获得间接知识的重要手段。形式逻辑虽然不能为推理提供已有知识，却能为正确进行推理提供规律、规则和方法，告诉人们怎样进行推理才是正确的，怎样进行推理又是错误的，从而帮助人们在实践的基础上，借助已有的知识，通过合乎逻辑的推理获得可靠的新知识。比如，18 世纪俄国科学家罗蒙诺索夫写了一篇《关于热和冷的原因之探索》的论文，其中曾作过这样一个推论：我们摩擦冻僵了的双手，手便暖和起来；我们敲击冰冷的石块，石块能发出火光；我们用锤子不断地锤击铁块，铁块也可以热到发红。由此认为“运动能够产生热”。罗蒙诺索夫能得出这样一个科学结论(即新的知识)，靠的是两个条件：一是已有的真实

的知识(摩擦冻僵的手,手会暖和等);二是正确地运用了求同法这一探求因果联系的逻辑方法。

四、形式逻辑有助于人们发现逻辑错误,揭露诡辩

在实际生活中,有些人常常通过故意违反形式逻辑规律的要求搞诡辩,如果我们有了形式逻辑的基本知识,就能较好地识破和揭露他们的种种诡辩手法。关于如何揭露各种诡辩手法,我们将在后面各章中,尤其要在“形式逻辑的基本规律”和“论证”等章中进行具体的分析,这里就不再重复论述和举例了。还应该注意到,并非任何诡辩都是违反逻辑的。只在思维形式方面有错误的诡辩,才是违反逻辑的。有些诡辩,在思想内容方面有错误,却不一定在思维形式方面有错误,对于这样的诡辩,不能仅仅从逻辑方面去揭露和批判。

第二章　形式逻辑的基本规律

从认识论的意义上说，基本规律就是在事物发生、发展的全过程中都起着作用并且规定和影响着其他规律的规律。形式逻辑的基本规律有：同一律、矛盾律、排中律。它们在形式逻辑这门科学中始终发挥着其作用，而且影响着其他规律、规则。

第一节　概　述

一、普通思维逻辑的三条基本规律

理论性思维分为普通思维和辩证思维。这两种思维各有自身的规律，它们既互相联系又互相区别。进行普通思维，必须遵守普通思维规律，同时还需要接受辩证思维规律的指导；进行辩证思维，必须既遵循普通思维规律，又突破普通思维规律。本章讲的形式逻辑的基本规律，是指普通思维形式的基本规律。

同一律、矛盾律、排中律就是普通思维形式的基本规律。它们之所以能够称为基本规律，是因为：

第一，它们是人们正确思维的基本要求和前提，贯穿整个思维过程的始终，对一切思维过程都有制约作用。任何正确的思维，无论是运用概念、做出判断，还是进行推理和论证，都必须具有确定性，有确定的内容，确定地反映客观对象，这是逻辑思维的基本特征。这三条基本规律是从不同侧面反映这一特征的，同一律要求任何思想与自身必须保持同一；矛盾律要求思想前后一贯，不自相矛盾；排中律排除了两个矛盾思想的中间可能性。

第二，这三条基本规律与各思维形式的具体规则之间的关系是普遍与特殊的关系。基本规律是具体规则的依据和基础，而具体规则只是基本规律在不同思维形式中的具体表现。

这三条普通思维逻辑规律中，同一律是最基本的规律，它决定和影响着其他两条规律。这是因为同一律体现了普通思维的根本特点，它决定形式逻辑的性质，并贯穿普通思维逻辑的各个方面和全过程。这三条规律的具体内容虽然有所不同，然而，这三条规律又是密切联系着的，矛盾律和排中律从否定和肯定两个方面保证了思维具有确定性和无矛盾性，而这种确定性又正是同一律所要求的。

二、普通思维逻辑基本规律的基本性质

在了解普通思维逻辑基本规律的具体内容之前，有必要首先了解这些规律的基本性质。

（一）客观性

一切唯心主义者总是极力否认逻辑规律的客观基础，而对逻辑规律做了种种唯心主义的歪曲。康德主义者认为，逻辑是依赖于先天的原则，逻辑规律是思想本身所固有的先验的规律，是纯粹理性的产物。这种观点颠倒了思维与存在、精神与物质的关系，把思维及其规律看作可以完全脱离物质、完全与实践无关的纯粹先验的东西。甚至荒谬地认为，是我们自己把这种先验的规律带入到我们称之为自然界的那个现象中去的。这种唯心主义的谬论，早已为人们长期的社会实践和科学实验所推翻。思维是主观对客观的反映，因此思维是有客观基础的。列宁指出："逻辑规律就是客观事物在人的主观意识中的反映。"[①]虽然思维规律采用了主观形式，但思维的内容却反映了客观世界物质之间本质的必然的联系；形式逻辑思维基本规律是不以人的主观意志为转移的，它的客观性是物质世界的客观规律的反映。如互相矛盾的两个判断，不管人们在主观上是否承认，这两个判断都不可能同真或同假，必有一真一假。因此说，逻辑思维基本规律的客观性是唯物主义观点在此问题上的反映。

（二）确定性

思维的确定性是由客观事物的确定性决定的，客观事物运动发展总是由一种质态向另一种质态的飞跃。辩证唯物主义认为：事物在其发展的每一阶段上，由于受其自身质的规定性的制约，都有着相对的稳定性。这种相对的稳定性决

① 《列宁全集》第38卷，人民出版社1959年版，第195页。

定着思维的确定性。思维的确定性要求一个思想自身同一，这就是同一律；思维的确定性要求思想前后一贯，不自相矛盾，这就是矛盾律；思维的确定性要求在两个相互否定的思想之间排除中间可能性，这就是排中律。

(三)普遍性

一般的逻辑规律在逻辑思维领域具有普遍的适用性。它是各种具体的逻辑规则的基础和前提。同一律、矛盾律、排中律和充足理由律就是这种普遍的逻辑规律。无论是概念、判断、推理还是论证都要符合形式逻辑基本规律的要求，否则不能保证思维的正确；同时，在日常生活学习中的思维和科学思维中也要遵循这些逻辑的基本规律。

三、普通思维逻辑基本规律的作用

同一律、矛盾律、排中律这三条普通思维逻辑的基本规律是人们思维具有确定性、一致性、明确性和论证性的基本保证。遵守这些基本规律，就可以使人们的思维首尾一贯，保持思维的同一性和确定性，从而做到概念明确，判断恰当，推理有逻辑性和论证有说服力。违反了这些规律的要求，人们的思维和论证就会含混不清、自相矛盾、模棱两可和无论证性，人们就不能达到正确地表达思想和正确地认识事物的目的。

普通思维逻辑规律对任何人都有强制性，只要你进行正确的思维，不管你的主观愿望如何，都必须遵守它。不过，自发地遵守普通思维逻辑基本规律是由经验决定的，而个人的经验总是不全面的。因此，这种自发状态有着很大弱点，在很多场合又会不自觉地违背逻辑规律，产生一些不应有的逻辑错误。要克服上述弱点，就要从自发上升到自觉遵守普通思维逻辑规律。如何做到上升？第一，要学习形式逻辑，牢牢把握普通思维逻辑规律。第二，在自己的思维活动过程中，经常运用普通思维逻辑规律，理论与实际相结合，积以时日，训练有素，就会达到运用自如的境界。第三，要在辩证唯物主义、辩证逻辑的指导下，学习和运用普通思维逻辑规律。因为辩证唯物主义是科学的世界观，只有在它的指导下，才能从自发达到自觉。

第二节　同一律

一、同一律的基本内容和公式

同一律的内容是：在同一思维过程中，每一思想必须与其自身保持同一。所谓同一思维过程，指的是在同一时间、同一关系下对同一对象的思维过程。同一时间是指思维对象所处的相对稳定阶段；同一关系主要是指思维对象的同一个方面；同一对象是指某个确定的思维对象。因此，同一律的基本内容也就是说：在同一时间反映同一个对象的同一个方面的思想，其内容具有确定性。

就概念而言，同一律要求一个概念如果反映某类事物，那么，它就必须反映这类事物。可以用公式表示为：A 是 A 或 A＝A。在公式中，“A”表示任何一个思想（概念）。“A 是 A”表示在同一思维过程中，即在同一时间、同一方面，对同一对象所运用的概念必须保持自身的同一。

在同一思维过程中，所使用的概念要有确定的内容，即概念的内涵和外延必须具备确定性，不能随意改变。如果同一个概念在上文表达一种含义，在下文却又表达另一种含义，那就会出现思维的混乱。

就判断而言，同一律要求一个判断如果断定了某种事物的情况，那么，它就必须断定这种事物情况：如果它是真的，那么，它就必须是真的；如果它是假的，那么，它就必须是假的。可以用公式表示为：如果 P 则 P。在公式中，“P”表示任何一个思想（判断）。“如果 P 则 P”表示在同一思维过程中，即在同一时间、同一方面，对同一对象所进行的判断必须保持自身的同一。

在同一思维过程中，任何一个具体的判断，它的断定内容都应该是确定的，不能随意改变。例如，石家庄市自 1968 年以来是河北省的省会。这样一个判断，它的断定内容和断定范围是很清楚的，它只断定了 1968 年以来石家庄是河北省的省会，没有断定 1968 年以前石家庄是不是河北省的省会；只断定了石家庄是河北省的省会，没有断定石家庄是河南省或其他省的省会。

就推理和论证而言，同一律也要求它们有确定性。在同一思维过程中，论题必须保持前后一致。论题保持同一，是由概念和判断保持同一引申出来的。既然概念和判断的内容是确定的，那么论题的内容和论证范围也就是确定的。如

“论时间的重要性”这个论题本身就是一个判断，即告诉人们“时间对于人们是非常重要的”。那么论题的论述范围随之也就是确定的，即从不同方面阐述时间的重要性。写文章只能写与论题相关的在论述范围之内的问题；反之，则论题不能保持同一，也就写不出好文章。讨论问题也是如此。讨论应围绕中心论题展开，离题万里、东拉西扯，就难以讨论出结果。

二、违反同一律的逻辑错误

同一律要求在同一思维过程中，每一个思想都必须保持自身的确定性，不能随意改变，否则就会导致逻辑错误。违背同一律的基本要求，在概念方面，会犯“混淆概念”或“偷换概念”的逻辑错误；在判断方面，会犯“转移论题”或“偷换论题”的逻辑错误。

（一）混淆概念或偷换概念

混淆概念或偷换概念就是自觉或不自觉地把不同概念当作同一概念使用时犯的逻辑错误。混淆概念或偷换概念的逻辑错误主要有以下几种表现形式：第一，有意或无意地扩大所使用的概念的外延；第二，有意或无意地缩小了一个概念的外延；第三，有意或无意地把外延不同的概念混同为同一概念。混淆概念和偷换概念的区别在于，前者是无意的，而后者是有意的。

1. 混淆概念

混淆概念是无意地把不同概念当作同一概念使用时犯的逻辑错误，这种错误是由于对概念认识不清、思维混乱，或由于缺乏逻辑训练、不善于准确地运用概念表达思想所致。

一词多义容易造成歧义错误。因为一个多义词在不同的场合可以有不同的词义，代表不同的概念。所以，在同一个思维过程中，必须在同一意义下使用多义词，必须使多义词在特定的场合只能有一个词义，只能代表一个概念，这就是同一律所要求的确定性，否则就会犯混淆概念的逻辑错误。例如，“骄傲”一词既可以指错误的自高自大（“骄傲使人落后”），也可以指正确的自豪感（“这是中国人民的骄傲”）。因此，绝不能在同一句话中既指前者又指后者，否则就是把两个不同的概念加以混淆了。又如，“逻辑”也是一个多义词，它在不同的场合既可以指客观事物的发展规律（“人民的逻辑和反动派的逻辑是完全不同的”），又可以指形式逻辑这门科学。因此，绝不能从“人民的逻辑和反动派的逻辑是完全不同的”这一命题推出“形式逻辑是有阶级性的”这一结论来；否则，就是混淆了“逻辑”一词所代表的两个不同概念，结果就必然要在推理中犯错误。

2. 偷换概念

偷换概念是有意地将不同概念当作同一概念使用的逻辑错误。例如，《左传·郑伯克段于鄢》中，郑庄公因其母“恶之(庄公)”而“爱共叔段(庄公之弟)”发誓“不及黄泉，无相见也”，但“既而悔之”，便“掘地及泉，遂而相见”，挖地道并在其中与母相见。郑庄公在这里有意混淆概念，发誓时的“黄泉下相见”是指“死后相见”，“掘地及泉，遂而相见”指“黄泥泉水中相见”。这便是偷换概念。

偷换概念也是一种诡辩手法，其目的是为了颠倒是非，为错误观点辩护。例如，当有人说欧谛德谟克说谎时，他狡辩说：“谁说谎就是在说不存在的东西，而不存在的东西是无法说的，所以没有人说谎。”欧谛德谟克的诡辩中两次使用“不存在的东西”这个概念。第一次使用时指的是谎话所指的事实不存在，第二次使用时指的是世界上根本不存在的事物。两次用一个概念去表达两个根本不同的概念，有意混淆了两个不同的概念，犯了偷换概念的逻辑错误。

(二)转移论题或偷换论题

违反同一律表现在判断或论证方面的错误，这就是在论证中用另一个判断去代替原来所要论证的判断，这又往往表现在混淆原判断中的某一概念，从而使之变成了另外一个判断。转移论题和偷换论题的区别在于主观上是否是故意的。前者是无意识地转移原论题，后者是有意识地偷换原论题。

1. 转移论题

转移论题也叫离题或跑题，是无意地违反了同一律的要求，使议题离开原来的论题，转移到其他论题上去。有的人写起文章来，下笔千言，却离题万里；有的人讲起话来，口若悬河，可是中心不明；有的人评论问题时滔滔不绝，却无中心议题。这些都是转移论题的表现形式。

2. 偷换论题

偷换论题是指故意违反同一律的要求，用另外一个论题代替原来要讨论的论题。例如，明代有位姓靳的内阁大学士，他的父亲不太出名，他的儿子很不成材，可他的孙子却考中了进士。这位内阁大学士经常责骂他的儿子，骂他是不孝之子，是不成材的东西。后来，这个不孝之子实在忍受不了责骂，就和内阁大学士顶了起来。“你的父亲不如我的父亲，你的儿子不如我的儿子，我有什么不成材的呢?”这位内阁大学士听了后放声大笑,就不再责备儿子了。在当时的情况下,这个不孝子所要论辩的是自己是否成材的问题,但是却故意将这一辩题偷换成“你的儿子和我的儿子相比怎么样,你的父亲和我的父亲相比怎么样”,这恰好把原来所要论证的论题回避了。

三、对同一律的正确理解和使用

在普通思维逻辑规律中,同一律是最基本的规律,是三条规律的核心。因此,要想准确把握三条规律,就有必要正确认识同一律的作用。

同一律是关于思维同一性的规律,它的作用是保证思维具有确定性:

第一,遵守同一律可以明确反映客观事物。在反映客观事物时,人们必须使用概念、判断或推理,否则,就无法表达自己的思想活动。如果不遵守同一律的要求,就无法保持思想的确定性,也就无法正确地认识客观事物。

第二,遵守同一律有助于人们正确交流思想。人生活在社会之中,必然产生人与人之间的思想交流。语言、文字是交流的工具,如果语言、文字表现出来的思想不确定,那么人的思维也必然是混乱的,这就会影响人们之间正常的思想交流。

第三,运用同一律,可以在论辩中反驳和揭露对方的错误观点。在论辩中,人们可运用同一律,从思想的确定性方面去反驳对方的谬误或揭露对方的诡辩手法。

同一律强调同一性,不能因此而认为它与辩证思维相冲突。同一律只在“同一思维过程”这个条件和范围内才起作用,超出了这个条件和范围,就不再受这条规律的限制。因此承认在同一思维过程中,每一个思想必须与其自身具有同一性,这并不否认在不同思维过程中,思想可以是不同一的,是可以变化发展的。总之,同一律所要求的思想的确定性,正是反映了客观事物发展过程中的阶段性和确定性。同一律决不否认事物本身的变化和发展,也绝不否认认识的发展和深化。所以遵守同一律是一切正确思维的必要条件,是正确地形成概念、做出判断和进行推理的必要条件。那种把同一律曲解为形而上学并与辩证法对立起来的论点,是毫无根据和完全错误的。

第三节　矛盾律

一、矛盾律的基本内容和公式

矛盾律的内容是：在同一思维过程中，对同一对象的思想不能自相矛盾。两个互相否定的思想不能同真，必有一假。

对概念而言，矛盾律的公式为：并非 A 并且非 A，或符号化为：$\neg(A \wedge \neg A)$（读作并非 A 合取非 A）。即"A"这一概念不能既反映这一对象，同时又不反映这一对象。或者同时用"A"与"非 A"这两个矛盾概念来反映同一对象。也就是说，"A"与"非 A"这两个互相矛盾的概念，不能同时用以反映同一对象。矛盾律还要求在同一个概念中不能有自相矛盾的内涵。例如，所谓"圆而方的办公桌""非物质的物质"等，这样的概念实际上包含了两个互相矛盾的概念，因为"圆"与"方""非物质"与"物质"等都是互相矛盾的，不能同时属于同一事物。一张桌子不可能既是圆的同时又是方的，一种非物质形态不可能同时又是物质形态。

就判断来说，矛盾律的公式为：并非 P 并且非 P，或符号化为：$\neg(P \wedge \neg P)$（读作并非 P 合取非 P）。它要求一个判断不能同时既肯定这一事物具有某属性，又否定这一事物具有某属性。也就是说，一个判断"P"与它的否定"并非 P"不可能都是真的，其中必有一假。如果一个是真的，另一个判断就必定是假的。除了矛盾判断以外，具有反对关系的判断也蕴涵着逻辑上的矛盾，它们也是不能同真的。例如，"这个老师出生在北京"和"这个老师出生在广州"，这就是两个反对判断。由于"这个老师出生在北京"蕴涵着"这个老师不是出生在广州"这一思想，这样就与"这个老师出生在广州"这一判断构成了逻辑上的矛盾，所以它们也是不能同真的。

二、违反矛盾律的逻辑错误

在同一思维过程中，对两个互相否定的思想同时予以肯定，就会犯"自相矛盾"的逻辑错误。通常人们所说的"出尔反尔""前言不搭后语""首尾不一贯"等都是对思维自相矛盾的生动说明。例如，《韩非子》中曾经讲到这样一则故事，有一个卖矛和盾的楚国人，他一会儿说："任何东西都不能穿过我的坚实的盾"（"我盾之坚,莫能陷也”);一会儿又说:“我的锐利的矛能穿过任何东西”(“吾矛之利,于物无不陷也”),当别人反问他:“用你的矛穿你的盾,你看怎么样?”(“以子之矛陷子之盾,何如?”)这个卖矛和盾的人哑口无言。这是因为“任何东西都不能穿过我的坚实的盾”蕴涵着“我的矛不能穿过我的盾”;而“我的锐利的矛能穿过任何东西”蕴涵着“我的矛能穿过我的盾”。在这里,“我的矛”无论作为单独概念处理,还是作为普遍概念处理,这两个被蕴涵的关系判断都是矛盾判断,总之蕴涵着逻辑矛盾,因而不能同真。然而“我的矛不能穿过我的盾”并不等值于“任何东西都不能穿过我的盾”;同样“我的矛能穿过我的盾”也不等值于“我的矛能穿过任何东西”。因此,“任何东西都不能穿过我的盾”与“我的矛能穿过任何东西”这两个关系判断虽然蕴涵着逻辑矛盾,但本身并不属于矛盾关系,只是属于反对关系,所以根据逻辑只能肯定其中必有一假,不能肯定其中必有一真。事实上,这个楚国人吹牛说出的两个命题,都是假的。这个楚国人由于同时肯定了两个反对关系的命题,因而不能不违反矛盾律的要求而陷入自相矛盾之中。

悖论是自相矛盾的常假判断,是一种特殊的逻辑矛盾。它的公式是:$P \longleftrightarrow \wedge \neg P$,即由P真可推出P假,并且由P假又可以推出P真。最古老的悖论是古希腊哲学家伊壁孟德(Epimenides)所提出的“说谎者悖论”。伊壁孟德说:“所有的克里特人都是撒谎者。”他说的是真的吗?如果他说的是真话,那么克里特人都是撒谎者,而伊壁孟德也是克里特人,他必然说了假话。他撒谎了吗?如果他确实撒了谎,那么克里特人就都不是说谎的人,克里特人应该都是说真话的人,因而伊壁孟德也必然说了真话。他怎么会既撒谎,同时又说真话呢?这个悖论表述为:“我正在说谎”。问题在于:说这句话的伊壁孟德究竟是不是在撒谎?如果他的确正在撒谎,那么这句话是真的,所以伊壁孟德并不在撒谎;如果他不在撒谎,那么这句话是假的,因而伊壁孟德正在撒谎。

再介绍一个例子,英国著名哲学家、数理逻辑学家罗素提出的“理发师悖论”:

村子里有一个理发师,他规定:我只给那些自己不刮胡子的人刮胡子。请问:这个理发师给不给自己刮胡子?

无论回答“给”还是“不给”,都会导致逻辑矛盾。

回答1:“这个理发师给自己刮胡子”,但是按照规定,他应当不给自己刮胡子。

回答 2:"这个理发师不给自己刮胡子",但是按照规定,他应当给自己刮胡子。

由此可见,悖论之所以是逻辑矛盾,是因为它可以同时断定一个命题的真和假,这是不符合矛盾律要求的,应当自觉避免。

三、矛盾律的正确理解和使用

矛盾律的作用在于避免自相矛盾,以保持思维的首尾一贯性。不论何时何地,说话、写文章、分析问题乃至一切正确的思想和言论都应该前后一致,不能自相矛盾。正如列宁所说:"'逻辑矛盾'当然在正确的逻辑思维条件下——无论在经济分析中或在政治分析中都是不应当有的。"[①]在逻辑领域,这一规律的制约作用主要表现在对一些用否定形式表述的规则的制约。在概念方面主要表现为:定义不能过宽,划分不能多子项,概念之间不能混淆等;在判断方面主要表现为:对当关系中两个矛盾判断和反对判断不能同真,性质判断不能前后缺乏照应,复合判断不能误用联结词等;在推理方面主要表现为:不能出现非有效性推理,前提之间不能矛盾等。

一切科学理论的创立,都必须能够自圆其说,绝不容许其中包含逻辑矛盾;否则,它们的可靠性就成问题了。在某个理论中,如果从一个理论观点可以必然地推出逻辑矛盾,这一理论观点就要被推翻。

矛盾律的意义在于保证人的思维的首尾一致性,在思维实践中避免自相矛盾。把握矛盾律在思维科学中有着重要的意义。

第一,把握矛盾律可以有助于我们发现并排除逻辑矛盾,对完善和创建科学理论体系有重要的作用。科学常常就是在发现逻辑矛盾并逐步解决逻辑矛盾的过程中发展的。例如,意大利科学家伽利略发现自亚里士多德以来一直作为"真理"的"物体越重,下落速度越快"这一传统观点中所存在的逻辑矛盾:如果将一轻石块 A 加在一重石块 B 上一起下落,根据"物体越重,下落速度越快"的传统观点,就会导致两个相互矛盾的结论:"(A+B)的下落速度比 B 快"(因为 A+B 比 B 重)和"(A+B)的下落速度比 B 慢"(因为速度慢的 A 加在速度快的 B 上,就会减慢 B 的原下落速度)。这两个矛盾的结论不能同时为真,因此,"物体越重,下落速度越快"的传统观点便不能成立。由此可见,遵守矛盾律是任何科学

---

① 《列宁全集》第 23 卷,人民出版社 1958 年版,第 33 页。

理论得以成立的必要条件。

第二，把握矛盾律可以有助于我们揭露论敌言论中的逻辑矛盾，是辩论中克敌制胜的重要方法。例如，恩格斯的《反杜林论》中，杜林阐述关于数学的产生与来源问题，一会儿说："纯数学产生于纯思维"；一会儿说："纯数学是某种完全经验的东西"。恩格斯针对杜林的这种论调，在揭露其中的逻辑矛盾时指出："在世界模式中，纯数学产生于纯思维；而在自然哲学中，纯数学是某种完全经验的东西，是来自外部世界，然后又脱离外部世界的东西。我们应该相信哪一种说法呢？"根据矛盾律，"数学产生于思维"与"数学产生于经验"这两个论断是两个互相否定的判断，不能同真，必有一假，恩格斯正是抓住杜林在这一问题上的逻辑矛盾批驳杜林的错误观点的。

矛盾律要求在思维过程中排除矛盾，因此，矛盾律又称不矛盾律，由此产生矛盾律是否反对辩证法的争论。主张矛盾律反对辩证法的观点混淆了逻辑学的矛盾和辩证法的矛盾的区别。辩证法的矛盾范畴不同于逻辑矛盾，它是指事物既对立又统一的辩证本性及其在人们思维中的反映，而逻辑矛盾则是由于违反了形式逻辑的规则而出现的逻辑错误，是思维混乱的表现。逻辑矛盾是一种思想上的矛盾，它不同于辩证法所说的客观的矛盾。其区别在于：(1)前者是思想混乱的表现，而后者则是客观事物的矛盾及其在思想上的反映；(2)前者是违反思维规则的结果，是不正常的，后者则是正常的思维所固有的；(3)前者是思维发展的障碍，后者则是思维发展的动力；(4)前者是可以排除的，后者则是不可避免、客观存在的。

第四节　排中律

一、排中律的基本内容和公式

排中律的基本内容是：在同一个思维过程中，一个思想或者反映某个对象，或者不反映某个对象，二者必居其一。也就是说，一个思想或者是真的，或者是假的，不能既不是真的又不是假的，即不能有两不可的思想。

对概念而言，排中律的公式为：A 或者非 A，符号化为：$A \vee \neg A$（读作 A 析取非 A）。它表明在同一思维中，任何一个对象或者是 A，或者是非 A；即或者用

“A”这一概念去反映它，或者用“非A”这一概念去反映它。例如，在高等教育领域中，一个大学或者是综合性大学，或者是非综合性大学，二者必居其一。如果“综合性大学”这一概念没有正确地反映某一大学的性质，那么“非综合性大学”这一概念就一定正确地反映了这一大学的性质。这里要注意一点，即不要把反对概念误认为矛盾概念。例如，“高校”与“中专”不是矛盾概念而是反对概念，“高校”与“非高校”才是矛盾概念。

对判断而言，排中律的公式是：P或者非P，符号化为：$P \vee \neg P$（读作P析取非P）。排中律要求我们在对同一事物的情况做出断定时，或者肯定某事物具有某属性，或者否定某事物具有某属性。这就是说，一个判断“P”与它的否定“并非P”不可能都是假的，其中必有一个是真的。例如：

（1）他是一个画家。他不是一个画家。

（2）所有的物质都是固态的。有些物质不是固态的。

（3）小张或者是乒乓球队员，或者是羽毛球队员。

根据排中律，在以上三例中，例（1）和例（2）是矛盾关系，每一对中必有一个是真的。例（3）是一对互相矛盾的复合判断，同样，其中必有一个是真的。

排中律只能制约矛盾关系，不能制约反对关系。因为在反对关系的判断中，存在着两种以上的选择，不是非此即彼的关系，很可能两个判断都是假的。例如，“凡是闪光的都是金子”和“凡是闪光的都不是金子”这一对反对关系的判断就允许同假。所以，我们不能根据排中律的要求确定这一对反对关系的判断哪个是真的，也不能确定这一对反对关系的判断必有一真。

排中律是矛盾律的进一步扩展，但二者又有区别：第一，适用范围不同。矛盾律不仅适合于矛盾关系的判断，而且适合于反对关系的判断，但排中律只适合于矛盾关系和下反对关系的判断。第二，逻辑错误不同。违背矛盾律导致“自相矛盾”的错误，违背排中律则是两不可的错误。第三，矛盾律的作用是排除思维中的逻辑矛盾，保证思维的首尾一贯性，可以由真推假；排中律的作用是排除思维的含糊不清，保证思维明确，可以由假推真。

二、违反排中律的逻辑错误

排中律要求两个互相矛盾的思想不能同假，必有一真。违反排中律有两种逻辑错误：“两不可”的错误和“未置可否”的错误。

(一)“两不可”的错误

“两不可”的错误就是对两个互相矛盾的判断全都加以否定。例如：

(1)“张教授的学识功底不算厚，也不算不厚，中不溜秋吧。”

(2)“这幅风景画画得不算美，也不算不美，一般般吧。”

在以上两个例子中，例(1)的“功底不算厚”和“功底不算不厚”及例(2)的“画得不算美”和“画得不算不美”是两个互相矛盾的判断，把二者都否定了，犯了“两不可”的错误。

如果分别改为：

(1)“张教授的学识功底不算厚，也不算薄，中不溜秋吧。”

(2)“这幅风景画画得不算美，也不算丑，一般般吧。”

改正后的句子中，例(1)的“功底不算厚”和“功底不算薄”与例(2)的“画得不算美”和“画得不算丑”是两个互相反对的判断，否定二者不违反排中律，因为还有其他的可能性。

(二)“未置可否”的错误

“未置可否”或“模棱两可”是指两个互相矛盾的判断既不肯定也不否定，含糊其辞，不表示明确态度。正如《旧唐书·苏味道传》所载苏味道“尝谓人曰：‘处事不欲决断明白，若有错误，必贻咎谴，但模棱以待两端可矣。’时人号为‘苏模棱’。”“模棱两可”的成语出典于此。“未置可否”或“模棱两可”常见的有两种情况：回避表态和用语含糊。

1. 回避表态

当表态涉及个人利益，特别是会引起严重后果时，说话人为了保护自己，有意违反排中律，常常岔开话题，避免明确表态。例如，某公司要在财务部门选一名财务总监，在张三与李四之间，只能晋升一位，即二者必居其一。争论不休时，请老板表态，老板沉吟良久后说：“嗯，既然二者只能晋升一位嘛，我看这样吧，该上的就应让他上，不该上的就只好委屈他了，大家看着办吧。”到底何者可晋升，何者不可晋升，他含糊其辞，未明确表态。

2. 用语含糊

面对两个互相矛盾的判断，用语含糊不清，既可以这样理解，又可以那样理解，这也是“未置可否”的一种表现。例如：

甲：“你是大学毕业吗？”

乙："我进过大学门。"

甲："你发表过学术论文吗？"

乙："我写过点东西。"

按照排中律的要求，乙对甲提的两个问题的回答，必须是在两个互相矛盾的判断中做出明确的抉择。对第一个问题，要么明确回答"是大学毕业"，要么回答"不是大学毕业"，可乙没有在两个互相矛盾的判断中做出明确的抉择，却用"进过大学门"这样含糊不清的语言回答问题。进过大学门的人很多，有去找人的，有去办事的，有去上学的；即便是去上学的，有的读到毕业了，有的没读到毕业等。因此，乙的回答违反了排中律的要求，犯了"未置可否"的逻辑错误。同样，对于第二个问题，要么回答"发表过"，要么回答"没发表过"。乙却回答"写过点东西"，那么写的是什么呢？随笔、杂感、论文、专著？如果写的是论文，是否发表过？因此，乙的第二个回答同样违反了排中律的要求，犯了"未置可否"的错误。

三、对排中律的正确理解和使用

排中律的作用是保证思维的明确性。思维的明确性也是正确思想的必要条件。在思维与表述过程中，排中律实际上是通过排除居中以保证思维的明确性。对于二者必居其一的思想，应该态度鲜明，"是"就是"是"，"非"就是"非"，不能非"是"又非"非"，也不能含糊其辞、骑墙居中，不置可否。任何思想只有具有明确性，才能正确地反映客观对象，才便于被人们所理解和把握。

当然，排中律只是逻辑思维的规律，它只要求在两个相互矛盾的思想中做出非此即彼的明确选择，与同一律、矛盾律一样，也要在一定的条件和范围内起作用。超出了"同一思维过程"这个条件和范围，思维就不再受这条规律的制约。如果在不同的思维过程中，对两种互相否定的思想分别加以否定，并不违反排中律的要求。在现实生活中，对于下列三种情况不应要求作出非此即彼的选择。

第一，客观事物本身有可能存在两种以上的情况或中间状态的情况时。例如，体形中的"胖与瘦"、速度中的"快与慢"等；又如，鸭嘴兽是卵生的哺乳类，介于爬行类与哺乳类的中间状态等。

第二，人们在认识过程中，由于对事物尚未深入了解而暂不能做出明确断定的情况时。例如，"火星上有生物还是无生物？""医生，他所患的癌症到底能不能治愈？"

第三，“复杂问语”的情况下。“复杂问语”是指隐含着某种错误的或不能接受的假定的问语，对这种问语不能简单地做出肯定或否定的回答，否则，答复的结论都将是错误的。例如，“上帝是不是万能的?”其中隐含着“上帝存在”这一错误假定，所以不论回答“上帝是万能的”还是回答“上帝不是万能的”都是错误的。在这种情况下不明确回答，并不违反排中律。

第三章　概　念

同一律、矛盾律、排中律是用来限定思维形式的。思维的最基本形式是概念，它是思维的“细胞”与思维的起点，是构造简单判断的基本要素。为更好地研究与把握判断，有必要先了解有关概念的理论。

第一节　概　述

一、概念的含义

概念是反映思维对象本质属性的思维形式。思维对象的范围极其广泛，客观事物、客观事物的性质、客观事物间的关系等都可以成为主体的思维对象。

任何事物都有属性，属性是指事物的性质与事物间的关系。各类事物所具有的诸多属性既可分为特有属性与非特有属性，又可分为本质属性与非本质属性。所谓特有属性，是指只为该类事物所独有而其他事物不具有的属性。例如，“无毛两足动物”就是“人”所独有的特有属性。这类反映事物特有属性的概念，一般为日常习用概念。所谓本质属性，是指决定一事物之所以称为该事物并区别于其他事物的属性。例如，“能制造工具并使用工具进行劳动的动物”，它决定了人之所以称其为人并区别于其他动物的根本点，就是人的本质属性。这类反映事物本质属性的概念称为科学概念。至于“有四肢五官、性别年龄、胎生哺乳、生老病死”等其他属性则是“人”的非特有属性或非本质属性。概念正是人们在感性认识的基础上，借助比较、分析、综合等方法，通过排除舍去事物的非特有属性、非本质属性而抽象、概括出事物的特有属性、本质属性来反映事物的一种思维形式。毛泽东在《实践论》中生动地描绘了这一认识的发展过程，他指出：“原来人在实践过程中，开始只是看到过程中各个事物的现象方面，看到各个事物的片面，看到各个事物之间的外部联系”“社会实践的继续，使人们在实践中引起感觉和印象的东西反复了多次，于是在人们的脑子里生起了一个认识过程中的突变(即飞跃)，产生了概念。”①

二、概念和语词

概念和语词密不可分。第一，概念的产生和存在，必须依附某种语言的语词；第二，概念的表达和交流，必须借助于某种语言的语词。概念是语词的思想内容，语词是概念的语言形式。

概念和语词又是有区别的：第一，概念看不见、摸不着，是精神的，属思维领域；语词可以被主体感知，是物质的，属语言领域。第二，概念是对事物的属性的反映，具有客观性与全人类性；语词是标示事物的一组声音或一组笔画，具有约定俗成性与民族性。第三，概念属于理性形式，不带有感情色彩、风格色彩；语词却带有感情色彩、风格色彩，有褒义、贬义之分等。

尽管概念和语词有别，然而二者密不可分，离开概念的语词和离开语词的概念都是难以想象的。概念是语词的思想内容，语词是概念的物质外壳，所以它们具有对应关系。承认它们的对应关系，不能因此而推出它们有一一对应关系。事实上，概念和语词并不具有一一对应关系，主要表现为：第一，不是所有的语词都表达概念。在汉语里，实词表达概念，虚词除了连词和一些副词以外，一般不表达概念。例如，“啊”“的”等一些虚词不表达概念。第二，同一概念可以由几个语词表达。例如，“母亲”“妈妈”“娘”这些语词表达同一概念。这就是所谓的同义词现象。第三，同一语词可以表达多个概念。例如，“杜鹃”一词，可以指鸟，也可以指花。这就是所谓的多义词现象。第四，有些时候可以脱离语词用人的形体动作、脸部表情来表达概念。

三、概念的特征

每一门学科，无论是定性分析的学科还是定量分析的学科，都是由一系列概念组成的。创造新的概念使之形成一个逻辑系统去反映某一特定领域，这就是一门学科的创建过程。形式逻辑的任务不是创造新概念，而是整理和比较概念。既然要整理和比较概念，就必须描述概念的特征。概念有两大特征，即概念的内

---

① 《毛泽东选集》第1卷，人民出版社1966年版，第258页。

涵和概念的外延。

概念反映对象的特有属性和本质属性，同样也就必然反映了具有这种特有属性和本质属性的对象，因而概念都有确定的内容和范围，这两方面分别构成了概念的内涵和外延。

概念的内涵就是反映在概念中的思维对象的特有属性和本质属性，或者说，是思维对象的特有属性和本质属性的总和在人们思维中的反映。概念的外延是指反映在概念中的对象范围，或者说，是具有概念所反映的特有属性和本质属性的对象的总和在人们思维中的反映。例如，哲学是自然知识、社会知识、思维知识的概括和总结，它包括古代哲学、近代哲学和现代哲学。“自然知识、社会知识、思维知识的概括和总结”就是哲学的内涵，它反映了哲学这一概念的特有属性和本质属性。“古代哲学、近代哲学和现代哲学”就是哲学这一概念的外延，它反映了哲学这一概念的范围。

由此可见，概念的内涵就是概念的含义，它说明概念所反映的对象“是什么样的”，从而表明它所反映的对象和其他对象的区别。概念的外延是指概念的适用范围，它说明概念反映的对象“有哪一些”。

内涵和外延是概念的两个基本逻辑特征。内涵是概念的质的特征，外延是概念的量的特征。任何一个概念都有内涵和外延两个方面，都是内涵和外延的统一。概念的内涵和外延是互相联系、互相制约的。概念的外延确定了，在一定条件下，概念的内涵也可以由之确定。反过来，概念的内涵确定了，在一定条件下，概念的外延也可以因此而确定。正如上述，我们知道了“能够制造和使用生产工具的动物”这个事物的特有属性，就可以进而确定“人”这个概念所指的具体对象。我们掌握一个概念，有时事实上不一定能知道它的全部外延，有时也不必知道它的全部外延。比如，“人”这个概念是我们大家所掌握的，但是我们不必要，也不可能知道它的全部外延即世界上过去、现在和未来的每一个具体的人是谁。我们只要掌握一个标准，根据这个标准就能够确定某一事物是否属于这个概念的外延，而这个标准就是概念的内涵——事物的特有属性的反映。还是以“人”来举例，知道了“人”的内涵，历数任何事物，我们都可以明确说出它是人或者不是人。因此，概念的内涵明确了，它的外延也就跟着确定了。但是，客观事物在不断发展、变化，社会实践在不断深入，从认识上看，二者也有不一致的情况：一个概念的外延不能完全决定这个概念的内涵。例如，“原子”这个概念的外延(是无限的)确定之后,其内涵并不能完全确定,它随着科学实践不断丰富而逐步得到揭示。同样,一个概念的内涵也不能完全决定这个概念的外延。例如,“化学元素”这个概念的内涵确定之后,其外延并不能完全确定,不能说现在已发现的 107 种元素就是它的全部外延,以后科学发展还会发现更多的化学元素。

概念的内涵有多少之分,概念的外延有大小之别。概念的内涵有多少之分,是指概念的内涵的深浅不同。概念的外延有大小之别,即外延的宽窄不同。有的概念的外延大到无法计算的地步,如“原子”“细胞”等都是无限的;但是有的概念的外延却是有限的,如“世界上的洲”“太阳系的全部行星”“社会主义国家”等都是有限的。同一系列概念的内涵和外延之间具有反比关系。一个概念的内涵越深,它的外延就越窄;反之,一个概念的内涵越浅,它的外延就越宽。

在理解概念的内涵和外延时必须注意以下两点:

第一,概念的内涵与客观事物的特有属性、本质属性,概念的外延与客观事物对象自身,既有联系又有区别。就事物的特有属性、本质属性与概念的内涵而言,任何事物的特有属性、本质属性都可以反映到特定的概念中从而构成概念的内涵,任何概念都反映了事物某一方面的特有属性、本质属性。但二者又有本质区别:事物的特有属性、本质属性存在于被反映的对象之中,属于客观存在;内涵存在于思想之中,属于精神现象。

第二,概念的内涵与外延既有确定性又有可变性。任何概念,其内涵与外延是确定的,不能随意游弋变更,这就是概念的确定性。只有保持概念的含义和运用范围在一定条件下的自身同一和确定性,概念才不至于混淆和偷换;否则,人们便不能使用概念来正确思维及交流思想了。但同时应看到,反映事物属性及对象范围的概念又随着客观事物的变化发展和人们认识的不断深化、扩展,其内涵与外延也必然发生相应的变化,这就是概念的可变性。

第二节　概念的主要分类和概念之间的关系

一、概念的主要分类

(一)单独概念、普遍概念和空概念

根据概念所反映的对象的数量的不同,或者说根据概念的外延所反映的是

一个特定对象还是一类对象，概念可分为单独概念、普遍概念。单独概念是反映一个特定对象的概念，其外延仅有一个分子。如“上海”“复旦大学”“戊戌变法”“鲁迅”等都是单独概念。语言中表达单独概念的语词有两种：一种是专有名词，包括地名、人名、国名、事件名、书名等；另一种是摹状词（通过对某一个别事物某方面特征的描述而指称该事物的词组），如“世界上最深的海洋”“《红楼梦》的作者”等。由于单独概念只反映一个对象，没有种概念，既不能对其进行划分，也无须对其进行逻辑限制，同样，在运用单独概念作简单命题的主项时，一般是不能也不需要在它之前加上“有些”“所有”等表示数量的量词的。

普遍概念是反映两个或两个以上对象的概念，其外延是由两个乃至无限个分子所组成的类，如“学校”“国家”“天体”“自然数”等都是普遍概念。语言中用以表达普遍概念的通常有普通名词、动词、形容词等语词。普遍概念的外延所包含的分子有的有限，有的无限。前者为有限普遍概念，如“上海高校”“美洲国家”“中国人口”等；后者为无限普遍概念，如“电子”“自然数”等。普遍概念的内涵是对同类分子共有属性的概括，因而普遍概念反映的属性是该类对象中每个分子所必定具有的。

空概念是指反映空类的概念。所谓空类，就是不包括任何一个现实存在的分子的类。换句话说，空概念就是外延只有零个分子的概念，因而空概念又称为零概念。空概念所反映的对象是现实中不存在的，因而又称为虚概念。虽然空概念反映的对象的属性和范围是人脑中想象虚构的，它的内涵和外延在客观现实中不存在，但在人们的观念形态中同样是有其确定的含义和适用范围的，如“上帝”“永动力”“天堂与地狱”等。有些概念所指的对象目前虽然尚不存在，但根据事物发展的规律，将来必然要出现。这类概念就不能说是根本没有外延的。共产主义社会虽然目前在客观世界中还不存在，但是根据历史发展的规律，共产主义社会将来一定要实现，所以共产主义社会的外延不是空类。“共产主义”就不能称为空概念。

(二)集合概念与非集合概念

根据概念所反映的对象是否为同一种事物个体组成的群体（又称集合体），概念可分为集合概念和非集合概念。集合概念就是以事物的群体为反映对象的概念。例如，“联合国”“队”“羊群”“丛书”“森林”等都是集合概念。非集合概念就是不以事物的群体为反映对象的概念。例如，“国家”“军舰”“羊”“书”“树”等都是非集合概念。

以上所列出的两组例示，虽然看似都是由一个个国家、一艘艘军舰、一只只羊、一本本书、一棵棵树等若干个体所构成的，但二者的区别是确定的。

第一，从内涵上看，集合概念所揭示的是群体所具有的本质属性或特有属性，集合概念与个体所体现的联系是群体与个体的关系，集合概念所具有的属性并非每个个体所具有。例如，“联合国”所具有的“机构设置、功能效用”等属性就并非每个国家所具有。因此，集合概念只适用于它所反映的群体，而不适用于该群体中的个体。非集合概念是对众多个体所具有的共有属性即共性的概括反映，非集合概念与个体所体现的联系是类与分子的关系。非集合概念所具有的属性为每个分子所具有。例如，“国家”所具有的本质属性“阶级统治的工具”是每一个国家都必然具有的。因此，非集合概念可以适用于它所反映的类，也可以适用于该类中的每一个分子。

第二，从外延上看，构成集合概念的那些个体对象，不能成为集合概念的外延，群体与个体不是属与种的关系。而非集合概念与构成非集合概念的那些个体对象是属与种的关系。所以，集合概念不能用以指称其任一个体对象，而非集合概念能用以指称其任一分子。例如，不能说“中国是联合国”“中山舰是舰队”“这只羊是羊群”；而可以说“中国是国家”“中山舰是军舰”“这只羊是羊”。

第三，从语句运用上看，同一个语词在不同的语句中，有时表达集合概念，有时表达非集合概念。例如，“人是由猿进化来的”与“人是有思维能力的”。前句中的“人”是揭示群体所具有的属性，其构成个体并不具有“由猿进化来”这一属性，也不能用以指称其构成的任一个体对象，因而是表达集合概念的；后句中的“人”是揭示个体的共有属性，其构成个体都必然具有“有思维能力”这一属性，也能用以指称其构成的任一个体对象（即能说“任何人都有思维能力”），因而表达非集合概念。

了解集合概念的特点及其与非集合概念的区别，对于准确地运用概念、恰当地进行判断及推理是很有帮助的；否则，容易引起思维混乱，造成逻辑错误。

（三）肯定概念和否定概念

根据概念所反映的对象是否具有某种属性，概念可分为肯定概念和否定概念。肯定概念是反映事物具有某种属性的概念，如“团员”“成年人”“无产阶级思想”等。否定概念是反映事物不具有某种属性的概念，如“非团员”“未成年人”

"非无产阶级思想"等。

任何事物都是一方面具有某种属性，另一方面又不具有另一些属性。因此，对同一对象，我们既可以用肯定概念去反映，又可以用否定概念去反映。例如，某个学生加入共青团，但还未入党，我们既可以说他是"团员"（肯定概念），又可以说他是"非党员"（否定概念）。

（四）实体概念和属性概念

根据概念所反映的对象是事物本身，还是事物的某种属性，概念可分为实体概念和属性概念。实体概念是以具体事物为反映对象的概念，如"电脑""白云""地球"等。属性概念是以具体事物的某种属性或某种行为为反映对象的概念，如"运动""美丽""红""高"等。

从语言角度而言，实体概念一般由具体名词表达，属性概念通常由抽象名词、形容词、动词来表达。区分实体概念和属性概念不仅有助于我们正确地理解和使用概念，也有助于我们正确地区分判断。

二、概念之间的关系

客观事物或现象之间的关系是多种多样的，反映各种概念在思维中的关系也是纷繁复杂的。形式逻辑研究概念之间的关系，仅仅是指概念外延之间的关系。根据概念外延有无重合，我们可以把概念之间的关系分为相容关系和不相容关系。相容关系是指概念之间外延至少有部分重叠的关系（同一关系、真包含关系、真包含于关系、交叉关系）。不相容关系是指概念之间外延没有任何重叠的关系（矛盾关系、反对关系）。瑞士数学家莱昂哈德·欧拉把概念之间的关系分成五种，逻辑历史上习惯称之为欧拉图解。在欧拉图解中，S与P分别代表两个概念。

（一）全同关系（欧拉图解1关系）

全同关系又叫同一关系，是外延完全重合的概念间的关系（见图3—1）。所有S是P，并且所有P是S，在这种情形下，S与P就是全同关系。例如：

"鲁迅"和"《阿Q正传》的作者"。

"台湾岛"和"中国的最大海岛"。

"无产阶级的世界观"和"马克思主义的世界观"。

"等边三角形"和"等角三角形"。

以上各组有两个概念组成，而每一组的两个概念在外延都是完全相同的，这就是同一关系。值得指出的是，两个概念在外延上的等同性，不必然得出它们的内涵的等同性。例如，“等边三角形”和“等角三角形”这两个概念，反映的是同一类事物，其外延完全相同，但内涵却不尽相同。“等边三角形”反映三角形的三条边长度相等这一特有属性，而“等角三角形”则反映三角形的三个角大小相等这一特有属性。所以，这两个概念的内涵是不同的。全同关系只是表明两个概念在外延上是一样的。如果两个概念的外延和内涵都是一样的，就是不同语词表达同一概念。

图 3—1　全同关系

(二)真包含于关系(欧拉图解 2 关系)

如果一个概念的全部外延与另一个概念的部分外延相同，则其中外延较小的概念对于外延较大的概念有真包含于关系(见图 3—2)。S 和 P 表示具有真包含于关系的两个概念。当所有 S 都是 P，并且有的 P 不是 S 时，则 S 对 P 有真包含于关系，即 S 真包含于 P。例如：

“大学老师”和“老师”。

“宪法”和“法律”。

“物理学”和“自然科学”。

“动物”和“生物”。

以上四组概念中，“大学老师”“宪法”“物理学”“动物”的外延分别被“老师”“法律”“自然科学”“生物”的外延所包含，前后形成真包含于关系。

图 3—2　真包含于关系

(三)真包含关系(欧拉图解 3 关系)

如果一个概念的部分外延与另一个概念的全部外延相同，则其中外延较大的概念对于外延较小的概念有真包含关系(见图 3—3)。S 和 P 表示具有真包含关系的两个概念。当所有 P 都是 S,并且有的 S 不是 P 时,则 P 对 S 有真包含关系,即 P 真包含 S。例如:

"老师"和"大学老师"。

"法律"和"宪法"。

"自然科学"和"物理学"。

"生物"和"动物"。

以上四组概念中,"老师""法律""自然科学""生物"的外延分别包含"大学老师""宪法""物理学""动物"的外延,前后形成真包含关系。

真包含关系和真包含于关系合称为属种关系,就两个概念其中外延大的概念叫属概念,外延小的概念叫种概念。比如,"老师"相对于"大学老师"来说,"老师"是属概念,"大学老师"是种概念。

图 3—3 真包含关系

属种关系的概念具有如下特点:

第一,属种概念有相对性。所谓相对性,是指一个概念相对于不同的概念来说,可以是种,也可以是属。例如,"大学讲师""大学老师""老师"中,"大学老师"相对于"老师"来说,外延较小,因而是种概念,而相对于"大学讲师"来说,外延较大,因而是属概念。所以,前面所谓欧拉图解 2 和欧拉图解 3 表达的概念之间的关系其实是相对的。

第二,属种概念有层次性。所谓层次性,即某一概念可以有不同层次的若干种概念,也可以有不同层次的若干属概念。例如,"学校""大学""综合性大学""中国的综合性大学"中,就举出了"学校"的一个不同层次的种概念,也可以说举出了"中国的综合性大学"的三个不同层次的属概念。在这些不同层次的属种概念中,我们称外延所指范围比较接近的概念为"邻近的属"或"邻近的种"。比如,"综合性大学"邻近的属是"大学",而"综合性大学"邻近的种则是"中国的综合性大学"。

第三,属种概念反映了一般和特殊之间的关系。所以,我们可以用属说明种的一般性质，用种说明属的范围。属种概念是客观对象母类与子类的反映。由于子类必有母类概括的一般性质，因而种概念反映的对象必是属概念的外延，而且属可以用来说明种的性质。属种概念反映的不是整体与部分之间、集合体与其个体之间的关系。由于部分不具有整体，个体不必然具有集合体的属性，因而整体不能用来说明部分，如“船舵是船”，集合体不能用来说明个体。

使用属种概念时要注意：第一，属种关系的概念不能并列使用；第二，不能把非属种概念当作属种概念来使用。

(四)交叉关系(欧拉图解4关系)

如果一个概念的外延与另一个概念的外延仅仅有部分重叠，则这两个概念之间的关系就是交叉关系(见图3—4)。S和P表示具有交叉关系的两个概念。当有的S是P，有的S不是P，并且有的P是S，有的P不是S时，则S与P有交叉关系。例如：

“大学生”和“共青团员”。

“妇女”和“知识分子”。

“红花”和“牡丹花”。

“共产党员”和“机关干部”。

以上四组概念之间的关系就是交叉关系。以“共青团员”对“大学生”来说，有些共青团员是大学生，有些共青团员不是大学生，并且有些大学生是共青团员，有些大学生不是共青团员，“共青团员”和“大学生”的外延仅仅有部分相同，所以它们是交叉关系的概念。具有交叉关系的概念，一般不能并列使用。“某网上书店今天开业，主要经营中外文学名著、中长短篇小说、少儿读物、中小学生参考书等。”这段话把“中外文学名著”“中长短篇小说”“少儿读物”并列起来，掩盖了它们之间实际存在的交叉关系，使人误解这三个概念之间没有相容的部分，这种逻辑错误叫作“交叉并列不当”。

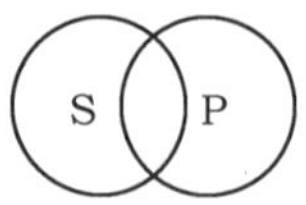

图3—4　交叉关系

(五)全异关系(欧拉图解 5 关系)

如果一个概念的外延与另一个概念的外延没有任何重叠,则这两个概念之间的关系就是全异关系(见图 3—5)。S 和 P 表示具有全异关系的两个概念。当所有的 S 不是 P,并且所有的 P 不是 S 时,则 S 与 P 有全异关系。例如:

"成年人"和"未成年人"。

"平等条约"和"不平等条约"。

"发达国家"和"不发达国家"。

"有罪"和"无罪"。

以上四组概念之间的关系就是全异关系,即彼此在外延上没有任何重叠。在概念的全异关系中有两种特别重要的关系,即矛盾关系和反对关系。两个具有全异关系的概念 S 与 P,一般情况下可以真包含于另一个概念 Q,如"平等条约"和"不平等条约"真包含于"条约","无产阶级"和"资产阶级"真包含于"阶级"。这就有两种可能的情形:一种情形是 S 与 P 概念的外延加起来就等于 Q 概念的外延,另一种情形是 S 与 P 概念的外延加起来小于 Q 概念的外延。这两种情形就分别构成了 S 与 P 两个概念之间的矛盾关系和反对关系。

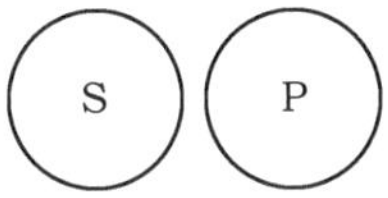

图 3—5　全异关系

矛盾关系可表示为图 3—6 所示,图中 S 与 P 两部分分别表示两个矛盾概念的外延,这两部分没有任何重叠,相加之和等于其属概念 Q 的全部外延。矛盾关系往往表现在肯定概念和相应的否定概念之间,但又不仅仅局限于此。例如,"男人"和"女人"都是肯定概念,但二者之间就是矛盾关系。

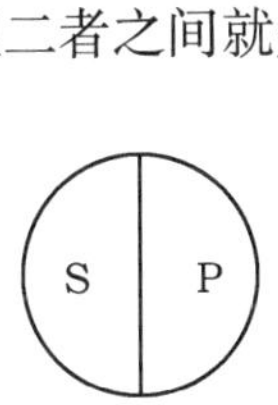

图 3—6　矛盾关系

反对关系可表示为图 3—7 所示,图中 S 与 P 两部分分别表示两个反对概念的外延，这两部分没有任何重叠，相加之和等于其属概念Q的部分外延。具有矛盾关系的概念只能有两个，但具有反对关系的概念则可以有两个以上。

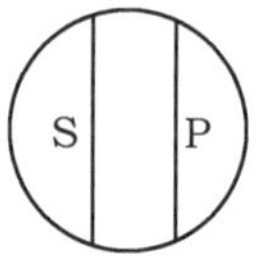

图3—7　反对关系

第三节　明确概念内涵和外延的逻辑方法

一、明确概念内涵的逻辑方法

形式逻辑要研究概念的特征，即概念的内涵和外延。怎样才能明确概念的内涵？从中引申出一种逻辑方法，那就是定义。

所谓定义，就是明确概念内涵的逻辑方法。在思维过程中，无论是别人还是自己，对概念用得是否明确都可以用定义来进行检查，分析这个概念的内涵是否明确，这是定义的分析作用。定义是人们表达思想和交流思想不可缺少的方法，是揭示概念的内涵、从而认识事物特有属性的方法，它在思维活动中是非常重要的。一般来说，逻辑上所谓下定义，是给事物下定义，而不是给概念下定义。

定义通常由被定义项、定义项和定义联项三部分组成。例如：

"哲学是理论化、系统化的世界观。"

"商品经济就是生产部门为交换而生产，通过商品交换互相联系的经济形式。"

被定义项就是要求明确概念内涵的那个概念。上例中的"哲学""商品经济"就是被定义项。定义项就是明确概念内涵的概念。上例中的"理论化、系统化的世界观""生产部门为交换而生产，通过商品交换互相联系的经济形式"就是定义项。定义联项就是联结被定义项和定义项的概念。上例中的"是"就是定义联项。

事物的属性可以有许多方面，所以，定义的方法也很多。一般来说，定义有"属加种差定义""语词定义""发生定义""关系定义""功能定义""语境定义""递归定义”“公理定义”“操作定义”等。最常见的是“属加种差定义”。

(一)属加种差定义

“属加种差定义”在古希腊就已经提出了，虽然很古老，但至今仍用得很多。列宁说：“下‘定义’是什么意思呢？这首先就是把某一个概念放在另一个更广泛的概念里。例如，当我下定义说驴是动物的时候，我是把‘驴’这个概念放在更广泛的概念里。”①列宁在这里说的定义方法，就是“属加种差定义”。属加种差定义可用下列逻辑形式表示：

被定义概念＝种差＋邻近的属概念

这个逻辑形式需要特别说明的是：第一，这里“邻近的属”不等于“最近的属”，在被定义概念的多个属概念中究竟选择哪一个来作为下定义时的属概念，这取决于所要解决的实际问题。第二，这里讲的“种差”，不必是一个属性，也可以是多个属性的并存或选择。属加种差定义有一定的局限性。用这种方法不能对那些广泛已极的概念下定义，因为这种概念没有属概念。例如，“物质”与“意识”是两个哲学范畴，就不能用属加种差定义。

(二)发生定义

发生定义就是把只属于被定义事物，而不属于任何其他事物的发生或形成的特有属性作为种差的定义。例如：

“圆就是一个点以等距离绕一定点运动而形成的一条封闭曲线。”

“水是两个氢原子和一个氧原子合成的氢氧化合物。”

(三)关系定义

关系定义就是以事物间的关系作为种差的定义，它指出这种关系是被定义事物所具有而任何其他事物所不具有的特有属性。例如：

“零是介于正整数和负整数之间的整数。”

(四)功用定义

功用定义是以事物的特殊功用作为种差的定义。这种定义是指该类事物特有的功能，这个功能也就是这类事物的特有属性。例如：

“商品是用以进行交换的劳动产品。”

“气压计是用以测量大气压力的物理仪器。”

---

① 《列宁全集》第14卷，人民出版社1955年版，第146页。

(五)语词定义

语词定义即揭示标志概念的语词意义的定义。语词定义可以分为两种:第一种是说明性语词定义。即对某个语词做出说明性的解释,如“大辟就是我国古代隋朝以前对死刑的通称”。第二种是规定性语词定义。即对某个语词做出规定性的解释,如所谓“四个坚持,就是坚持社会主义道路、坚持无产阶级专政、坚持党的领导、坚持马列主义和毛泽东思想”。

既然定义是一种逻辑方法,这就要求我们在定义的时候必须遵守一系列逻辑规则。简单地说,下定义要遵守以下四大规则:

定义规则 1:定义项和被定义项的外延要相等。

也就是说,二者必须是全同关系的概念。违背这条规则,就会犯以下三种逻辑错误:

第一,“定义过宽”逻辑错误,即定义项外延大于被定义项外延。如“人是动物”。这个对人的定义中,显然定义项和被定义项的外延不同。定义项“动物”,其外延不仅包括人,还包括猴子、老虎、牛、马等。因此该定义犯了“定义过宽”的逻辑错误。

第二,“定义过窄”逻辑错误,即被定义项外延大于定义项外延。如“岛就是海中间的一片陆地”。这个定义的定义项“海中间的一片陆地”,其外延只是岛的一部分,其实湖中间、江河中间的一片陆地也是岛。因此该定义犯了“定义过窄”的逻辑错误。

第三,“定义交叉”逻辑错误,即定义项外延与被定义项外延仅仅有一部分相同,两个概念是交叉关系。如“文学就是塑造人物形象的艺术”。事实上,有的文学塑造人物形象,有的文学不塑造人物形象,而且有的塑造人物形象的艺术如雕塑、舞蹈、美术等不是文学。因此该定义犯了“定义交叉”的逻辑错误。

定义规则 2:定义不能循环。

定义项中不能直接或间接地包含被定义项。下定义是为了用定义项去明确被定义项,如果在定义项中直接或间接地包含被定义项,这样的定义项仍是不明确的,也达不到明确被定义项的目的。违背定义规则 2 有两种逻辑错误:同语反复和循环定义。直接循环犯的是“同语反复”的逻辑错误。例如,“老年人即年纪老的人”,此定义没有揭示出老年人的本质属性。间接循环犯的是“循环定义”的逻辑错误。例如,“形而上学是与辩证法对立的方法论,辩证法是与形而上学对立的方法论”。两个定义兜了一个圈子，定义项还是包含被定义项，同样没有揭示“形而上学”和“辩证法”的本质属性。

定义规则3：定义不能用否定之词。

定义项一般不应包含否定概念（即否定之词）。如果定义项中包含了否定概念，那么定义项只能表示被定义项不具有某种属性，而没有表示被定义项具有某种属性。这样定义项就没有能揭示事物的特有属性。例如，“经济基础不是上层建筑”。它只是排除了经济基础具有上层建筑的属性，但并没有明确说明经济基础是什么。但这个要求并不是绝对的。而且有些情况用否定概念还是很有必要的。因为某些事物的特有属性就是缺乏某种属性，对于这样的事物下定义就必须用否定概念。例如，“无机物就是不含碳的化合物”。

定义规则4：定义应清楚确切。

定义应简明扼要地揭示出本质属性，达到明确被定义项的目的。如果定义项语言含糊不清，则犯“定义含混”的逻辑错误。例如，“生命是通过塑造出来的模式化而进行的新陈代谢”。此定义含糊不清，只能使人对生命的理解发生混乱。如果定义项出现比喻的修辞方法，则犯“比喻定义”的逻辑错误。例如，“儿童是祖国的花朵”。这样使用比喻的方法形容“儿童”可以，但不是下定义。

二、明确概念外延的逻辑方法

我们要了解一个概念，不仅要揭示它的内涵，而且要明确它的外延。通过定义可以揭示概念的内涵，明确外延就必须运用另一种逻辑方法，即划分。

所谓划分，就是明确概念外延的逻辑方法。例如，“文明”是一个普遍概念，外延较大，我们按文明的表现形式，把它划分成“物质文明”和“精神文明”。划分由三个要素组成，即划分母项、划分子项和划分的根据。要求明确概念外延的概念（被划分的概念）就是划分母项，上例中的“文明”就是划分母项。从母项中划分出来的种概念就是划分的子项，上例中的“物质文明”“精神文明”就是划分子项。划分时必须以一定的属性作为标准，这个作为划分标准的属性叫作划分的根据，上例的划分根据就是文明的表现形式。应当指出，由于概念的属性是多方面的，划分以哪一个属性为标准，将随实践需要的不同而有所区别。例如，“文明”既可以文明的表现形式为根据来划分，也可以文明的时代为根据来划分（即把文明分为古代文明、近代文明、现代文明）。

划分和整体分解为部分是不同的。整体分解为部分，正如把整台机器拆卸成许多零件，一个零件不必具有整台机器的特性。但是划分的子项的任何一个分子必然具有母项的特有属性。例如，物质文明和精神文明都必须具有一般文明的属性（也就是子项的分子必然是母项的分子）。

划分的方法，最常见的有一次划分和连续划分。根据实际需要将母项一次分为几个子项，如将“逻辑学”划分出“古代逻辑学”“近代逻辑学”“现代逻辑学”，就是一次划分。连续划分是将一次划分所得的子项作为母项，再进行划分。前例将“逻辑学”分出三个子项之后，将“现代逻辑学”再分为“东方现代逻辑学”和“西方现代逻辑学”，就是连续划分。连续划分至少要有两个划分层，也可有更多的层次，直到满足需要为止。

二分法是一种特殊的划分方法，它是根据有无某一种差，把母项分为两个具有矛盾关系的子项的划分。例如，把“交换”分为“等价交换”和“非等价交换”，就是用的二分法。二分法能突出某一部分，并且总是符合规则，这是它的优点，由于否定概念没有肯定的内涵，外延也具有相对性，又构成了二分法的缺点。

科学分类是根据事物的本质属性所作的划分，是特殊的划分，具有极大的科学价值。

作为明确概念外延的逻辑方法，划分应遵守以下规则：

划分规则 1：划分必须相称。

划分所得子项外延之和必须等于母项的外延。违背这一规则，就会犯“划分不全”错误或“多子项”错误。当母项的外延大于子项外延之和时，就是“划分不全”错误。例如，“油料作物分为大豆、花生、芝麻”，这里遗漏了“油菜籽、葵花子”，犯了“划分不全”的逻辑错误。当母项的外延小于子项外延之和时，就是“多子项”错误。例如，“实词分为名词、动词、形容词、代词、数词、量词、介词”，介词不属于实词，这就是“多子项”的逻辑错误。

划分规则 2：每次划分的根据必须同一。

每次划分只能有一个标准，不能同时按几个标准划分。违背这条规则就犯了“混淆根据”错误。例如，“人”分为“男人”“女人”“老年人”“壮年人”“年轻人”“少年”“儿童”，就属于这种错误。因为这是同时用性别与年龄作根据来划分的。

划分规则 3：划分的子项应当互相排斥。

划分后的各个子项的外延应该是不相容的关系。即子项之间不具有同一关系、交叉关系和从属关系。违背这一条规则就犯了“子项相容”错误。例如，把“工业”分为“重工业”“轻工业”“钢铁工业”“纺织工业”就属于这种错误。因为“重工业”与“钢铁工业”、“轻工业”与“纺织工业”分别为从属关系。

三、概念的限制和概括

要确定地表达思想，还必须对概念加以限定和概括。限定和概括是明确概念的重要逻辑方法。

概念的内涵和外延是互相制约的。这种制约关系在属种关系的概念间表现为内涵和外延的反变关系，即内涵越多，外延越小；内涵越少，外延越大。例如，“国家”“发展中国家”“亚洲发展中国家”相比较，“国家”的内涵最少，外延最大；“发展中国家”的内涵稍多，外延次之；“亚洲发展中国家”的内涵最多，外延最小。内涵的多少和外延的大小，正好成反比，因而称为内涵外延间的反变关系。内涵外延间的反变关系是概念限制与概括的依据。

概念的限定，就是增加概念的内涵，使外延较大的属概念过渡到外延较小的种概念的一种逻辑方法。“大学老师”对“老师”作了限定，“上海的大学老师”又进一步限定了“大学老师”。有的概念增加了某些限制词语，如“中华人民共和国”前增加“强大的”，构成“强大的中华人民共和国”，只是把概念所反映的事物本来就有的属性强调出来，并未增加内涵，也未缩小外延。这只是语法上的限制，而不是概念的限定。

限定有一次限制和连续限定。从“文明”到“现代文明”，这是一次限制。经一次限定之后，还需要继续限定，如从“文明”到“现代文明”，再到“中国现代文明”，就是连续限制。限制两次以上的都是连续限制。

概念的限定也是数学中常用的方法。例如，初等数学中先讲一般四边形的概念，然后限定四边中对边分别平行便是平行四边形；而后再限定平行四边形当中有一角为直角的便是矩形；最后对矩形的相邻边长再限定一下便是正方形。这样一步一步使学习者清晰易懂，由于外延一步步缩小，而内涵一步步扩大，呈现出规律，因此学习者记忆方便。

运用概念的限定这种逻辑方法，有助于人们将认识从一般过渡到特殊，使认识具体化；还有助于人们准确地使用概念，确切地反映现实。

概念的概括就是通过减少概念的内涵来扩大概念的外延，使外延小的概念过渡到外延大的概念。例如，将“中国综合性大学”减去“中国”的属性，就过渡到“综合性大学”，再减去“综合性”的属性，就过渡到“大学”。每减少一次内涵就是一次概括。

概括的关键是“减少内涵”，内涵一减少，外延就会扩大。从种概念到属概念，如“综合性大学”过渡到“大学”，就是减少内涵，因而是概念的概括。有的概念减少了限制词语，如从“历史悠久的北京大学”到“北京大学”，没有减少内涵，不是概念的概括。

概括有一次概括和连续概括。从“中国综合性大学”到“综合性大学”是一次概括。从“中国综合性大学”到“综合性大学”，再到“大学”就是连续概法。概括两次以上的都是连续概括。

运用概括这种逻辑方法，有助于人们的认识从特殊过渡到一般，反映事物共同的本质；还能使表述更加切合实际。

运用限定和概括的逻辑方法必须注意以下问题：

第一，限定和概括必须在属种概念间进行，也就是说，限定必须是从属到种，概括必须是从种到属；否则，就不正确。例如，把“大学”限定为“中学”，或者将“小学”概括为“中学”，都不正确，因为它们是在“学校”这一属概念之下的三个同级的种概念，三者之间是并列关系，不是属种关系。把“工厂”限定或概括为“车间”也不对，因为它们是整体与部分的关系，不是属种关系。把“青年”限定或概括为“学生”同样不行，因为它们是交叉关系，彼此不能进行限定或概括。

第二，限定和概括是有极限的。限定和概括都有一次性的和连续性的。连续性的，可以根据实际需要一直限制或概括下去。但这并不是无止境的，而是有极限的，限定到已无种概念的单独概念，就不能再限制；概括到范畴，已无属概念，也就不能再概括。

第三，限定、概括要根据事物的实际，恰当地确定其层次，切勿过头，否则就会出现限制不准或概括不当的错误。总之，限制和概括只有恰如其分，才能起到它们应有的明确概念的作用。

第四章　判　断

概念是思维的“细胞”，有概念才能进行思维活动。人们在社会实践中形成了许多概念，但是一个个概念并不能单独地表达完整的思想，也不能单独用来交流，这就必须把一个个概念恰当地联系起来。概念的联结构成判断，是人类思维活动的第二种基本形式。

第一节　概　述

一、判断的特征

判断是人类思维的第二种基本形式，它必须以概念为基础。人类在实践中反映思维对象的特有属性而产生概念，但是，作为知识结晶的概念，其自身无法展现出来，只有通过一个个概念的有机联结，才能体现人类的思想活动。概念的联结过程就是判断的产生过程。所谓判断，就是对思维对象有所断定的思维形式。例如：

“金属是导电体。”

“上海不是中国的首都。”

这就是两个判断。前者断定“金属”具有“导电体”这一属性，后者断定“上海”不具有“中国的首都”这一属性。

判断具有两个特征：

第一，判断对思维对象必须有所断定，这是一切判断最显著的特征和标志。判断的“有所断定”，是指对思维对象性质、关系等的肯定或否定。任何一个判断，无论多么简单或复杂，总是通过这种对思维对象的有所肯定或否定来反映客观世界的。

第二，判断总有真假之分。既然判断对思维对象又是断定，就自然有是否符合客观实际的问题。如果一个判断对思维对象的断定符合客观实际，那么，它就是一个真判断；如果一个判断对思维对象的断定不符合客观实际，那么，它就是一个假判断。非真非假的情况是不存在的。

判定一个判断是否真假，归根结底要依赖于实践，正如毛泽东所说："判定认识或理论之是否真理，不是依主观上觉得如何而定，而是依客观上社会实践的结果如何而定。真理的标准只能是社会实践。"①用实践标准判断真假其实是一个哲学认识论问题，形式逻辑不研究如何在实践中辨别某个具体判断及其内容的真假，研究具体判断及其内容的真假是其他相关学科的任务。形式逻辑是把判断的真假问题作为推理和论证的必要条件来考虑的，它只是研究判断的形式结构之间的真假，以便恰当地进行判断、正确地进行推理和论证。

判断的两个特征是相互联系、不可分割的。因为一个判断的真假，是受它是否正确地肯定或否定事物的情况所制约的。也就是说，如果判断所肯定的情况是事物所具有的，那么此判断是真判断；与此相反，即是假判断。如果判断所否定的情况，是事物所没有的，则判断是真的；否则就是假的。所以，任何一个正确的判断，都有着这两个逻辑特征。

二、判断的表达

正如上一章所论述的"概念和语词密不可分"，同样，判断和语句也是密不可分的。判断作为思维形式，是不能离开语句而单独存在的，判断的形成和表达都必须借助于语句。语句是判断的语言表达形式，而判断是语句的思想内容，二者统一在具体的思维表达中。

但是，正如概念和语词有着区别一样，判断和语句也是有区别的。判断和语句的性质不同。判断具有全人类性，语句则具有民族性或区域性。判断是一种思维形式，其内容是客观事物在人脑中的反映，人们对事物情况做出的断定，其思维的逻辑结构形式可以是相同的，不会因民族习惯的不同而有所不同。语句则不同，它是一种语言形式，表现为一组声音（言语）或笔画（文学），由于各民族的社会习惯不同，因而各民族使用的语言也就各不相同，这是二者的根本区别。它们分别为两门不同学科的研究对象。

① 《毛泽东选集》第1卷，人民出版社1966年版，第261页。

判断和语句有着对应关系，但二者不具有一一对应关系。

首先，同一判断可以用不同的语句来表达。例如：

“所有的金属都是导电体。”

“没有任何一种金属不是导电体。”

“难道有什么金属不是导电体吗？”

这是三个不同的语句，但表达的判断都是相同的。

对同一对象做出具有某一属性的断定，可以用不同的语句形式表达，或者思想内容一致，但在不同场合采用不同语言形式（即不同的逻辑形式），既能提高逻辑表达效果，又能准确表达思想。例如：

“只有勇于实践，才能获得真知”。

“如果不勇于实践，就不能获得真知。”

其次，相同的语句，在不同的语境中可以表达不同的判断。例如：

“今天我要上课。”

这个语句就可以表达两个不同的判断。老师可以用来表达“今天我要讲课”这个判断，学生可以用来表达“今天我要听课”这个判断。

再次，并非一切语句都表达判断。决定语句是否表达判断的根据，要看它是否具有判断的两个逻辑特征。现代汉语中的陈述句，一般都包含着断定，也有一个真假问题，因而表达判断。而疑问句、祈使句和感叹句由于只是提出问题或表示某种愿望或抒发一些感情，没有做出什么断定，也就无真假可言，因此一般不表现为判断。但有的疑问句、祈使句和感叹句也可以间接表达判断。例如，“中国人死都不怕，还怕困难吗？”“请您不要吸烟！”“国庆节日的天安门是多么吸引人啊！”等语句，实际上也对事物做出了某种断定，因而它们也间接地表达判断。

三、判断的分类和作用

（一）判断的分类

根据不同的标准可以对判断作如下分类：首先，按照判断是否包含模态词，判断可分为模态判断（即包含模态词的判断）和非模态判断（即不包含模态词的判断）。关于非模态判断，又可以按照判断本身是否还包含其他判断，将其分为简单判断（即本身不包含其他判断的判断）和复合判断（即本身包含其他判断的判断）。关于简单判断，再按照所断定的是思维对象的性质还是思维对象之间的关系，把它分成性质判断和关系判断。关于复合判断，则按照组成复合判断的联结词的逻辑性质不同，再将其分为联言判断、选言判断、假言判断和负判断。关于模态判断，又按照模态词的不同，把它分为或然判断和必然判断。具体如图 4—1所示。

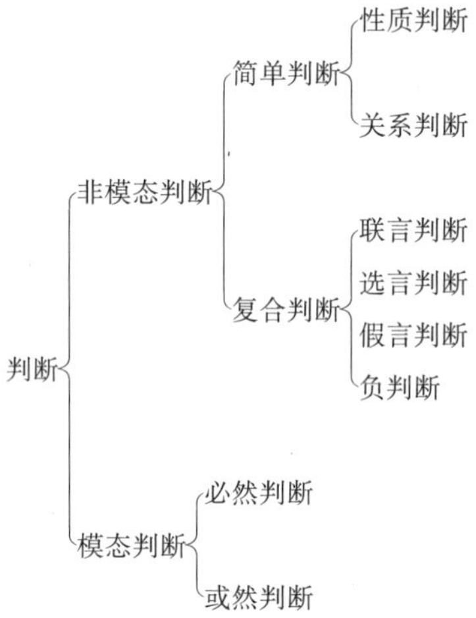

图 4—1　判断的分类

(二)判断的作用

判断是人们认识事物和表达交流思想的重要逻辑手段。要认识事物，就要对事物情况作断定。离开了判断，就不会有对事物的断定，也就谈不上对客观世界的认识。要表达和交流思想，就必须运用判断这一思维形式；否则，就无法交流思想。

判断是概念的继续，是对概念的说明，因为概念的内涵和外延要用判断形式去揭示。判断又是构成推理的基本要素，因为所谓推理，就是由已知判断推出新判断的过程。

研究判断的不同形式，可以帮助人们遵照思维形式规律的要求，并依据不同类型判断的逻辑特征，即运用不同种类的判断形式，做出恰当的判断。

第二节　简单判断

简单判断相对于复合判断而言，就是本身不包含其他判断的判断，通常由一个语句来表达。简单判断可以分为性质判断和关系判断。

一、性质判断

(一)性质判断的含义

客观事物及其情况是复杂的,人们根据实践需要,可对它做出不同的判断。如果着眼于事物及其情况的性质,就可做出性质判断。所谓性质判断,就是对思维对象的性质有所断定的思维形式。例如:

"所有的偶数都是能被 2 整除的。"

"有些企业不是国有的。"

这是两个性质判断。前者断定思维对象"偶数"具有"能被 2 整除"这个属性,后者断定思维对象"有些企业"不具有"国有的"属性。

性质判断由主项、谓项、量项和联项四个部分组成。

性质判断的主项是指判断中表示思维对象的概念,如前例中的"偶数""企业"。主项在形式逻辑中通常用拉丁文 Subjectum(主词)的第一个字母"S"表示。

性质判断的谓项是指判断中表示主项性质的概念,如前例中的"能被 2 整除""国有"。谓项在形式逻辑中通常用拉丁文 Praedicatum(宾词)的第一个字母"P"表示。

性质判断的量项就是在性质判断中表示主项数量的量词。量词有两种,即全称量词和特称量词。全称量词是表示主项外延数量情况的语词,即表示主项指称的所有对象。在汉语中,表示全称判断的量词有"凡""所有""一切""任何""每一个"等。有时在主项后面加"都"字,也表示全称量词,如"作案人都是有作案时间的"。特称量词是表示主项部分外延的语词,即指称主项的部分对象。在汉语中通常表达特称量语的语词是"有些""有的""有""一部分"等。特称量词是不能省略的。必须强调的是,在逻辑形式中出现的特称量词"有些"或"有的"是在严格意义上使用的,它指的是"至少有些"或"至少有的"的意思,而不是"仅仅有些"或"仅仅有的"。当做出判断"有些 S 是 P"时,其意是指"至少有些 S 是 P",它并不意味着"有些 S 不是 P"。由此可见,它与人们日常生活语言中出现的"有些"或"有的"(往往指"仅仅有些""仅仅有的")是有严格区别的。某一个性质判断的量词是全称还是特称的,这称为判断的量。性质判断的主项是单独词项时,就不需要量词来限定了。例如,"鲁迅是文学家"。这样的判断称为单称判断。

性质判断的联项，即联结主项和谓项的概念。通常用“是”或“不是”来表示，一般称之为判断的“质”，在日常语言表达形式中，肯定的联项有时可以省略。上例中“所有的偶数都是能被 2 整除的”，可以省略为“所有的偶数能被 2 整除”。否定的联项一般不能省略。

(二)性质判断的分类

根据联项(“是”与“不是”)的不同，即从质上划分，性质判断可以分为肯定判断和否定判断。肯定判断，就是断定事物具有某种性质的判断。否定判断，就是断定事物不具有某种性质的判断。根据量项的不同，即从量上划分，性质判断可分为单称判断、特称判断和全称判断。单称判断，就是断定一个特定的事物具有或不具有某种性质的判断。单称判断的主项，一般是由一个专有名词表达的单独概念表示。特称判断，就是断定一类事物中至少有一个事物具有或不具有某种性质的判断。全称判断，就是断定某类事物的全部分子具有或不具有某种性质的判断。

把联项和量项(即质和量)结合起来作为根据进行划分，性质判断可以分为以下六种：

一是单称肯定判断。单称肯定判断，就是断定某一个特定的事物具有某种性质的判断。其逻辑形式为：这个 S 是 P。如“鲁迅是文学家”。

二是单称否定判断。单称否定判断，就是断定某一个特定的事物不具有某种性质的判断。其逻辑形式为：这个 S 不是 P。如“鲁迅不是科学家”。

三是特称肯定判断。特称肯定判断，就是断定一类事物中至少存在一个事物具有某种性质的判断。其逻辑形式是：有的 S 是 P。如“有的大学老师是博士”。

四是特称否定判断。特称否定判断，就是断定一类事物中至少存在一个事物不具有某种性质的判断。其逻辑形式是：有的 S 不是 P。如“有的大学老师不是博士”。

五是全称肯定判断。全称肯定判断，就是断定某类事物的全部都具有某种性质的判断。其逻辑形式为：所有 S 是 P。如“所有的人都是有思想的”。

六是全称否定判断。全称否定判断，就是断定某类事物的全部都不具有某种性质的判断。其逻辑形式为：所有 S 不是 P。如“所有的大学生都不是文盲”。

为了下面讨论问题方便，我们把六种判断的常用符号列出：

全称肯定判断，简称 A。其逻辑形式可以表示为 SAP。

全称否定判断，简称 E。其逻辑形式可以表示为 SEP。

特称肯定判断，简称 I。其逻辑形式可以表示为 SIP。

特称否定判断，简称 O。其逻辑形式可以表示为 SOP。

单称肯定判断，简称 a。其逻辑形式可以表示为 SaP。

单称否定判断，简称 e。其逻辑形式可以表示为 SeP。

单称肯定判断和单称否定判断比较特殊，下面不讨论这两种类型。

(三)性质判断的主谓项周延问题

探讨性质判断还必须研究它的主项、谓项的周延性问题。所谓周延性，是指在性质判断中对主项和谓项的外延数量的断定情况。在一个性质判断中，如果断定了它的主项（或谓项）的全部外延，那么这个判断的主项（或谓项）就是周延的；如果只断定了主项（或谓项）的部分外延（而不是全部外延），那么这个判断的主项（或谓项）就是不周延的。

根据 A、E、I、O 四种判断中对主项、谓项外延的陈述情况，我们可以将词项的周延性问题归结出以下四个结论：

(1)全称判断的主项都是周延的。全称判断包括“SAP”和“SEP”。在 SAP 中，明显地断定了 S 的全部外延包含在 P 的外延中，所以 S 是周延的；在 SEP 中，也明显地断定了 S 的全部外延被排斥在 P 的外延之外，S 在这里也是周延的。因此，主项 S 在“SAP”和“SEP”这两种判断形式中都是周延的。

(2)特称判断的主项都是不周延的。特称判断包括“SIP”和“SOP”。在 SIP 中，只断定了 S 的部分外延与 P 的外延重合，S 是不周延的；在 SOP 中，同样只断定了 S 的部分外延不具有 P 性质，S 也不周延。因此，主项 S 在“SIP”和“SOP”这两种判断形式中都是不周延的。

(3)肯定判断的谓项都是不周延的。肯定判断包括“SAP”和“SIP”。在 SAP 中，虽然陈述了 S 类中有全部外延是 P 类的外延，但并没有陈述是 P 类的全部外延；在 SIP 中，也只是陈述了 S 类的部分外延是 P 类的外延，也并没有陈述是 P 类的全部外延。因此，谓项 P 在“SAP”和“SIP”这两种判断形式中都是不周延的。

(4)否定判断的谓项都是周延的。否定判断包括“SEP”和“SOP”。在 SEP

中，实际上断定了P类的全部外延都被排斥在所有S之外；在SOP中，实际上也陈述了P类的全部外延都被排斥在S类中有的外延之外。因此，谓项P在"SEP"和"SOP"这两种判断形式中都是周延的。

A、E、I、O主项、谓项的周延情况如表4—1所示。

表4—1　　A、E、I、O主项、谓项的周延情况

性质判断形式	主　项	谓　项
SAP	周延	不周延
SEP	周延	周延
SIP	不周延	不周延
SOP	不周延	周延

（四）A、E、I、O四种性质判断的真假关系

判断的真假取决于它是否符合客观实际情况。性质判断是断定思维对象是否具有某种性质的判断，而性质总是一定对象的性质，因此，性质判断的真假取决于它是否真实地表达了主项所反映的S类对象和谓项所反映的P类对象之间的客观关系。根据上一章所讲的欧拉图解，主项(S)和谓项(P)之间有五种关系(如图4—2至图4—6所示)：

图4—2　欧拉图解1

图4—3　欧拉图解2

图4—4　欧拉图解3

图4—5　欧拉图解4

图4—6　欧拉图解5

当主项(S)和谓项(P)之间具有欧拉图解1和欧拉图解2所示关系的时候，那么"所有的S都是P"(即SAP)为真；当主项(S)和谓项(P)之间具有其他关系的时候，"所有的S都不是P"(即SEP)为假。

当主项(S)和谓项(P)之间具有欧拉图解5所示关系的时候，那么"所有的S都不是P"(即SEP)为真；当主项(S)和谓项(P)之间具有其他关系的时候，"所有

的S都是P”(即SAP)为假。

当主项(S)和谓项(P)之间具有欧拉图解1、欧拉图解2、欧拉图解3、欧拉图解4所示关系的时候,“有的S是P”(即SIP)为真;当主项(S)和谓项(P)之间具有欧拉图解5所示关系的时候,“有的S是P”(即SIP)为假。

当主项(S)和谓项(P)之间具有欧拉图解3、欧拉图解4、欧拉图解5所示关系的时候,“有的S不是P”(即SOP)为真;当主项(S)和谓项(P)之间具有欧拉图解1所示关系的时候,“有的S不是P”(即SOP)为假。

A、E、I、O四种判断的上述情况,可以概括如表4—2所示。

表4—2　　A、E、I、O四种性质判断的真假关系

S与P的关系 / 判断的真假 / 判断类别					
SAP	真	真	假	假	假
SEP	假	假	假	假	真
SIP	真	真	真	真	假
SOP	假	假	真	真	真

从表4—2可以看出,如果A、E、I、O四种判断的主谓项相同,那么,它们在真假性质上就存在一定的制约关系,下面,我们根据表4—2具体分析这四种判断之间的真假关系:

1. 上反对关系(A判断和E判断之间的关系)

从表4—2可以看出,当A判断真时,S与P具有欧拉图解1或图欧拉图解2的关系,在这两种情况下,E判断都为假。当A判断假时,S与P具有欧拉图解3或欧拉图解4或欧拉图解5的关系,如果S与P具有欧拉图解3或欧拉图解4的关系,则E判断为假;如果S与P具有欧拉图解5的关系,则E判断为真。当E判断真时,S与P具有欧拉图解5的关系,A判断为假。当E判断假时,S与P具有欧拉图解1或欧拉图解2或欧拉图解3或欧拉图解4的关系,如果S与P具有欧拉图解1或欧拉图解2的关系,则A判断为真;如果S与P具有欧拉图解3或欧拉图解4的关系,则A判断为假。可见,A判断和E判断可同假,不可同真。这种可同假、不可同真的关系,逻辑上称为“上反对关系”。

2. 下反对关系(I 判断和 O 判断之间的关系)

从表 4—2 可以看出,当 I 判断真时,S 与 P 具有欧拉图解 1 或欧拉图解 2 或欧拉图解 3 或欧拉图解 4 的关系,如果 S 与 P 具有欧拉图解 1 或欧拉图解 2 的关系,则 O 判断为假;如果 S 与 P 具有欧拉图解 3 或欧拉图解 4 的关系,则 O 判断为真。当 I 判断假时,S 与 P 具有欧拉图解 5 的关系,O 判断为真。当 O 判断真时,S 与 P 具有欧拉图解 3 或欧拉图解 4 或欧拉图解 5 的关系,如果 S 与 P 具有欧拉图解 3 或欧拉图解 4 的关系,则 I 判断为真;如果 S 与 P 具有欧拉图解 5 的关系;则 I 判断为假。当 O 判断假时,S 与 P 具有欧拉图解 1 或欧拉图解 2 的关系,I 判断为真。可见,I 判断和 O 判断可同真,不可同假。这种可同真、不可同假的关系,逻辑上称为“下反对关系”。

3. 矛盾关系(A 判断和 O 判断之间的关系,E 判断和 I 判断之间的关系)

从表 4—2 可以看出,当 A 判断真时,S 与 P 具有欧拉图解 1 或欧拉图解 2 的关系,O 判断为假。当 A 判断假时,S 与 P 具有欧拉图解 3 或欧拉图解 4 或欧拉图解 5 的关系,O 判断为真。当 O 判断真时,S 与 P 具有欧拉图解 3 或欧拉图解 4 或欧拉图解 5 的关系,A 判断为假。当 O 判断假时,S 与 P 具有欧拉图解 1 或欧拉图解 2 的关系,A 判断为真。

当 E 判断真时,S 与 P 具有欧拉图解 5 的关系,I 判断为假。当 E 判断假时,S 与 P 具有欧拉图解 1 或欧拉图解 2 或欧拉图解 3 或欧拉图解 4 的关系,I 判断为真。当 I 判断真时,S 与 P 具有欧拉图解 1 或欧拉图解 2 或欧拉图解 3 或欧拉图解 4 的关系,E 判断为假。当 I 判断假时,S 与 P 具有欧拉图解 5 的关系,E 判断为真。

A 判断和 O 判断之间、E 判断和 I 判断之间的关系既不可同真,也不可同假,这种既不可同真,也不可同假的关系,逻辑上称为“矛盾关系”。

4. 从属关系(A 判断和 I 判断之间的关系,E 判断和 O 判断之间的关系)

当 A 判断真时,S 与 P 具有欧拉图解 1 或欧拉图解 2 的关系,I 判断为真。当 A 判断假时,S 与 P 具有欧拉图解 3 或欧拉图解 4 或欧拉图解 5 的关系,如果 S 与 P 具有欧拉图解 3 或欧拉图解 4 的关系,则 I 判断为真;如果 S 与 P 具有欧拉图解 5 的关系,则 I 判断为假。当 I 判断真时,S 与 P 具有欧拉图解 1 或欧拉图解 2 或欧拉图解 3 或欧拉图解 4 的关系,如果 S 与 P 具有欧拉图解 1 或欧拉图解 2 的关系,则 A 判断为真;如果 S 与 P 具有欧拉图解 3 或欧拉图解 4 的关系，则 A 判断为假。当 I 判断假时，S 与 P 具有欧拉图解 5 的关系，A 判断为假。

当 E 判断真时，S 与 P 具有欧拉图解 5 的关系，O 判断为真。当 E 判断假时，S 与 P 具有欧拉图解 1 或欧拉图解 2 或欧拉图解 3 或欧拉图解 4 的关系，如果 S 与 P 具有欧拉图解 1 或欧拉图解 2 的关系，则 O 判断为假；如果 S 与 P 具有欧拉图解 3 或欧拉图解 4 的关系，则 O 判断为真。

A 判断和 I 判断之间的关系、E 判断和 O 判断之间的关系既可同真，也可同假。这种既可同真，也可同假的关系，逻辑上称为“从属关系”。

A、E、I、O 四种性质判断的真假制约关系，在逻辑上可以用一个正方图形来表示（如图 4—7 所示）。

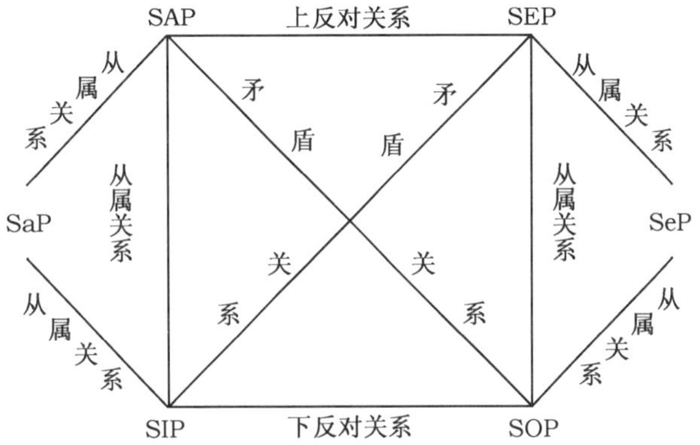

图 4—7 A、E、I、O 四种性质判断真假制约关系的逻辑方阵图

在图 4—7 中，A、E、I、O 四种性质判断必须是素材相同（即主谓项相同）的判断，否则就不存在彼此的真假制约关系。这种具有相同素材的 A、E、I、O 四种性质判断之间的真假制约关系，传统逻辑中称为性质判断的对当关系。掌握性质判断的对当关系，可以帮助我们从一个判断的真假，推导出与之具有相同素材的其他三个判断的真假情况，这方面的知识我们将在直接推理中进一步介绍。

二、关系判断

（一）关系判断的含义

关系判断是断定事物与事物间具有还是不具有某种关系的判断。世界上任何事物都不是孤立存在的。客观事物除了本身具有多方面的性质外，事物之间还存在着各种各样的关系。人们在改造和认识世界的过程中，既要认识事物的性质，形成有关对象情况的性质判断；又要认识事物之间的关系，形成有关对象之间关系的关系判断。例如：

(1)“张三比李四高。”

(2)“长江在黄河之南。”

(3)“张三爱李四。”

例(1)断定张三对李四具有“身材高”的关系，例(2)断定长江对于黄河而言具有“在……之南”的关系，例(3)张三对李四而言具有“爱”的关系。

关系判断与性质判断都是没有包含其他判断的判断，所以，它们都是简单判断。但是，二者的区别也是明显的：

第一，断定的对象不同。性质判断断定思维对象性质，而关系判断则断定思维对象之间的关系。

第二，正是因为关系判断断定的是思维对象之间的关系，而关系总是存在于两个或两个以上事物之间的，所以，关系判断的思维对象必须是两个或两个以上。而性质判断的思维对象可以是一个，也可以是多个。

第三，联结关系判断思维对象的是关系项，而性质判断的主谓项的联结必须有联项。

任何一个关系判断，其结构都由关系者项、关系项、关系量项三部分组成。

关系者项又称关系主项，就是关系判断中表示所断定的对象的那些概念，也就是所表示的某种关系的承担者。上述例(1)中张三、李四，例(2)中长江、黄河，都是关系者项，分别用 a、b 表示。关系项也称关系谓项(其实关系判断没有真正的谓项)，是指联结关系者项的概念。上述例(1)中的“比……高”，例(2)中的“在……之南”，例(3)中的“爱”都是关系项。量项就是表示关系者项数量的概念。每一个关系者项都可以有其量项。例如：“有的任教者小于所有的学员。”其中的“有的”和“所有的”分别表示两个关系者项的数量，这就是量项。当然，如果关系者项是单独概念，则可以没有量项。

(二)关系的逻辑性质

客观世界的关系是多种多样的，如时间关系、空间关系、数量关系、先后关系等，反映事物之间关系的关系判断也是多种多样的。形式逻辑只研究存在于具体关系中的某些共同的逻辑特性。其中基本的、常用的逻辑性质是关系的对称性和关系的传递性。

1. 关系的对称性

关系的对称性是涉及两个对象的关系的逻辑性质，共有三种情况：对称、反对称和非对称。

（1）关系的对称。在特定的论域中，如果 a 对象与 b 对象之间有 R 关系，而且 b 对象与 a 对象之间一定也有 R 关系，那么关系 R 就是对称的。或者说，如果 aRb 真而且 bRa 必真，则关系 R 是对称的。例如“1 千克等于 1 000 克”真，则“1 000 克等于 1 千克”必真，其中“等于”关系就是对称的。其他如“同一”“交叉”“全异”“反对”“矛盾”“下反对”“相似”“邻居”“亲戚”“朋友”“同学”“配偶”“在……旁边”等关系都可以是对称关系。

（2）关系的反对称。在特定的论域中，如果 a 对象与 b 对象之间有 R 关系，而且 b 对象与 a 对象之间一定无 R 关系，那么关系 R 就是反对称的。或者说，如果 aRb 真并且 bRa 必假，则关系 R 是反对称的。例如“5 大于 3”真，则“3 大于 5”必假，其中“大于”关系就是反对称的。其他如“小于”“重于”“少于”“在……上”“压迫”“哥哥”“丈夫”“父亲”“真包含于”“真包含”等关系都可以是反对称关系。

（3）关系的非对称。在特定的论域中，如果 a 对象与 b 对象之间有 R 关系，而且 b 对象与 a 对象之间不一定有 R 关系，也不一定无 R 关系，那么关系 R 就是非对称关系。或者说，如果 aRb 真，并且 bRa 可真可假，则关系 R 是非对称的。例(3)中的“张三爱李四”真，但“李四爱张三”可真可假，其中“爱”关系是非对称关系。其他如“认识”“信任”“支持”“尊敬”“佩服”“帮助”等关系都可以是非对称关系。应当指出，这里所说的“非对称关系”与“对称关系”并非矛盾关系，“非对称关系”其实是既不是对称又不是反对称的关系（如图 4—8 所示）。

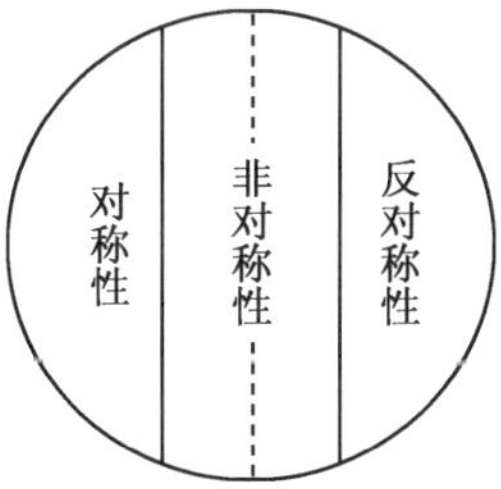

图 4—8　关系的对称、反对称和非对称

2. 关系的传递性

关系的传递性是涉及三个或三个以上对象的关系的逻辑性质，也具有三种不同的情况：传递、反传递和非传递。

(1)传递关系。在特定的论域中，如果 a 对象与 b 对象之间有 R 关系，并且 b 对象与 c 对象之间也有 R 关系，那么 a 对象与 c 对象之间一定有 R 关系。这种情况下的 R 关系就是传递的。或者说，如果 aRb 真、bRc 也真，并且 aRc 也真，则关系 R 是传递的。例如，“张三高于李四，李四高于王五，则张三高于王五”，其中的“高于”关系就是传递的。其他如“年长于”“大于”“等于”“真包含”“平行”等都是传递关系。

(2)反传递关系。在特定的论域中，如果 a 对象与 b 对象之间有 R 关系，并且 b 对象与 c 对象之间也有 R 关系，那么 a 对象与 c 对象之间一定没有 R 关系。这种情况下的 R 关系就是反传递的。或者说，如果 aRb 真、bRc 也真，并且 aRc 必假，则关系 R 是反传递的。例如，“甲与乙为父子关系，乙与丙为父子关系，那么甲与丙为父子关系一定是假的”，因为“父子”关系是不可传递的。其他如“年长两岁”“高出五米”等有具体量的比较关系以及亲属关系如“翁婿”“婆媳”“甥舅”“祖孙”等，也是反传递关系。

(3)非传递关系。在特定的论域中，如果 a 对象与 b 对象之间有 R 关系，并且 b 对象与 c 对象之间也有 R 关系，那么 a 对象与 c 对象之间不一定有 R 关系，也不一定没有 R 关系。这种情况下的 R 关系就是非传递的。或者说，如果 aRb 真、bRc 也真，并且 aRc 可真可假，则关系 R 是非传递的。例如，“张校长与李校长是朋友，李校长与赵校长是朋友，而张校长与赵校长则未必也是朋友”，因为“朋友”关系在判断中不一定能够传递。其他如“认识”“喜欢”“信任”“佩服”等，也都是非传递关系。应当指出，这里所说的“非传递关系”与“传递关系”并非矛盾关系，“非传递关系”其实是既不是传递又不是反传递的关系(如图 4－9 所示)。

了解、掌握各种关系判断的逻辑性质是我们认识事物之间关系的复杂性的基础，同时又是我们进行正确的关系推理的依据。

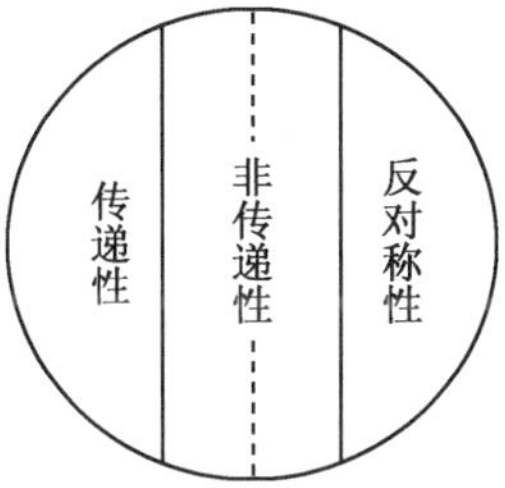

图 4—9　关系的传递、反传递和非传递

三、简单判断的作用

这里所谓简单判断的作用，是指传统逻辑关于简单判断逻辑形式理论的作用。简单判断的逻辑理论在理论思维中具有以下几个极其重要的作用：

第一，简单判断的逻辑理论是人们正确认识事物的必要保证。

人们认识事物必须运用判断，离开人们对事物情况的断定，就谈不到人们对于认识对象的认识。只有当人们对于作为认识对象的事物情况做出了正确的判断时，人们才达到了对于对象的正确认识。一个判断不仅有各种成分即概念内容，还有着一定的结合方式即形式。因而，正确地做出判断，从而正确地认识对象，一方面要求透彻了解事物情况，有关于对象的知识；另一方面要求运用正确的判断形式，将特定对象与特定属性、关系等正确地联结起来。只有结合这两个方面，人们才能对事物情况做出正确的断定。第一个方面的要求必须通过直接经验或间接经验来满足，归根结底是在社会实践的基础上达到对于事物情况的认识；第二个方面的要求必须运用逻辑知识才能做到。在这里，就是要正确运用简单判断的逻辑理论。在社会实践中，当我们确切地了解到认识对象属于哪种类型的事物情况，某一对象与某一属性亦即与另一事物处于什么关系的时候，我们运用相应的判断形式就能做出正确的断定。例如，当我们知道“动物”与“人”这两个概念所反映的事物之间是真包含于关系时，我们由简单判断的逻辑理论可以知道，S 类事物真包含于 P 类事物的情况下，可以做出这样的判断：“人是动物”。又如，当我们知道“哲学”与“理论化、系统化的世界观”为全同关系时，我们就能做出“哲学是理论化、系统化的世界观”或“理论化、系统化的世界观是哲学”这样的判断。

当然，从逻辑上分析，人们对于思维对象的认识过程，是先有关于对象的知识，再找到关于该知识的适应的组合形式或表达方式，二者结合起来才产生相应的判断或思想的过程，但在认识活动的实际历程中，这两个过程在时间上是没有先后之分的，二者是同一认识过程的两个方面。也就是说，简单判断的逻辑理论参与了人们对于事物情况的认识活动。在人们获取关于对象的认识的过程中，简单判断的逻辑理论发挥了不可或缺的工具作用。正是在这个意义上，我们可以说，离开简单判断的逻辑理论，根本就不可能有人们的认识活动。从简单判断与概念的关系，我们可以更清楚地看到，简单判断的逻辑理论不仅是人们获取正确判断的必要保证，而且是人类认识活动的必要条件。概念是思维活动的“细胞”，是组成思想的最基本的要素。但是，概念不是孤立存在的。无论是概念的形成、表达还是阐释，都离不开判断，尤其是离不开简单判断。概念的内涵需要用判断来揭示，概念的外延必须运用判断加以阐明。概念形成和表达的过程就是明确概念的过程，也就是运用判断——主要是简单判断的逻辑理论将该概念与另一个或另一些概念相联结的过程。正是在概念与概念的联结、事物与事物的联结中，概念得以明确，事物被我们认识。

第二，简单判断的逻辑理论是简单判断推理的逻辑基础。

简单判断形式对于思维内容是不可或缺的。同样，它对于推理这种更高级的思维形式也是不可缺少的。简单判断既是简单判断推理的前提，又是简单判断推理的结果。要正确进行这种推理，就必须依据简单判断的逻辑理论，正确地分析作为前提的判断；必须按照事物情况的类型，依据相应的判断理论，做出正确的断定。简单判断形式是组成同类推理形式的要素，只有正确认识和运用简单判断的各种逻辑形式，人们才能从前提合乎逻辑地过渡到结论。

由此可见，简单判断的逻辑理论所阐明的各种简单判断形式的逻辑特性、逻辑意义以及判断形式之间的关系，是相应推理理论的基础。只有掌握了这一基础，我们才能正确地运用由这些判断形式构成的推理形式，才能进行有效的推理。

第三，简单判断的逻辑理论是证明和反驳的重要手段。

一方面，简单判断的逻辑理论揭示了一定的判断形式与特定类型的事物情况之间的真假联系，我们就可以根据已知的事物情况的类型，对具有相应判断形式的判断进行证明或反驳。另一方面，简单判断的逻辑理论揭示了简单判断相应形式之间的真假条件，我们同样可以依据这样的真假条件联系，对特定的简单判断表达的思想进行证明或反驳。

第四，简单判断的逻辑理论可以帮助我们防止和纠正运用简单判断时可能出现的逻辑错误。

正确运用简单判断，才能准确地断定事物情况。要做到这一点，必须正确理解和运用简单判断的逻辑形式，防止出现逻辑错误。简单判断的逻辑错误，主要有以下几种：

(一)性质判断中的逻辑错误

1. 联项误用

第一，误用肯定联项。性质判断只能在主项和谓项之间在外延上具有相容关系，即具有全同关系、真包含于关系、真包含关系、交叉关系中的某一种时，才能运用肯定联项。在其他情况下，运用肯定联项则是错误的。

第二，误用否定联项。性质判断只有在主项和谓项之间具有真包含关系或交叉关系或全异关系时，才能运用否定联项。在其他情况下，用“不是”联结主谓项则是错误的。误用否定联项还有一种情况，在性质判断的联项之外，对主项或谓项作一次或多次否定，由对概念的否定不当造成整个判断不当。

2. 量项误用

性质判断的主项和谓项之间如果是交叉关系，或者主项真包含谓项，那么主项应该是不周延的，即判断应特称。如果在这两种情况下使用全称量项就是量项误用。例如，“所有的唯物主义者都承认世界的运动、变化和发展，都承认事物的矛盾运动”。事实上，并非所有的唯物主义者都“承认世界的运动、变化和发展，都承认事物的矛盾运动”。形而上学唯物主义者就不承认，例中主、谓项之间是交叉关系，主项应是不周延的，应用特称量项。

(二)关系判断中的逻辑错误

关系判断中的逻辑错误的主要表现，一是关系项的误用或混淆，二是关系者项的误用或缺少。例如：

(1)“在今年的中超比赛中，申花队战胜了国安队，而国安队又战胜了申鑫队，所以在明天的上海德比大战中，申花队一定能战胜申鑫队。”

(2)“某大学发表论文数量增加了五百多篇。”

例(1)根据前两项比赛中申花队战胜国安队、国安队战胜了申鑫队这一情况，推测：第三场申花队与申鑫队的比赛一定是申花队胜申鑫队。“战胜”是非传递关系，此处误作传递关系。这就是关系项的误用或混淆。

例(2)“增加”这种关系，只能发生在三个关系者项之中，即“谁比谁增加多少”(或自身的过去和现在)。此处只有两个关系者项：“发表论文数量”与“五百多篇”缺少了一个关系者项。这样，五百多篇论文是跟哪个比较的，就难以断定。

第三节　复合判断

所谓复合判断，就是本身包含其他判断的判断。具体来说，就是将若干简单判断(本身不包含其他判断的判断)用逻辑联结词联结而成的判断。若干简单判断叫作复合判断的肢判断。根据逻辑联结词不同，复合判断可以分为联言判断、选言判断、假言判断和负判断。

一、联言判断

联言判断就是断定思维对象几种情况同时存在的思维形式。例如：

(1)“胡适既是文学家、又是哲学家。”

(2)“鲁迅和胡适都是新文化运动的创导者。”

(3)“鲁迅是浙江绍兴人，而胡适是安徽绩溪人。”

断定思维对象若干情况同时存在可以是某类(或某个)对象若干情况同时存在，如例(1)；可以是若干类(或若干个)对象同一情况同时存在，如例(2)；可以是若干类(或若干个)对象若干情况同时存在，如例(3)。

联言判断由联言肢和联言联结词组成。联言肢是联言判断中的分支判断，“胡适是文学家”“胡适是哲学家”就是例(1)中的联言肢。联言判断中的联言肢至少有两个，至多不限。联言联结词是表示联言肢同时存在的概念。在日常语言中，联言联结词是多种多样的，如“并且”“也”“既……又……”“不但……而且……”“虽然……但是……”等。有时，联言联结词可以省略。在逻辑上一般选用“并且”作为其代表，因此，联言判断的逻辑形式可表示为：p 并且 q 并且 r……为了使逻辑联结词表示的意义更加精确，联言判断的联结词可以用符号 ∧(读作“合取”)来表示。这样，联言判断的逻辑形式也可以表示为：$p \wedge q \wedge r$……

联言判断的真假取决于联言肢的真假。联言判断是断定思维对象若干情况同时存在的判断，因此，一个真的联言判断就要求所有的联言肢所断定的事物情况都是存在的。换言之，如果各个联言肢全部都是真的，那么，这个联言判断就是真的；只要其中有一个联言肢是假的，则这个联言判断就是假的。

联言判断的真假和联言肢的真假值之间的关系，可以用如表4－3所示的真值表来表示。

表 4－3　　联言判断的真假值和联言肢的真假值之间的关系

p	q	r	$p \wedge q \wedge r$	$q \wedge p \wedge r$	$r \wedge p \wedge q$
真	真	真	真	真	真
真	真	假	假	假	假
真	假	真	假	假	假
假	真	真	假	假	假
真	假	假	假	假	假
假	假	真	假	假	假
真	假	假	假	假	假
假	假	假	假	假	假

从联言判断的真值表来看，“$p \wedge q$”与“$q \wedge p$”，“$p \wedge q \wedge r$”与“$q \wedge p \wedge r$”都是等值的，即真假相同，逻辑学上称之为“合取交换律”，说明肢判断无固定先后次序。但是，在自然语言中，“p 并且 q”有时却不能简单地换成“q 并且 p”。例如，“中国是发展中国家，并且是飞速发展的发展中国家”就不能换成“中国是飞速发展的发展中国家，并且是发展中国家”。联合意义的联言判断，其联言肢的先后次序不固定，改变它的先后次序，意思不变；但递进意义、转折意义、承接意义的联言判断，联言肢的先后次序必须固定，改变联言肢的先后次序，这个联言判断就不恰当了。

二、选言判断

选言判断就是断定思维对象几种情况至少有一种存在的思维形式。尽管它断定的是可能性，但自身不包含模态词，所以仍然属于非模态判断。例如：

（1）“上海财经大学要么是综合性大学，要么是非综合性大学。”

（2）“甲听错了或者乙听错了。”

选言判断是由若干个具有选择关系的选言肢和标志它们具有选择关系的逻辑联结项所组成。例(1)中的“上海财经大学是综合性大学”和“上海财经大学非综合性大学”,就是例(1)的选言肢。例(2)中的“甲听错了”和“乙听错了”,就是例(2)的选言肢。“要么……要么……”“……或者……”就是它们的逻辑联结项。

选择关系的逻辑联结词虽然有很多,但可分为两类:一类表明各选言肢可以同真;另一类表明各选言肢既不能同真,也不能同假。根据逻辑联结词的不同,选言判断可分为相容的选言判断和不相容的选言判断。

相容的选言判断是断定至少有一个选言肢为真的选言判断。在这种逻辑形式中,可以有一个选言肢是真的,也可以有两个选言肢或全部都是真的。也就是说,相容选言判断的选言肢不是相互排斥的。例(2)就是相容的选言判断。

在日常语言中,相容的选言判断的逻辑联结词是多种多样的,如“或者……或者……”“或……或……”“可能……可能……”“也许……也许……”等。作为其代表,相容的选言判断的逻辑形式可表达为:p 或者 q。相容的选言判断的逻辑联结词也可用符合“∨”来表示,上面的公式可写成:p∨q(读作 p 析取 q)。

既然相容的选言判断断定至少有一个选言肢为真,所以,如果选言肢中有一个或一个以上或全部都是真的,那么,这个相容的选言判断一定是真的;如果选言肢全部是假的,那么,这个相容的选言判断一定是假的。

相容的选言判断的真假值和选言肢的真假值之间的关系,可以用如表 4—4 所示的真值表来表示。

表 4—4　　相容的选言判断的真假值和选言肢的真假值之间的关系

p	q	p 或者 q(p∨q)
真	真	真
真	假	真
假	真	真
假	假	假

不相容的选言判断是断定有而且只能有一个选言肢为真的选言判断。也就是说,选言肢之间必须是矛盾关系。它们既不能同真,也不能同假。例(1)就是不相容的选言判断。

在日常语言中,不相容的选言判断的逻辑联结词是多种多样的,如“要么……要么……”“是……还是……”等。在特定的语境中,“或者”也可以表达不相容的选言判断。例如,“在困难面前,或者战胜困难,或者被它所吓倒。”这里的“或者”表达前后是不相容的关系。正因为如此,在要求精确表达的场合,如果“或者”表达的是相容的选言判断,就要加上一句“×者兼而有之”等类词语;如果“或者”表达的是不相容的选言判断,就要加上一句“×者不可兼得”等词语。

不相容的选言判断的逻辑形式可表达为:要么 p,要么 q。不相容的选言判断的逻辑联结词也可用符合“$\dot{\vee}$”来表示,上面的公式可写成:$p \dot{\vee} q$(读作 p 不相容析取 q)。

既然不相容的选言判断选言肢之间是矛盾关系,所以,如果选言肢中有一个是真的,另一个是假的,那么,这个不相容的选言判断一定是真的;如果选言肢两个都真或都假,那么,这个不相容的选言判断一定是假的。

不相容的选言判断的真假值和选言肢的真假值之间的关系,可以用如表4—5所示的真值表来表示。

表 4—5　　不相容的选言判断的真假值和选言肢的真假值之间的关系

p	q	要么 p 要么 q($p \dot{\vee} q$)
真	真	假
真	假	真
假	真	真
假	假	假

选言判断的选言肢还有一个穷尽问题。所谓选言肢穷尽,就是指选言判断断定了对象所有存在的情况;反之,就是选言肢不穷尽。

选言判断的选言肢是否穷尽和选言判断的真假有关。

不论是相容的选言判断还是不相容的选言判断,只有选言肢穷尽,才能保证整个判断的真实,因为它包含了真的选言肢。而选言肢没有穷尽,则可能是真判断,也可能是假判断。如果在不穷尽的选言肢中包含了真的选言肢,则这个选言判断是真的;如果在不穷尽的选言肢中未包含真的选言肢,则这个选言判断就是假的。然而,人们在进行选言判断时,常常不需要、有时也不可能把对象的所有情况一一列出,同时,形式逻辑是研究思维形式结构的,是暂时撇开思维内容的,要确定一个选言判断的选言肢是否穷尽,就要涉及其他具体科学,这已超出了形式逻辑的研究范围，也不是形式逻辑所能解决的问题。

三、假言判断

假言判断是有条件地断定某对象情况存在的判断。也就是说，它断定一类（一个）情况的存在是另一类（一个）情况存在的条件。所以，假言判断又称条件判断。例如：

（1）“如果某人的行为违反了法律，那么他的行为也肯定违反了道德规范。”

（2）“只有年满18周岁，才能有选举权。”

（3）“当且仅当这个三角形是等边三角形，那么它一定是等角三角形。”

假言判断是一种复合判断，它是由两个肢判断复合而成的。其中表示条件的肢判断[如例（1）中的“某人的行为违反了法律”，例（2）中的“年满18周岁”，例（3）中的“这个三角形是等边三角形”]称作假言判断的前件；表示依赖条件而存在的结果的肢判断[如例（1）中的“他的行为也肯定违反了道德规范”，例（2）中的“有选举权”，例（3）中的“它一定是等角三角形”]称作假言判断的后件。把前件与后件联结起来的联结词[如例（1）中的“如果……那么……”，例（2）中的“只有……才……”，例（3）中的“当且仅当……，则……”]称作假言判断的联结项。

假言判断反映的是思维对象间的条件关系，一个对象情况作为另一个对象情况的条件，其具体内容是多种多样的。但从条件的性质来看，对象情况之间的条件关系可概括为三种：充分条件、必要条件、充分必要条件。对充分条件而言，有条件必定有结果，没有条件未必没有结果。对必要条件而言，有条件未必有结果，没有条件则必定没有结果。对充分必要条件而言，有条件必定有结果，没有条件则必定没有结果。相应于这三种条件关系，假言判断也可以分为三种：充分条件假言判断、必要条件假言判断、充分必要条件假言判断。

充分条件假言判断就是断定某对象情况是另一对象情况充分条件的假言判断。如例（1）就是典型的充分条件假言判断。

充分条件假言判断的逻辑形式是：如果p，那么q。也可用符号形式表示为：$p \to q$（读作p蕴涵q）。

在自然语言中，充分条件假言判断还可以表达为：“只要……就……”“倘若……则……”“假使……那么……”“当……使……”等。

一个充分条件假言判断的真假，取决于其前件所反映的事物情况是否是后件所反映的事物情况的充分条件，如果前件是后件所反映事物情况的充分条件，那么，该充分条件假言判断就是真的；否则，就是假的。因此，当一个充分条件假言判断为真时，其前件与后件就有如下三种真假情况：前件真，后件也真；前件假，后件真；前件假，后件假。当其为假时，只有一种情况，即前件真，后件假。其真值表示如表 4—6 所示。

表 4—6　　充分条件假言判断的真假值关系

p	q	p→q(如果 p，那么 q)
真	真	真
真	假	假
假	真	真
假	假	真

必要条件假言判断就是断定某对象情况是另一对象情况必要条件的假言判断。如例(2)就是典型的充分条件假言判断。

必要条件假言判断的逻辑形式是：只有 p，才 q。也可用符号形式表示为：p←q(读作 p 逆蕴涵 q")。

必要条件假言判断的联结词，除用"只有……才……"表示外，还常用"没有……没有……""除非……不……""不……不……"等来表示。

一个必要条件假言判断的真假，取决于其前件所反映的事物情况是否是后件所反映的事物情况的必要条件，如果前件是后件所反映事物情况的必要条件，那么，该必要条件假言判断就是真的；否则，就是假的。因此，当一个必要条件假言判断为真时，其前件与后件就有如下三种真假情况：前件真，后件也真；前件真，后件假；前件假，后件假。当其为假时，只有一种情况，即前件假，后件真。其真值表示如表 4—7 所示。

表 4—7　　必要条件假言判断的真假值关系

p	q	p←q(只有 p，才 q)
真	真	真
真	假	真
假	真	假
假	假	真

充分必要条件假言判断就是断定某对象情况是另一对象情况充分必要条件的假言判断。如例(3)就是典型的充分条件假言判断。

充分必要条件假言判断的逻辑形式是：当且仅当 p，才 q。也可用符号形式表示为：p↔q(读作 p 等值 q)。等值是指两个判断真则同真，或假则同假。

在自然语言中，充分必要条件判断还可以用下面一些联结词来表达：“如果……则……；并且，只有……才……”或“只要，而且只有……才……”。

一个充分必要条件假言判断的真假，取决于其前件所反映的事物情况是否是后件所反映的事物情况的充分必要条件，如果前件是后件所反映事物情况的充分必要条件，那么，该充分必要条件假言判断就是真的；否则，就是假的。因此，当一个充分必要条件假言判断为真时，其前件与后件就有如下两种真假情况：前件真，后件也真；前件假，后件假。当其为假时，也有两种情况，即前件真，后件假；前件假，后件真。其真值表示如表 4—8 所示。

表 4—8　　充分必要条件假言判断的真假值关系

p	q	p↔q(当且仅当 p，才 q)
真	真	真
真	假	假
假	真	假
假	假	真

充分条件假言判断和必要条件假言判断之间可以相互转换。转换方法：(1)调换前、后件位置。(2)改变联结词。例(1)可以转换成“只有某人的行为违反了道德规范，则他的行为才会违反法律”，意思与例(1)完全相同。例(2)可以转换成“如果某人有选举权，那么他一定年满 18 周岁”，意思与例(2)也是一样的。

充分必要条件假言判断与不相容的选言判断是矛盾关系。前者要求前后必须一致，后者要求前后必须不一致。

四、负判断

负判断是否定某个判断的判断。例如，“并非所有人都是有工作的”。负判断和性质判断中的否定判断(E、O)是不同的。否定判断是对谓项的否定，是一种简单判断；而负判断则是对整个原判断的否定，因而是一个复合判断。

负判断的逻辑形式是：并非 P。其中，P 为肢判断，“并非”是联结词。用符号形式表示为：$\neg P$（“$\neg$”为否定符号，读作“并非”）。在日常语言中，负判断也可以表述为：“P 是不成立的”“P 不符合事实”等。

负判断的真假取决于其肢判断的真假。负判断否定某个判断，也就是断定原判断为假，因此，它的真假值与原判断（肢判断）刚好相反。其真值表如表4—9所示。

表 4—9　　负判断的真假值关系

P	$\neg P$
真	假
假	真

负判断的肢判断可以由简单判断组成，也可以由复合判断组成。

联言判断的负判断是：“并非‘p 并且 q’”等值于“非 p 或非 q”。可用符号形式表示为：$\neg(p \vee q) \leftrightarrow (\neg p \wedge \neg q)$。

相容选言判断的负判断是：“并非‘p 或者 q’”等值于“非 p 并且非 q”。可用符号形式表示为：$\neg(p \vee q) \leftrightarrow (\neg p \wedge \neg q)$。

不相容选言判断的负判断是：“并非‘要么 p，要么 q’”等值于“‘p 并且 q’或‘非 p 并且非 q’”。可用符号形式表示为：$\neg(p \forall q) \leftrightarrow [(p \wedge q) \vee (\neg p \wedge \neg q)]$。

充分条件假言判断的负判断是：“并非‘如果 p，那么 q’”等值于“p 并且非 q”。可用符号形式表示为：$\neg(p \rightarrow q) \leftrightarrow (p \wedge \neg q)$。

必要条件假言判断的负判断是：“并非‘只有 p，才 q’”等值于“非 p 并且 q”。可用符号形式表示为：$\neg(p \leftarrow q) \leftrightarrow (\neg p \wedge q)$。

充分必要条件假言判断的负判断是：“并非‘当且仅当 p，才 q’”等值于“p 并且非 q”，或“非 p 并且 q”。可用符号形式表示为：$\neg(p \leftrightarrow q) \leftrightarrow (p \wedge \neg q) \vee (\neg p \wedge q)$。

第四节　模态判断

模态判断是断定对象情况必然性或偶然性的判断。也就是说，断定某类对象具有或不具有某种属性是可能的还是不可能的，是必然的还是偶然的。模态判断的特征是在判断中含有“必然”或“可能”一类模态词。例如：

(1)“没有受制约的权力必然走向腐败。”

(2)“明天可能下雨。”

含有“必然”“可能”的模态也称为真值模态。广义的模态内容较丰富，它还包括规范模态、时间模态、认识模态、存在模态和评价模态等。本教材只介绍真值模态。

逻辑中把不含有模态词的判断称为非模态判断(也称实然判断)。在实然判断中加上“必然”“可能”等模态词就成了模态判断。按肯定和否定来分类，模态判断分为“必然 P”“必然非 P”“可能 P”“可能非 P”。字母 P 代表实然判断。

模态词的出现有如下两种情况：

第一种情况：模态词位于判断的谓项内容之中。例如，“不发展教育必然要经济落后”。又如，“明年中国反腐败的力度可能要更大”。

第二种情况：模态词位于实然判断的之前或之后。例如，“中国经济超越美国经济这是可能的”。又如，“必然是开放经济优于封闭经济”。在模态逻辑中，通常用符号“□”或“|”表示“必然”，用符号“◇”或“M”表示“可能”。本教材用“□”和“◇”表示“必然”和“可能”。

一、必然判断

必然判断就是断定对象情况的必然性的判断。在自然语言中，通常用“必然”“必定”“一定”等语词作它的模态词。必然判断又分为必然肯定模态和必然否定模态。必然肯定模态，就是断定事物情况必然存在的判断。例如，“任何事物都必然会自我否定”。必然肯定模态的逻辑形式是：必然 P。也可用符号表示为：□P。必然否定判断就是断定事物情况必然不存在的判断。例如，“腐败现象必然不会自行消失”。必然否定判断的逻辑形式是：必然非 P。也可用符号表示为：□¬P。

二、可能判断

可能判断，就是断定对象情况的可能性的判断。在自然语言中，通常用“可能”“也许”“或许”“大概”等语词作它的模态词。可能判断也可分为可能肯定判断和可能否定判断。可能肯定判断，就是断定事物情况可能存在的判断。例如，“中国经济可能还有大发展”。可能肯定判断的逻辑形式是：可能 P。也可用符号表示为：$\Diamond P$。可能否定判断，就是断定事物情况可能不存在的判断。例如，“唱衰中国经济的论调可能不是真的”。可能否定判断的逻辑形式是：可能非 P。也可用符号表示为：$\Diamond \neg P$。

模态判断也存在真或假的问题。模态判断的真或假同其所包含的非模态判断的真假有关，但却不能完全由它所包含的非模态判断的真或假来决定。例如，中国经济总量去年超越了日本，如果这是事实，那么“中国经济总量去年超越了日本”这个非模态判断是真的，但“中国经济总量去年必然超越日本”这个模态判断却不一定是真的。由此可见，当“P”为真时，“必然 P”并不一定是真的，而是可真可假的。中国经济总量去年超越了美国，如果这不是事实，那么“中国经济总量去年超越了美国”这个非模态判断是假的，但“中国经济总量去年可能超越美国”却可真可假。由此可见，当“P”为假时，“可能 P”并不一定是假的，而是可真可假的。

关于模态判断的真假，是一个非常复杂的逻辑问题。在现代逻辑中，这个问题是通过引进“可能世界”这个概念来解决的。“可能世界”这个概念是由近代数学家和逻辑学家莱布尼茨最先提出来的。所谓“可能世界”，就是指能够为人们合乎逻辑地设想出来的各种各样的情况或场合。凡是不违反逻辑，能够为人们主观想象、设想出来的情况或场合，都是“可能世界”。虽然，人们的这些想象、设想在现实世界中不一定存在，但在逻辑上却是可能的。现实世界只是无穷无尽的“可能世界”中的一个“可能世界”。非模态判断的真或假，是由它在现实世界中的真或假决定的。而模态判断的真或假，却要由它所包含的非模态判断在各种“可能世界”中的真或假来决定。换言之，一个必然判断，当它所包含的非模态判断在各种“可能世界”中都真时，它才是真的。一个可能判断，当它所包含的非模态判断至少在一种“可能世界”中为真时，它就是真的。

在“必然 P”“必然非 P”“可能 P”“可能非 P”这四种基本形式的模态判断之间，也存在着特定的真假制约关系，即模态对当关系。模态对当关系与直言判断 A、E、I、O 之间的对当关系是相同的，也可用逻辑方阵图表示（如图 4－10 所示）。

由图 4－10 可见，模态对当关系存在着六种特定的真假制约关系，其中有两

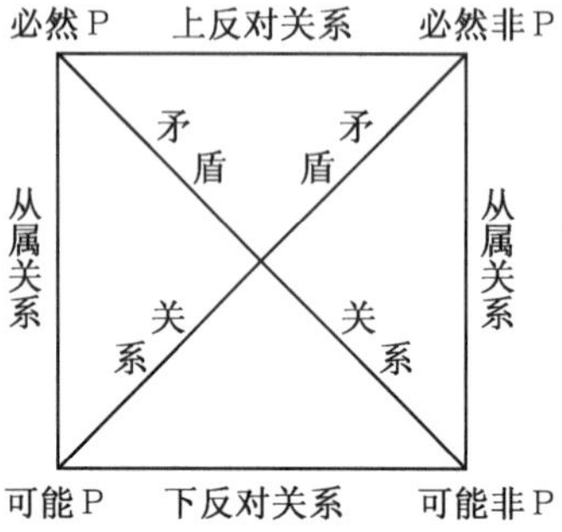

图 4—10　模态对当关系的逻辑方阵图

种重复出现（矛盾关系和从属关系），实际有四种真假制约关系。

一是上反对关系（“必然 P”和“必然非 P”）。它们之间不能同真，但可同假。因此，当一真时，另一必假；当一假时，另一不定。用蕴涵关系可表达为：$\Box P \rightarrow \neg(\Box \neg P)$；$\Box \neg P \rightarrow \neg(\Box P)$。

二是下反对关系（“可能 P”和“可能非 P”）。它们之间不能同假，但可同真。因此，当一假时，另一必真；当一真时，另一不定。用蕴涵关系可表达为：$\neg(\Diamond P) \rightarrow \Diamond \neg P$；$\neg(\Diamond \neg P) \rightarrow \Diamond P$。

三是矛盾关系（“必然 P”与“可能非 P”和“必然非 P”与“可能 P”）。它们之间既不能同真，也不能同假，因此，可以由一真推出另一假，也可由一假推出另一真。用等值关系可表达为：$\Box P \leftrightarrow \neg(\Diamond \neg P)$；$\Diamond \neg P \leftrightarrow \neg(\Box P)$；$\Box \neg P \leftrightarrow \neg(\Diamond P)$；$\Diamond P \leftrightarrow \neg(\Box \neg P)$。

四是从属关系（“必然 P”与“可能 P”和“必然非 P”与“可能非 P”）。当上位判断真时，下位判断必真；当下位判断真时，上位判断不定；当上位判断假时，下位判断不定；当下位判断假时，上位判断必假。用蕴涵关系可表达为：$\Box P \rightarrow \Diamond P$；$\Box \neg P \rightarrow \Diamond \neg P$。

由于模态判断是反映事物必然性、可能性以及人们认识程度的判断，为了能准确地把握事物的性质和状态并恰当地反映我们的认识程度，在运用中要注意以下几个方面：

第一，应注意分清客观模态和主观模态。

(1)“用扩大基本建设投资来刺激经济可能会伤害经济发展的可持续性。”

(2)“本盗窃案可能是熟悉内部情况的人所为。”

例(1)“用扩大基本建设投资来刺激经济可能会伤害经济发展的可持续性”这一判断,断定了用扩大基本建设投资来刺激经济这种方法存在着伤害经济发展的可持续性的可能性,这种可能性属于客观的可能,它不受断定者的主观意识所影响,这种类型的判断属于客观模态判断。例(2)“本盗窃案可能是熟悉内部情况的人所为”这一判断,它是判断者的一种主观认识,因为在做出这一判断的时候,盗窃案是一件已经发生了的事情,至于这一断定是否真实,就是主观认识是否合乎客观的问题。换言之,这种类型的判断是人们对客观事物的主观认识在运用模态判断中的典型表现。所以,后者属于主观模态判断。

第二,准确选择恰当的模态词。“必然”和“可能”这两个模态词,它反映了事物与属性之间联系的不同的状态、程度和趋势,用得不准确就会导致思维的混乱。

第三,根据事物与其属性之间联系的状态和程度修饰“可能”模态词。在实际运用可能模态判断时,通常可以根据事物与其属性之间联系的状态和程度对“可能”模态词进行修饰,即在“可能”模态词的前或后加上恰当的限制词。大致可分为比较密切、密切程度一般和仅有一些联系(强、中、弱)三个不同层次。事物与其属性之间联系的状态和程度比较密切的可用“极大可能”“很可能”“可能性大”和“可能性极大”等来修饰;密切程度一般的可用“有可能”来修饰;密切程度仅有一些联系的可用“可能性小”“可能性极小”“可能性不大”等来修饰。通过对“可能”模态词的修饰,使我们做出的可能模态判断更加准确和合理。

第五章　推　理

概念的联结构成判断，而判断的联结构成推理。同概念和判断一样，推理也是人类思维的重要形式，甚至可以说是思维的最高形式。当然，推理在结构、特征、作用以及遵守的规则上与概念、判断还是有很大区别的。

第一节　概　述

一、推理的特征

作为人类思维的最高形式，推理是由一个或几个已知判断推出另一个新判断的思维形式。在现实生活中，推理随处可见。例如：

(1)所有的金属都是导电体，

所以，有些非导电体不是金属。

(2)所有的国家都是有阶级的，

共产主义社会是没有阶级的，

所以，共产主义社会是没有国家的。

(3)北京人口密集，

天津人口密集，

上海人口密集，

重庆人口密集，

北京、天津、上海、重庆是中国全部的直辖市，

所以，所有中国的直辖市都人口密集。

(4)地球与月球之间是互相吸引的，

太阳与地球之间是互相吸引的，

地球与火星之间是互相吸引的，
太阳与月球之间是互相吸引的，
木星与木星卫星之间是互相吸引的，
太阳与哈雷彗星之间是互相吸引的，
天王星与天王星伴星之间是互相吸引的，
⋮
所以，任何两个物体之间都是互相吸引的。

(5)美国加利福尼亚州与我国南方这些地区的自然环境（地形、水文、土壤）是相似的。

美国加利福尼亚州与我国南方这些地区的气候条件（温度、湿度、光照）也是相似的。

我国南方这些地区适于种植柑橘。

所以，美国加利福尼亚州也是适于种植柑橘的。

上述五例都是推理，它们都是由一个或几个已知判断推出一个新判断，并且是由一组判断组成。从结构上说，推理由前提、结论和推导关系三个部分组成。已知判断是推理的出发点，在推理结构中称为前提。如上述各例在“所以”前面的判断都是前提。由已知判断得出的推知判断（新判断）称为结论。如上述各例在“所以”之后的判断都是结论。联结已知判断和新判断的逻辑形式就是推导关系。在汉语中，推理的一般联结词有：“因为……所以……”“由于……因此……”“基于……由此可见……”“根据……就知……”“鉴于……因此……”“既然……就……”等。

推理由一组判断组成，而判断通常由语句来表达，因此，推理的表达离不开句群或复句。推理与复句的关系是思维内容和语言表达形式的关系。推理是不能离开复句而单独存在的；推理的过程，就是借助复句来表达的过程。因此，可以这样说，推理是复句所表达的思维内容，而复句则是推理赖以表达的语言形式，是推理的语言物质外壳。

但是，二者的区别也是明显的：

第一，二者的性质不同。推理属于逻辑学范畴，是由已知判断推出新判断的思维形式，是对客观对象之间关系的反映，它必然受到客观对象之间关系的制约。复句或句群则属于语言学范畴，是表达推理的一组声音（言语）或符号（文字),它是人们社会习惯的产物,是约定俗成的。

第二,由于推理和复句的性质不同,决定了它们不是一一对应关系。凡推理都要用复句来表达,但不是任何复句都能表达推理,只有那些能够表达判断与判断之间“推出”关系的复句,才能表达推理。

正确的推理要有严密的逻辑性。它要求符合两个条件:一是前提真实,二是推理形式正确。前提是推理的根据,结论是从前提推导出来的。前提不真实,结论就很可能错误。

二、推理的形式

一个具体的推理过程是由一个或几个具体判断作为前提然后得出具体判断(结论)的过程。撇开推理的具体内容,我们可以抽象出其形式。一个推理形式是由作为前提的判断形式与作为结论的判断形式组成的,不同内容的判断,其形式可以相同,所以,不同内容的推理也可以有相同的形式。上述例(1)、例(2)、例(3),如果不考虑它们的具体内容,就可以得到下面三个推理形式:

(1)所有的S都是P,

有些非P不是非S。

(2)所有的P都是M,

S都不是M,

S都不是P。

(3)S_1 是P,

S_2 是P,

S_3 是P,

S_4 是P,

S_1、S_2、S_3、S_4 是S类的全部,

所有的S都是P。

上述各例中,我们用符号S、P代替了具体概念,而推理形式正是用概念变项或判断变项去代替具体推理中的具体概念或具体判断的,是从思维的具体内容中抽象出来的。

推理形式的有效性和推理的真实性是两个问题。推理的真实性问题是其内容的问题,它指的是推理的前提和结论是否符合客观对象的情况。如果(而且只

有)一个推理的前提和结论是符合客观对象情况的,那么,这个推理的内容就是真实的;否则,它的内容就是不真实的。推理形式有效性的判定,是形式逻辑研究推理的中心课题。在形式逻辑中,判定推理形式有效性的方法是制定一些保证有关推理形式有效性的规则。如果遵守这些规则,那么推理形式就是有效的;如果违反这些规则,那么推理形式就是无效的。

可见,推理从其内容而言,有真假之分;从形式而言,有有效、无效之别。它们与结论构成7种关系(如表5—1所示)。

表5—1　　推理形式、前提与结论的关系

	推理形式	前提	结论
(1)	有效	真实	真实
(2)	有效	虚假	真实
(3)	有效	虚假	虚假
(4)	无效	真实	真实
(5)	无效	真实	虚假
(6)	无效	虚假	真实
(7)	无效	虚假	虚假

需要特别指出的是,"推理的形式有效性和结论真实性"这一问题是仅就必然性推理而言的。因为所谓或然性推理就是前提真而结论却不一定真的推理,因此,对或然性推理来说,自然无从讨论这一问题。

三、推理的分类

推理可以根据不同的原则进行分类(如图5—1所示)。

(1)根据前提的数量不同,可以把推理分为直接推理和间接推理。直接推理是只有一个前提的推理。间接推理是有两个或两个以上前提的推理。

(2)根据前提和结论之间是否有蕴涵关系,可以把推理分为必然性推理和或然性推理。前提和结论之间有蕴涵关系,因而其结论是必然推出来的推理,称为必然性推理,包括演绎推理和完全归纳推理。或然性推理就是前提不完全蕴涵结论的推理,即从前提得出的结论为或然的推理形式。简单枚举归纳推理、类比推理一般都是或然性推理。

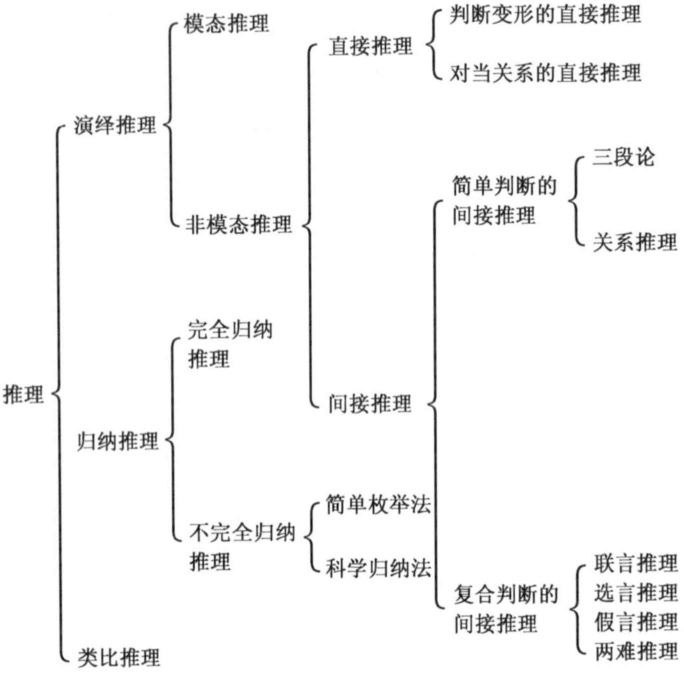

图 5—1　推理的分类

(3)根据论据前提是简单判断还是复合判断,可以把推理分为简单判断推理和复合判断推理。以简单判断为前提的推理,称为简单判断推理。以复合判断为前提的推理,称为复合判断推理。

(4)根据是否能进行始终不失其必然性的连续逻辑推演,可以把推理分为演绎推理和非演绎推理。演绎推理是能够进行连续的逻辑推演,而且各个推演阶段的结论都是从前提必然地推出来的。就其认识作用来看,演绎推理既可以从一般推出一般,也可以从一般推及个别,还可以从个别推至个别。不过就其被运用的全面情况来看,演绎推理多用于从一般性知识推出个别性知识(即从一般推出个别),多用于依据一般原则解决个别问题。当然,不能因此而否认演绎推理还能够从一般推出一般和从个别推出个别的特点。演绎推理可以根据其前提判断的种类不同而分为多种形式的推理,包括直言推理、联言推理、选言推理、假言推理、假言选言推理、假言联言推理、关系推理、模态推理。非演绎推理是不能进行始终不失其必然性的连续的逻辑推演的推理,包括归纳推理和类比推理。归纳推理是从反映个别性知识的前提出发，创造性地推出带一般性知识的结论（即从个别推出一般）。其结论是否正确，还有待于实践来检验。归纳推理可以根据前提是否涉及一类对象的全部分子而分为完全归纳推理和不完全归纳推理。不完全归纳推理又可以分为简单枚举归纳推理和科学归纳推理。

就认识作用方面来说，归纳推理具有从个别推及一般特点的或然性性质。

类比推理是在对两类（或两个）对象作了分析比较的基础上，依据两类（或两个）对象有某些相同或相似的属性，进而推断这两类（或两个）对象的其他属性也相同或相似。类比推理既可以从特殊推特殊，也可以从一般推一般。

在人类的思维活动中，推理有着极其重要的作用。推理的作用主要表现在两个方面：一方面，推理是出新知识的工具，是人类重要的思维形态之一，没有推理就没有思维，也就没有人类的文明；另一方面，推理是论证的工具，任何一篇论证性的文章，要么是提出自己的观点，要么是反驳别人的观点，脱离了推理这种思维形式，论证本身便不存在。

第二节　直接推理

直接推理就是从一个前提直接推出结论的推理。它有三个特点：第一，前提的单一性（前提只有一个）；第二，结论的确定性（前提和结论之间有蕴涵关系，即前提包含结论，前提真，结论必真）；第三，推理的直接性（从前提直接引出结论，不像间接推理那样还需要经过中介或其他条件才能进行推理）。对当关系推理、判断变形推理、负判断关系推理、附性法推理都是直接推理。

一、对当关系的直接推理

对当关系的直接推理就是根据性质判断间的对当关系进行的推理。在 A、E、I、O 四种性质判断间的对当关系中，有的关系具有制约性质，即由某一判断形式的真或假，能够必然确定另一判断形式的真或假；有的关系不具有制约关系，即由某一判断形式的真或假，不能必然确定另一判断形式的真或假。根据必然性推理的逻辑特征，只有具有制约性质的关系，才能作为有关推理的逻辑依据。

A、E、I、O 四种性质判断间的对当关系，包括上反对关系、下反对关系、矛盾关系和从属关系。相应地，对当关系的直接推理便有以下四种共十六个推理有效式：

(一)上反对关系推理

反对关系，存在于A与E之间，二者不能同真，可以同假。因此，根据上反对关系由真可以推假，但不能由假推真(或假)。其有效式有以下两个(→表示推出)：

(1)SAP→¬SEP

(2)SEP→¬SAP

(二)下反对关系推理

下反对关系，存在于I与O之间，二者不能同假，可以同真。因此，根据下反对关系由假可以推真，但不能由真推假(或真)。其有效式有以下两个：

(1)¬SIP→SOP

(2)¬SOP→SIP

(三)矛盾关系推理

矛盾关系，存在于A与O、E与I之间，二者既不能同真，也不能同假。因此，根据矛盾关系由真可以推假，由假也可以推真。所以，其前提与结论是等值关系，用↔来表示推出。其有效式有以下八个：

(1)SAP↔¬SOP

(2)SOP↔¬SAP

(3)SEP↔¬SIP

(4)SIP↔¬SEP

(5)¬SAP↔SOP

(6)¬SOP↔SAP

(7)¬SEP↔SIP

(8)¬SIP↔SEP

(四)从属关系推理

从属关系存在于A与I、E与O之间，全称真时，特称必真；全称假时，特称真假不定；特称真时，全称真假不定；特称假时，全称必假。因此，根据从属关系，由全称真可推特称真，由特称假可推全称假。其有效式有以下四个：

(1)SAP→SIP

(2)SEP→SOP

(3) $\neg SIP \rightarrow \neg SAP$

(4) $\neg SOP \rightarrow \neg SEP$

二、性质判断变形的直接推理

性质判断变形的直接推理就是通过改变一个性质判断的形式，由一个性质判断推出另一个性质判断的推理。“变形”的基本方法有换质法、换位法两种，还可以将两种方法结合起来运用，这就是换质位法。

(一)换质法

换质法就是通过改变前提判断的质(肯定改为否定，否定改为肯定)，从而得到一个新判断的推理方法。

换质法有两条规则：

规则 1：只改变前提判断的质(联项)。

规则 2：结论的谓项与前提谓项必须是矛盾关系。

规则 1 是由换质法的定义直接导出的。规则 2 是由换质法的演绎性质决定的，因为有效的演绎推理是前提蕴涵结论的推理，既然改变了原判断的质(联项)，为了保证从真前提必然推出真结论，就必须将原判断的谓项换成它的矛盾概念。

根据上述两条规则，A、E、I、O 四种性质判断都可以换质。换质法有四个有效式：

(1) $SAP \rightarrow SE\overline{P}$

(2) $SEP \rightarrow SA\overline{P}$

(3) $SIP \rightarrow SO\overline{P}$

(4) $SOP \rightarrow SI\overline{P}$

换质法推理有一个特点：前提与结论可以互推，对上述推理的结论再进行换质，就能必然地推出原来的前提。因此，换质法的四个有效式的前提与结论之间也可用互推符号“↔”。

换质法应用很广，它以原判断相反的形式揭示了原判断的思想内容，同时为我们提供了一个等值判断，因此，它不仅在认识上有意义，而且在表达上也有意义。

(二)换位法

换位法就是通过改变前提判断主、谓项的位置，从而推出一个新判断的推理方法。

换位法有两条规则：

规则1：只改变前提判断主项和谓项的位置(不换质)。

规则2：前提中不周延的项，在结论中不得周延。

规则1是由换位法的定义直接导出的。规则2是由换位法的演绎性质决定的，因为，一个概念在前提中不周延，就是说前提没有断定它的全部外延，而只断定了它的部分外延；如果它在结论中变为周延，就是说结论断定了它的全部外延，这样，结论对它的断定范围就超出了前提所断定的范围，这种断定也就不是必然可靠的了。规则2实际上是规定结论的断定范围不得超出前提的断定范围，它保证了合乎规则的换位法推理能够从真前提必然地推出真结论。

根据上述两条规则，换位法有三个有效式：

(1)SAP→PIS

(2)SEP→PES

(3)SIP→PIS

SOP不能换位。因为换位法不能改变前提的质，即SOP只能换成POS，这样，前提中的主项(S)是不周延的，谓项(P)是周延的，而结论中P换成了主项(不周延)，S换成了谓项就变成了周延概念，这样就违背了换位法规则2。

换位法的意义在于：通过换位可以使原判断中谓项周延的情况更加明确。在日常语言中，许多判断的谓项是不带量词的，因此，它们的周延情况就不太明显，这样在理解判断含义时往往容易发生误解。经过换位，使谓项的量明确显示出来，这对准确把握思维对象无疑是有帮助的。

(三)换质位法

换质位法就是既改变前提判断的质，又调换前提判断主、谓项的位置，从而得出一个新判断的推理方法。换质位法通常是先对一个性质判断换质，再对换质的结论进行换位。例如，对“凡是真正的企业家都是熟悉市场经济运行规律的”换质，可以得到“凡是真正的企业家都不是不熟悉市场经济运行规律的”，再对这一结论进行换位，就得到“凡是不熟悉市场经济运行规律的都不是真正的企业家”的结论。在实际思维中，上述推理过程的中间步骤可以省略。例如，从“凡是真正的企业家都是熟悉市场经济运行规律的”前提，可以直接推出“凡是不熟悉市场经济运行规律的都不是真正的企业家”的结论。换质位法的规则是：换质的时候遵守换质的规则，换位的时候遵守换位的规则。

根据换质法和换位法的规则，换质位法只有三个有效式：

(1) $SAP \to SE\overline{P} \to \overline{P}ES$

(2) $SEP \to SA\overline{P} \to \overline{P}IS$

(3) $SOP \to SI\overline{P} \to \overline{P}IS$

SIP 不能换质位。因为 SIP 换质后就成了 $SO\overline{P}$，根据换位法规则 2，$SO\overline{P}$是不能换位的，所以 SIP 不能换质位。

换质位法可以连续使用，例如：

(1) $SAP \to SE\overline{P} \to \overline{P}ES \to \overline{P}A\overline{S} \to \overline{P}I\overline{S}$

(2) $SEP \to PES \to PA\overline{S} \to \overline{S}IP \to \overline{S}O\overline{P}$

换质位法所得判断较之原判断不仅有质的不同，而且主项的思考对象也不同，所以，换质位法兼有换质法、换位法二者的作用和意义。

三、附性法直接推理

所谓附性法直接推理，是指将标志一定属性的概念分别附加在性质判断的主、谓项前面或后面，从而得出一个新判断的推理形式。例如：

(1)大学教师是知识分子，

所以优秀的大学教师是优秀的知识分子。

(2)猪是动物，

所以猪肉是动物肉。

例(1)的前提是 A 判断，结论仍然是 A 判断，但其主、谓项前面冠以“优秀的”这一概念；例(2)的前提是 A 判断，结论仍然是 A 判断，但其主、谓项后面冠以“肉”这一概念。例(1)可用公式表示为：$SAP \to (SN)A(PN)$；例(2)可用公式表示为：$SAP \to (NS)A(NP)$。可见，附性法直接推理有两个特点：

第一，前提判断和结论判断在质上是保持同一的，即前提判断是肯定的(或否定的)，结论判断也必须是肯定的(或否定的)。

第二，前提判断的主、谓项在结论中仍然充当主、谓项，并且分别受到标志一定属性的同一概念的限制。

附性法直接推理必须遵守这样两条规则：

第一，在前提和结论中，附加概念(N)必须保持一致。附加概念(N)不仅在语言形式上是同一的，在意义上也必须保持同一；否则就会犯“偷换概念”的逻辑错误。例如，“鼠是动物，所以，老鼠是老动物。”尽管附加概念（N）都是“老”，但含义各不相同，结果推出荒谬结论。

第二，在结论中，主、谓项的关系必须与前提中的主、谓项的关系保持一致。即原判断主、谓项之间是怎样的关系，在结论中仍然要保持这种关系；否则，会犯“推不出”的逻辑错误。例如，“蚊子是动物，所以，大蚊子是大动物。”前提中的主、谓项的关系是从属关系，结论中的主、谓项的关系却变成了反对关系，明显犯了“推不出”的逻辑错误。

第三节 直言三段论

一、直言三段论概述

直言三段论是由两个包含着一个共同项的性质判断推出一个新的性质判断的演绎推理。例如：

商品是用来交换的劳动产品，

办公用品是商品，

所以办公用品是劳动产品。

这就是直言三段论。前两个性质判断包含着一个共同的词项“商品”，由这两个已知的性质判断推出新判断“办公用品是劳动产品”。

任何直言三段论都是由三个不同的性质判断组成的。这三个判断包含着三个不同的概念变项，它们分别为大项、小项和中项。已知性质判断包含的共同词项就是中项，上例中的“商品”就是中项。中项在直言三段论中是联系大项和小项的媒介，是把两个已知判断联系起来的桥梁。通过它而合乎逻辑地由两个前提推出结论来。所以，中项存在是直言三段论的重要特点。大项就是新判断中充当谓项的词项，上例中的“劳动产品”就是大项。小项就是新判断中充当主项的词项，上例中的“办公用品”就是小项。

直言三段论中的已知性质判断就是前提。含有大项的前提称为大前提，如上例中的“商品是用来交换的劳动产品”就是大前提。含有小项的前提称为小前提，如上例中的“办公用品是商品”就是小前提。通过已知判断得到的新判断（推知判断)称为结论,如上例中的“办公用品是劳动产品”就是结论。

通过中项,由前提合乎逻辑地推出结论。这样,如果两个前提是真的,那么结论也必然是真的,这就是直言三段论的形式规律。那么,什么是“合乎逻辑地推出结论”呢?“合乎逻辑”在这里的含义是合乎直言三段论公理。合乎直言三段论公理所推出的结论,才是必然的。

直言三段论的公理是:凡对一类事物有所肯定,则对该类事物中的每一个对象也必有所肯定;凡对一类事物有所否定,则对该类事物中的每一个对象也必有所否定。

直言三段论的公理可以用图5—2、图5—3表示:

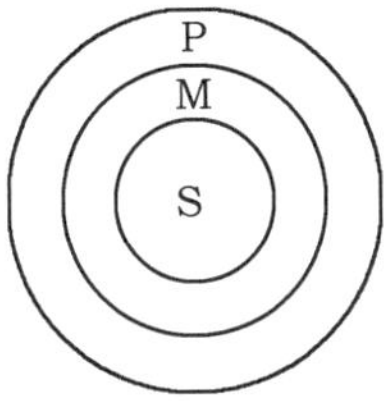

图5—2　直言三段论公理(1)

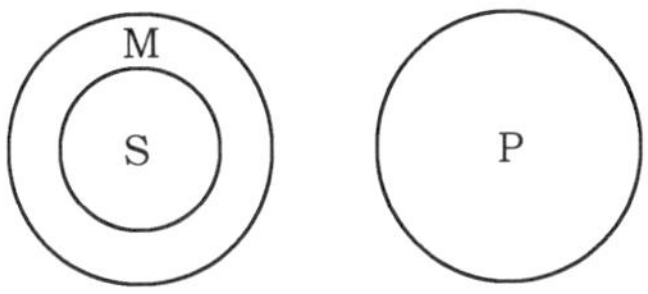

图5—3　直言三段论公理(2)

图5—2表示M类包含在P类中,显然M类的一部分S也包含在P类中。

图5—3表示M类的全部与P类相排斥,显然M类的一部分S也与P类相排斥。

直言三段论公理是客观事物间最一般、最普遍的联系,即一般和个别的关系在人们头脑中的反映,它是直言三段论推理的依据。凡违背这一公理进行的三段论推理都是不正确的。

直言三段论的公理体现在三段论的形式中,就形成许多规则。这些规则可以分成两类:一类是用来限制三段论词项的,称为名词规则;另一类是用来限制三段论前提的,称为前提规则。

(一)名词规则

名词规则1:直言三段论中必须有而且只能有三个不同的项。

如果在一个直言三段论中只有两个不同项,就不是直言三段论,而是一个直接推理。如果有了四个不同的项,那么就是没有起媒介作用的中项,因而无法给出结论。这种逻辑错误称为“四项”的错误,或者称为“四名词”的错误。造成这种错误常常是由于同一语词表达不同的项，因而看起来是三个项，实际上是四个概念。例如：

物质不灭，

地球是物质，

所以，地球不灭。

上例从表面上看只有三个项："物质"是中项，"不灭"是大项，"地球"是小项。实际上大前提中的"物质"和小前提中的"物质"是不同的概念。前者指的是宇宙的共性(客观实在性)，后者指的是某个具体的物质形态。所以上述三段论违反名词规则 1，犯了"四名词"错误。

名词规则 2：中项在前提中至少要周延一次。

中项在三段论推理中起着把大、小项联系起来的作用。如果中项在两个前提中都不周延，则会出现中项在大前提中只有一部分和大项发生联系，在小前提中只有一部分和小项发生联系。这样，大、小项之间就无法通过中项发生确定的关系了，因而也就不能推出必然性的结论。违反这条规则，就要犯"中项不周延"的逻辑错误。例如：

所有的硕士生都通过了英语六级考试，

张三通过了英语六级考试，

所以，张三是硕士生。

这个三段论的中项是"英语六级考试"，在大、小前提中都不周延，所以通过中项联结大项"硕士生"和小项"张三"不能推出必然的结论。

名词规则 3：在前提中不周延的项在结论中不得周延；反之，在结论中周延的项，在前提中必须周延。

三段论是必然性推理，前提蕴涵结论，因而在前提中涉及的东西，结论中才能出现；在前提中没有涉及的东西，结论中不得出现。也就是说，结论中概念的外延所涉及的范围，不能超出前提中相同概念外延所涉及的范围。所以，在前提中不周延的项在结论中不得周延，违反了这条规则，就要犯"大、小项周延不当"的逻辑错误。例如：

所有的电影都是艺术作品，

小说不是电影，

所以，小说不是艺术作品。

上例中“艺术作品”在前提中不周延，在结论中却周延了。结论中“艺术作品”外延所涉及的范围，超出了前提中“艺术作品”外延所涉及的范围，犯“大、小项周延不当”的逻辑错误。

(二)前提规则

前提规则 1:两个否定前提不能得出结论，若一前提为否定，则结论必为否定。

否定判断主、谓项之间关系是不相容的，如果两个前提都是否定判断，那么大、小项和中项之间就都成了互相排斥的关系，这样中项就起不到联结大、小项的媒介作用，因而就不能确定大、小项之间的关系。所以，推不出必然结论。例如：

大学生不是老年人，

张三不是老年人，

所以？

由上述两个否定前提的作用，大项(大学生)、小项(张三)和中项(老年人)之间就都成了互相排斥的关系，这样中项(老年人)就起不到联结大、小项的媒介作用，因而张三是大学生或张三不是大学生都有可能性，所以，推不出必然性的结论。

前提中如果一个是否定判断，一个是肯定判断，则大项和小项必然有一个和中项是不相容关系，有一个和中项是相容关系。在这种情况下，大项和小项也总是不相容关系，既然大、小项是不相容的，结论就只能是否定的。反之，结论如果是否定判断，前提则必然一个是否定的，一个是肯定的。这是因为，结论否定，说明大项与小项不相容，之所以如此，是因为前提中大项和小项有一个和中项相容，另一个和中项不相容。大项或小项和中项不相容的那个前提是否定判断。

前提规则 2:两个特称前提不能得出结论，若一前提为特称，则结论必为特称。

两个特称作为前提，有四种组合情况:(1)II,(2)OO,(3)IO,(4)OI。如果大、小前提组合是(1)，那么，前提中没有一个周延的词项，违反名词规则 2，所以不能得出必然的结论。如果大、小前提组合是(2)，那么明显违反前提规则 1，所以不能得出必然的结论。如果大、小前提组合是(3)或(4)，那么，根据前提规则 1，结论必然是否定的，即结论中的大项必须周延。根据名词规则 3，前提中的大项也周延，而名词规则 2 又要求中项在前提中至少周延一次。这样，前提中的词项至少有两个是周延的，但 IO 或 OI 的前提组合只能提供一个词项的周延，所以 IO 或 OI 的前提组合不符合逻辑。

如果一个特称为前提，则大、小前提的组合也有四种情况：(1)AI，(2)EO，(3)AO，(4)EI。如果大、小前提组合是(1)，那么，前提中只有一个周延的词项，根据名词规则 2，这个周延的词项只能让给中项，大、小项均不周延。根据名词规则 3，结论中的小项不可能周延，所以，结论是特称的。如果大、小前提组合是(2)，那么明显违反前提规则 1，所以不能得出必然的结论。如果大、小前提组合是(3)或(4)，那么，根据前提规则 1，结论必然是否定的，即结论中的大项必须周延。根据名词规则 3，前提中的大项也周延，而名词规则 2 又要求中项在前提中至少周延一次。这样，前提中两个是周延的词项只能是大项和中项，小项就不周延，根据名词规则 3，结论中的小项也不周延，所以结论必须是特称的。

前提规则 3：两个肯定前提只能得出肯定结论；结论肯定，则两个前提必定都是肯定的。

当两个前提都是肯定判断时，大前提断定的是中项与大项之间的相容情况，小前提断定的是中项与小项之间的相容情况。中项通过它与大、小项之间都具有的相容关系，把大、小项联结在一起，从而推出结论。根据演绎推理的结论所断定的内容不得超出前提范围的逻辑要求，既然前提只断定了各项之间的相容情况，因此，相容之外的情况，即不相容的情况，就不能在结论中去断定，所以，结论只能是肯定的。反之，若结论肯定，则大、小项相容。若前提中有一个否定，则大、小项不能相容。所以，结论肯定，则两个前提必都是肯定的。

二、直言三段论的格、式

“格式”在现代汉语中是一个常用词。然而在逻辑中，格、式却是两个单独的概念。所谓三段论的格，是指由于中项在前提中所处的位置的不同而形成的各种三段论的形式。所谓三段论的式，就是由组成三段论的三个判断(前提与结论)的质、量的不同而形成的各种形式，即 A、E、I、O 四种判断在两前提、结论中的各种不同组合形式。

(一)三段论的格

由于中项在前提中所处的位置的不同，三段论可分成四个格，把三段论的六条基本规则应用到各个格中，又可以得出适用于各个格的特殊规则。不同的格在人们的思维中意义也不完全相同。

1. 第一格(如图 5—4 所示)

M — P
S — M
———————
S — P

图 5—4 第一格

中项(M)在大前提中充当主项，在小前提中充当谓项的直言三段。例如：

客观规律是不以人的意志为转移的，

社会规律是客观规律，

所以，社会规律也是不以人的意志为转移的。

第一格的特殊规则有两条：(1)小前提必须是肯定的；(2)第二，大前提必须是全称的。

为什么小前提必须是肯定的呢？假设小前提为否定，根据前提规则 1 的要求，结论必否定；如果结论否定，则结论中的大项(P)周延；根据名词规则 3，前提中的大项(P)也必须周延；在第一格中，大项(P)是大前提的谓项，若大项(P)周延，则大前提否定。这样，大、小前提都成了否定判断，明显违反前提规则 1。所以，假设不成立，小前提不能是否定的，而必须是肯定的。

为什么大前提必须是全称呢？上面已经证明，三段论第一格的小前提只能是肯定的，因而处于小前提谓项位置的中项(M)是不周延的，这样，根据名词规则 2，中项(M)至少要周延一次的要求，在大前提中充当中项(M)的大前提的主项必须是周延的。所以，大前提必须是全称的。

三段论第一格，典型地表现了从一般到特殊的演绎推理的特征。第一格在实践中应用得最广泛，第一格推出的结论可以是 A、E、I、O 四种判断，而其他格又都能化归为第一格，所以，人们称第一格为“典型格”“最完全的格”。列宁在《黑格尔〈逻辑学〉一书摘要》中针对第一格说：“好极了！最普通的逻辑的格……”[①]第一格在法庭的审判中经常被使用，有人就称它为“审判格”；第一格又被经常用于以一般原理为前提去证明特殊的论断，有人又称它为“证明格”。

① 《列宁全集》第 38 卷，人民出版社 1959 年版，第 189 页。

2. 第二格(如图 5—5 所示):

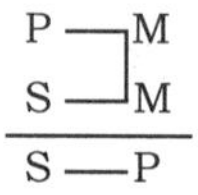

图 5—5　第二格

中项(M)在大、小前提中都充当谓项的直言三段论。例如:

生产工具能生产物质财富,

教育不能生产物质财富,

所以,教育不是生产工具。

第二格的特殊规则有两条:(1)前提中必须有一个是否定的;(2)大前提必须是全称的。

为什么前提中必须有一个是否定的?三段论第二格的中项(M),都处于前提判断谓项的位置,如果两个前提都是肯定的,则两个中项都不周延,根据名词规则 2,推不出必然结论。因而前提中必须有一个是否定的。

为什么大前提必须是全称的?根据三段论第二格规则 1,必有一个前提是否定的。根据前提规则 1,前提有一个是否定的,其结论一定是否定的,结论否定,大项(P)必周延。根据名词规则 3,前提中大项(P)也周延。在第二格中,大项(P)在前提中是大前提的主项。所以,大前提必全称。

由于第二格结论都是否定的,所以,它适用于指出某个事物不属于某类事物范围,可以把两类事物区别开来,又适用于反驳某个虚假的肯定判断。因此,人们又称第二格为"区别格"。

3. 第三格(如图 5—6 所示):

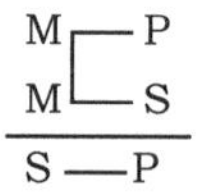

图 5—6　第三格

中项(M)在大、小前提中都处于主项位置的直言三段论。例如:

精神关系不是经济关系,

精神关系是社会关系,

所以，有些社会关系不是经济关系。

第三格的特殊规则有两条：(1)小前提必须是肯定的；(2)结论必须是特称的。

为什么小前提必须是肯定的？如果小前提是否定的，根据前提规则1，则结论必否定，若结论否定，则结论中的谓项周延，而结论中的大项(P)充当它的谓项，所以大项(P)必周延。根据名词规则3，前提中的大项(P)也是周延的。因大前提的谓项是大项(P)，则大前提必否定。若两个前提都是否定判断，根据前提规则1，推不出结论。因此，小前提必为肯定。

为什么结论必须是特称的？根据第三格规则1，小前提是肯定的，而小项(S)在前提中处于小前提谓项的位置上，则小项在前提中不周延。根据名词规则3的要求，结论中的小项(S)也不周延，小项(S)在结论中充当主项，所以，结论必特称。由于第三格结论都是特称判断，所以又称它为“特称格”。人们往往用第三格的形式，以部分事物的真实性来反驳虚假的全称判断。

4. 第四格(如图5—7所示)：

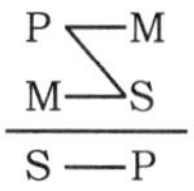

图5—7　第四格

中项(M)在大前提中充当谓项，在小前提中充当主项的直言三段论。例如：

有神论者是唯心主义者，

唯心主义者不是马克思主义者，

所以，马克思主义者不是有神论者。

第四格的特殊规则有三条：(1)如果大提前是肯定的，则小前提必全称；(2)如果小前提是肯定的，则结论必特称；(3)前提中如有一个是否定的，则大前提必全称。

如果大前提为肯定，而中项(M)在大前提中充当谓项，所以大前提中的中项(M)不周延。根据名词规则2，小前提中的中项(M)必须周延，而在小前提中，中项(M)充当主项出现，既然主项周延，所以，小前提必全称。

如果小前提为肯定，则小前提的谓项不周延，而小项(S)在小前提中充当谓项，所以不周延。根据名词规则3，结论中的小项(S)也不周延，而小项(S)在结论中充当主项，所以结论必定是特称的。

如果前提中有一个是否定的，根据前提规则1，结论必为否定，结论中的谓项周延，而大项(P)在结论中充当谓项，所以，结论中的大项(P)周延。根据名词规则3，大项(P)在大前提中必须周延，而大项(P)在大前提中充当主项，所以，大前提必须是全称的。

三段论的格并不是空洞的形式，它是客观事物的类与类、类与个体的包含关系和排斥关系在思维形式中的反映，它是有客观基础的。列宁说："人的实践经过千百万次的重复，它在人的意识中以逻辑的格固定下来。这些格正是(而且只是)由于千百万次的重复才有着先入之见的巩固性和公理的性质。"①

(二)三段论的式

所谓三段论的式，就是由组成三段论的三个判断(前提与结论)的质、量的不同而形成的各种形式，即A、E、I、O四种判断在两个前提、一个结论中的各种不同组合形式。例如，大前提是A判断，小前提是A判断，结论是A判断，就称为AAA式；大前提是E判断，小前提是A判断，结论是O判断，就称为EAO式；等等。

由于A、E、I、O四种判断都可以充当大前提、小前提和结论，每一格就有64式(4×4×4)，而直言三段论有四格，所以总共有256式。但是，如果用三段论规则对256个式一一作以检查，就会发现，有些式是符合三段论规则的，逻辑中称之为有效式；有许多式是违反三段论规则的，称为无效式，四个格总共有24个有效式(如表5—2所示)。

表5—2　　三段论的格、式

第一格	第二格	第三格	第四格
AAA	AEE	AAI	AAI
AII	EAE	AII	AEE
EAE	EIO	EAO	EAO
EIO	AOO	EIO	EIO
(AAI)	(AEO)	IAI	IAI
(EAO)	(EAO)	OAO	(AEO)

① 《列宁全集》第38卷，人民出版社1959年版，第233页。

表 5—2 中带括号的 5 个式称为弱式。所谓弱式，就是从全称前提本可推出全称结论，而在这里得出了一个特称结论，这个结论虽然是真实的，但是它没有把前提所制约着的关系在结论中全部显示出来，它是不完全的推理，故这种式属于不完全的正确式。去掉弱式之后，只有 19 个正确有效式(又称强式)。

三、省略三段论和复杂三段论

(一)省略三段论

三段论必须由三个判断组成，但在日常语言表达中，为了经济和简练，常常将人所共知、不言自明的某个判断省略，这就叫作省略三段论。换言之，省略三段论就是只有两个判断的三段论。例如，"港澳同胞是中国人，因为港澳同胞是炎黄子孙。"这是一个省略了大前提的三段论。恢复其形式为：

凡炎黄子孙都是中国人，

港澳同胞是炎黄子孙，

港澳同胞是中国人。

前者就显得简洁、有力，后者则显得呆板、乏味，听起来使人觉得厌烦。恩格斯曾指出："学究式的普通逻辑几乎到处都要求把语句重新排列，单是这一点就使叙述失去了鲜明性和生动性。"①省略三段论的所谓省略，只是语言表达形式上的省略，而不是逻辑结构上的省略。逻辑结构上如果少了某个判断，那就不再是三段论推理了。

省略三段论的形式有三种：省略大前提、省略小前提、省略结论。省略三段论使用起来简便灵活，便于敏捷地进行思维活动，简明有力地表达思想。但是，由于省略，三段论的组成部分没有完全表露出来，则容易把错误隐藏起来而造成推理的错误。检查省略三段论正确与否的办法，是把省略三段论恢复成三段论的完整形式。其步骤是：首先，判明省略的是三段论中的哪个部分。一般是根据连词性质来断定省略的是前提还是结论，在"因为""由于"等词后边的多是前提，在"所以"后边的是结论。如果省略的是前提之一，那就还需要进一步确定省略的是大前提还是小前提，若已有的前提中含有结论中的谓项，它就是大前提，省略的必定是小前提；若已有的前提含有结论中的主项，它就是小前提，省略的则

① 《马克思恩格斯全集》第 33 卷，人民出版社 1972 版，第 99～100 页。

是大前提。其次，恢复省略部分，使其成为一个完整的三段论。如果缺少大前提，就把中项和结论中的大项结合起来，恢复大前提；如果缺少小前提，就把中项和结论中的小项结合起来，恢复小前提；如果缺少结论，就根据已知的大、小前提推出结论。最后，用三段论的规则对恢复的三段论进行检验。如果符合三段论的规则，就是正确的；如果不符合，就是不正确的。

（二）复杂三段论

直言三段论的复杂式是由两个或两个以上的直言三段论形成的推理形式，就是说它是由几个直言三段论联系在一起，进行一连串的推论，给出最后一个结论的形式。它包括复合三段论、连锁三段论和带证三段论三种。

1. 复合三段论

复合三段论是由前一个三段论的结论作为后一个三段论的前提的复杂三段论。这种三段论反映了多层次的概念外延的属种包含关系，由于推理进程不同，复合三段论有两种形式：前进式复合三段论和后退式复合三段论。

（1）前进式复合三段论是前一个三段论的结论充当后一个三段论大前提的复合三段论。例如：

自然科学是反宗教的，	M_1——P
生物学是自然科学，	M_2——M_1
所以，生物学是反宗教的。	∴M_2——P
细胞学说是生物学，	S——M_2
所以，细胞学说是反宗教的。	∴S——P

（2）后退式复合三段论是前一个三段论的结论充当后一个三段论小前提的复合三段论。为便于比较，仍沿用前例：

细胞学说是生物学，	S——M_2
生物学是自然科学，	M_2——M_1
所以，细胞学说是自然科学。	∴S——M_1
自然科学是反宗教的，	M_1——P
所以，细胞学说是反宗教的。	∴S——P

2. 连锁三段论

连锁三段论是复合三段论的省略形式，就是把一个复合三段论除最后一个结论外，中间的结论都省略掉，通过一系列前提，推出最后结论的推理。连锁三段论也有两种形式:连锁三段论前进式和连锁三段论后退式。

(1)连锁三段论前进式就是复合三段论前进式的省略式。为便于比较,仍用前例:

自然科学是反宗教的,	M_1——P
生物学是自然科学,	M_2——M_1
细胞学说是生物学,	S——M_1
所以,细胞学说是反宗教的。	∴S——P

(2)连锁三段论后退式就是复合三段论后退式的省略式。为便于比较,仍用前例:

细胞学说是生物学,	S——M_2
生物学是自然科学,	M_2——M_1
自然科学是反宗教的,	M_1——P
所以,细胞学说是反宗教的。	∴S——P

3. 带证三段论

带证三段论是至少有一个前提带有证明的三段论,它分为单带证式和复带证式两种。

(1)单带证式是只有一个前提带有证明的三段论。例如:

马克思主义哲学具有科学性,因为马克思主义哲学是科学的世界观;

历史唯物主义是马克思主义哲学;

所以,历史唯物主义具有科学性。

单带证式的结构为:

M——P ∵M——Q

S——M

S——P

(2)复带证式是两个前提都带有证明的三段论。上例扩展为:

马克思主义哲学具有科学性,因为马克思主义哲学是科学的世界观;

历史唯物主义是马克思主义哲学,因为历史唯物主义是马克思主义哲学的重要组成部分;

所以,历史唯物主义具有科学性。

M——P　　　∵M——Q1

S——M　　　∵S——Q_2

S——P

第四节　复合判断的推理

复合判断的推理是指根据复合判断的逻辑性质进行推演的演绎推理，包括联言推理、选言推理、假言推理。

一、联言推理

联言推理是以联言判断为前提或结论，并根据联言判断的逻辑性质进行推演的演绎推理。联言推理的逻辑特征是：只要前提是真的，推出的结论也就是真的。根据联言判断是作为联言推理的前提还是结论，联言推理分为分解式和组合式两类。

（一）联言推理的分解式

联言推理的分解式是由联言判断推出一个肢判断的联言推理。其特点是：前提是一个联言判断，结论是该联言判断的一个肢判断。这种推理的逻辑形式是：

P并且Q，

所以，P（或Q）。

用逻辑符合表达为：

$(P \wedge Q) \rightarrow P$，$(P \wedge Q) \rightarrow Q$）

例如：

农业、能源和交通、教育和科学是我国经济发展的战略重点，

所以，教育和科学是我国经济发展的战略重点。

这种推理形式的正确性是显而易见的，因为如果一个联言判断是真的，它的联言肢就必须都是真的。联言推理分解式的前提断定了一个联言判断是真的，它的结论就必然断定这个联言判断的联言肢是真的。

（二）联言推理的组合式

联言推理的组合式是由两个或两个以上的直言判断为前提，而以它们为联

言肢的一个联言判断作为结论的推理形式。其特点是：前提是一些直言判断，结论是这些直言判断为全部联言肢的联言判断。这种推理的逻辑形式是：

P，

Q，

R，

所以，P 并且 Q 并且 R。

用逻辑符合表达为：

$(P、Q、R) \rightarrow (P \wedge Q \wedge R)$

例如：

在中国现代化进程中，工人是依靠力量；

在中国现代化进程中，农民是依靠力量；

在中国现代化进程中，知识分子是依靠力量；

所以，在中国现代化进程中，工人、农民、知识分子都是依靠力量。

这种推理形式的正确性也是显而易见的，在一个联言判断中，只有所有的联言肢是真的，这个联言判断才是真的。联言推理组合式的前提分别断定了一些判断是真的，它的结论就能够断定由这些判断作联言肢构成的联言判断是真的。

由于联言推理比较简单，因此往往被人们所忽视，但在日常思维中是经常用到的。人们在总体肯定的情况下，要重点突出其中的某一方面时，就运用联言推理的分解式。如我们要把对于事物的各个方面的认识综合起来，形成对于该事物的全面认识时，就运用联言推理的组合式。而且，联言推理还常常与假言推理或选言推理结合，构成许多复杂的推理。因此，要分析它们，也必须对选言推理、假言推理等有正确的认识。

二、选言推理

选言推理就是前提中有一个是选言判断，并根据选言判断的逻辑性质进行推演的推理。由于选言判断有不相容的和相容的两类，所以，选言推理也分为不相容选言推理和相容选言推理两种。

（一）不相容选言推理

不相容选言推理是以大前提为不相容选言判断，小前提对大前提的选言肢进行肯定或否定来推演的推理。不相容选言推理有两种形式：肯定否定式、否定肯定式。

1. 肯定否定式

肯定否定式的推理过程是：大前提是不相容选言判断，小前提肯定其中的部分选言肢，结论否定其余的选言肢。例如：

小王要么是工人，要么是农民；

小王是农民；

所以，小王不是工人。

上例中肯定了一个选言肢(小王是农民)，所以结论中否定了余下的选言肢(小王不是个人)。它的逻辑形式是：

要么 P，要么 Q，

Q，

P。

用逻辑符合表达为：

$[(P \forall Q) \wedge Q] \rightarrow P$

2. 否定肯定式

否定肯定式推理过程是：大前提是不相容选言判断，小前提否定一部分选言肢，结论肯定余下的那个未被否定的选言肢。还是以上例来分析：

小王要么是工人，要么是农民；

小王不是农民；

所以，小王是工人。

它的逻辑形式是：

要么 P，要么 Q，

非 Q，

P。

用逻辑符合表达为：

$[(P \forall Q) \wedge \neg Q] \rightarrow P$

根据不相容选言命题的逻辑性质(选言肢互相排斥，有且只有一个选言肢为真)，不相容选言推理的规则是：第一，肯定一个选言肢，就要否定其余的选言肢。第二，否定一个选言肢以外的选言肢，就要肯定未被否定的那个选言肢。

(二)相容选言推理

相容选言推理是以大前提为相容的选言判断，小前提否定一部分选言肢，结论肯定未被否定的另一部分选言肢的推理。

由于相容选言判断中各选言肢的关系不是互相排斥的，即可以同真，因此，对于相容选言判断各选言肢，不能肯定其中的一部分而否定其余的部分。也就是说，相容选言推理不能用肯定否定式，只能用否定肯定式。例如：

张三逻辑考试不及格，或者由于上课不用心听，或者由于不认真复习；

张三没有不认真复习；

所以，张三上课一定不用心听。

在上例中，张三逻辑考试不及格有两种可能情况，如果肯定了其中的一种情况(如“上课不用心听”)，那么，对另一种情况“不认真复习”无法做出断定，亦即不能用肯定否定式；只有对其中的一个选言肢加以否定，才能对另一个选言肢加以肯定，即只能用否定肯定式。

相容选言推理的逻辑形式是：

或者 P，或者 Q，

非 Q，

P。

用逻辑符合表达为：

$[(P \vee Q) \wedge \neg Q] \rightarrow P$

相容选言推理的规则是：第一，否定一部分选言肢，就要肯定另一部分选言肢；第二，肯定一部分选言肢，不能否定另一部分选言肢。

在社会实践中，正确地掌握选言推理的有效式有助于提高思维中选择的效率和准确性。因为任何事物的发展都有多种可能，存在着种种趋势，这样，人们经常要在客观事物发展的多种可能情况中做出判定、抉择，因此，选言推理就被广泛地运用着。在认识和论证过程中，选言推理具有重要作用：第一，运用选言推理能够帮助人们提出研究的范围，以便进行逐个分析，最后得出结论；第二，运用选言推理可以帮助人们进行论证和反驳。为了证明一个论题，在论据中先要列出论题存在的各种可能情况，然后排除其他可能，证明论题中只有一种可能是真实的。

三、假言推理

假言推理是前提中至少有一个是假言判断，并且根据假言判断前、后件之间的关系进行推演的推理。假言推理的前提只有一个假言判断做大前提，而小前提却是直言判断的，称为假言直言推理，简称为假言推理；如果假言推理的大、小前提和结论都是由假言判断组成，则称为纯假言推理。此处只讨论假言直言推理。

按照前提中假言判断前、后件间的不同关系，假言推理可分为充分条件假言推理、必要条件假言推理以及充分必要条件假言推理。

(一)充分条件假言推理

充分条件假言推理是以充分条件假言判断为大前提，以大前提中假言肢为小前提和结论的假言推理。它的规则有两条：第一，肯定前件就要肯定后件，否定前件不能否定后件；第二，否定后件就要否定前件，肯定后件不能肯定前件。根据这两条规则，充分条件假言推理有两个有效的推理形式：肯定前件式和否定后件式。

1. 肯定前件式

肯定前件式的逻辑形式是：

如果 P，那么 Q，

P，

所以，Q。

也可表示为：

$[(P \to Q) \wedge P] \to Q$

例如：

如果天下雨，那么地上湿；

今天天下雨了；

所以，地一定是湿的。

2. 否定后件式

否定后件式的逻辑形式是：

如果 P，那么 Q，

非 Q，

所以，非 P。

也可表示为：

$[(P \to Q) \wedge \neg Q] \to \neg P$

还是以上例来分析：

如果天下雨，那么地上湿；

今天地没有湿；

所以，天一定没下雨。

(二)必要条件假言推理

必要条件假言推理是以必要条件假言判断为大前提，以大前提中假言肢为小前提和结论的假言推理。它的规则有两条：第一，否定前件就要否定后件，否定后件不能否定前件；第二，肯定后件就要肯定前件，肯定前件不能肯定后件。根据这两条规则，必要条件假言推理有两个有效的推理形式：否定前件式和肯定后件式。

1. 否定前件式

否定前件式的逻辑形式是：

只有 P，才 Q，

非 P，

所以，非 Q。

也可以表示为：

$[(P \leftarrow Q) \land \neg P] \rightarrow \neg Q$

例如：

只有懂得逻辑，才能写出好论文；

张三不懂逻辑；

所以，张三写不出好论文。

2. 肯定后件式

肯定后件式的逻辑形式是：

只有 P，才 Q，

Q，

所以，P。

也可以表示为：

$[(P \leftarrow Q) \land Q] \rightarrow P$

还是以上例来分析：

只有懂得逻辑，才能写出好论文；

张三写出好论文；

所以，张三一定懂得逻辑。

(三)充分必要条件假言推理

充分必要条件假言推理是以充分必要条件假言判断为大前提，以大前提中假言肢为小前提和结论的假言推理。在充分必要条件假言判断中，它的前件对后件、后件对前件都是既充分又是必要的，前、后件是等值的。据此，充分必要条件假言推理有如下两条规则：第一，肯定前件就要肯定后件，否定前件就要否定后件；第二，肯定后件就要肯定前件，否定后件就要否定前件。根据这两条规则，充分必要条件假言推理有四个正确的推理形式：肯定前件式、肯定后件式、否定前件式、否定后件式。

1. 肯定前件式

肯定前件式的逻辑形式是：

当且仅当 P，才 Q，

P，

所以，Q。

也可以表示为：

$[(P \leftrightarrow Q) \land P] \rightarrow Q$

2. 肯定后件式

肯定后件式的逻辑形式是：

当且仅当 P，才 Q，

Q，

所以，P。

也可以表示为：

$[(P \leftrightarrow Q) \land Q] \rightarrow P$

3. 否定前件式

否定前件式的逻辑形式是：

当且仅当 P，才 Q，

非 P，

所以，非 Q。

也可以表示为：

$[(P\leftrightarrow Q)\wedge\neg P]\rightarrow\neg Q$

4. 否定后件式：

否定后件式的逻辑形式是：

当且仅当 P，才 Q，

非 Q，

所以，非 P。

也可以表示为：

$[(P\leftrightarrow Q)\wedge\neg Q]\rightarrow\neg P$

四、两难推理和纯假言推理

(一) 两难推理

两难推理又称假言选言推理，是由两个假言判断和一个二肢的选言判断为前提构成的推理。为什么叫“两难”呢？因为运用这类推理可以使对方陷于进退两难的地步，故名“两难”。也可有三难、四难等多难推理，但以两难推理最为常用。两难推理具有三个特征：第一，选言判断提出所思考问题的两种可能性；第二，假言判断指出两种可能性各自的后果；第三，必须在这两种可能性中加以选择，选择哪种都会陷入进退两难的境地。

两难推理根据结论是直言判断还是选言判断分为简单式两难推理和复杂式两难推理。简单式两难推理又根据选言肢是肯定前件而肯定后件，还是否定后件而否定前件，分为简单构成式和简单破坏式两种。复杂式两难推理的假言前提前件和后件各不相同，结论是一个选言判断。它也可以分成复杂构成式和复杂破坏式两种。

1. 简单构成式

这种形式的两难推理，作为前提的两个假言判断前件不同而后件相同。它的推理过程是：选言前提的选言肢分别肯定了假言判断的不同前件，从而结论就肯定了假言判断相同的后件。因此，结论是直言判断。例如：

有人以上帝能否创造一块他自己举不起来的石头构造了一个两难推理，来驳斥神学上帝的存在。如果能，那么上帝不是万能的，因为有一块石头他举不起来；如果不能，那么上帝也不是万能的，因为有一块石头他创造不出来。或者能，或者不能，总之，上帝不是万能的。其公式为：

如果 P,那么 R,

如果 Q,那么 R,

P 或 Q,

所以,R。

也可以表示为:

$[(P \to R) \land (Q \to R) \land (P \lor Q)] \to R$

2. 简单破坏式

这种形式的两难推理,作为前提的两个假言判断前件相同而后件不同。它的推理过程是:选言前提的选言肢分别否定了假言判断的不同后件,从而结论就否定了假言判断相同的前件。因此,结论也是直言判断。例如:

如果是一部好的科普作品,则科学性一定强;如果是一部好的科普作品,则艺术性一定高。这部科普作品或者科学性不强,或者艺术性不高。所以,这部科普作品不是一部好作品。其公式为:

如果 P,则 Q,

如果 P,则 R,

非 Q 或非 R,

所以非 P。

也可以表示为:

$[(P \to Q) \land (P \to R) \land (\neg Q \lor \neg R)] \to \neg P$

3. 复杂构成式

这种形式的两难推理,作为前提的两个假言判断前件和后件都不同。它的推理过程是:选言前提分别肯定了假言判断的不同前件,从而结论就选言地肯定了假言前提不同后件。例如:

如果黑格尔的辩证逻辑正确,那么,我们应当接受;如果亚里士多德的传统逻辑不正确,那么,我们应当批判。或者黑格尔的辩证逻辑正确,或者亚里士多德的传统逻辑不正确,总之,我们或者应当接受,或者应当批判。其公式为:

如果 P,那么 R,

如果 Q,那么 S,

P 或 Q,

所以,R 或 S。

也可以表示为：

$[(P\rightarrow R)\wedge(Q\rightarrow S)\wedge(P\vee Q)]\rightarrow(R\vee S)$

4. 复杂破坏式

这种形式的两难推理，作为前提的两个假言判断前件和后件都不同。它的推理过程是：选言前提分别否定了假言判断的不同后件，从而结论就选言地否定了假言前提不同前件。例如：

如果他头脑清醒，他就会认识自己的错误；如果他态度诚恳，他就会公开承认自己的错误。或者他不认识自己的错误，或者他没有公开承认自己的错误，所以，他或者头脑不清醒，或者态度不诚恳。其公式为：

如果 P，那么 R，

如果 Q，那么 S，

非 R 或非 S，

所以，非 P 或非 Q。

也可以表示为：

$[(P\rightarrow R)\wedge(Q\rightarrow S)\wedge(\neg R\vee\neg S)]\rightarrow(\neg P\vee\neg Q)$

并不是所有的两难推理在逻辑上都是正确的，那么如何驳斥两难推理呢？驳斥两难推理有几种方法：第一，指出其推理前提不真实；第二，指出推理形式不正确；第三，以“两难”破“两难”。第三种方法经常使用而且比较有效，这里作一简单介绍。

所谓以“两难”破“两难”的逻辑方法，是指构造一个与对方依据相同，而结论相反的两难推理，使对方推理不成立。古希腊历史上有个著名的“半费之讼”的例子。传说欧提勒士跟辩者普罗太哥拉斯学法律。事先订了合同，先交了一半学费，另外一半学费在欧提勒士第一次出庭胜诉之后再付。但欧氏毕业后一直未替人打官司，另一半学费迟迟未交，普氏等得不耐烦，于是就提起诉讼。普氏在法庭上的辩论如下：

如果我官司打赢了，那么依照法庭判决，你必须付我另一半学费；

如果我官司打输了，那么依照合同，你也必须付我另一半学费；

或者打赢或者打输，

总之，你必须付我学费。

他的学生做了一个相反的两难推理回敬他的老师：

如果我的官司打赢了，那么依照法庭判决，我不用付学费；

如果我的官司打输了，那么按照合同规定，我也不用付学费。

或者打赢，或者打输，

总之，我不必付学费。

据说，这曾难倒了法官，无法判决。实际上这两个推理都是错误的，都违犯了同一律，未保持思维的确定性，同时采取了两个标准。虽然推理本身不正确，但却可以驳斥对方的责难，同时反置对方于进退两难的境地。

(二)纯假言推理

纯假言推理就是前提和结论都是由假言判断组成的推理形式。这种推理的前提由两个或两个以上的假言判断构成，其中，前一个假言判断的后件是后一个假言判断的前件，因此，它又称为假言连锁推理。纯假言推理可分为充分条件纯假言推理、必要条件纯假言推理与混合条件纯假言推理三种形式。

1. 充分条件纯假言推理

充分条件纯假言推理是指其前提都是充分条件假言判断的纯假言推理。它有两种结构形式：肯定前件式和否定后件式。

(1)肯定前件式：大前提的后件成为小前提的前件，并且结论是通过肯定大前提的前件从而肯定小前提的后件。它的逻辑形式是：

如果P，则Q，

如果Q，则R，

如果P，则R。

也可以表示为：

$[(P\rightarrow Q)\wedge(Q\rightarrow R]\rightarrow(P\rightarrow R)$

例如：

如果你犯了法，那么你就无法受到尊重。

如果你无法受到尊重，那么你的生活就无法过得舒心。

如果你犯了法，那么你的生活就无法过得舒心。

(2)否定后件式：大前提的后件成为小前提的前件，并且结论是通过否定小前提的后件从而否定大前提的前件。它的逻辑形式是：

如果P，则Q，

如果Q，则R，

所以，如果非 R 则非 P。

也可以表示为：

$[(P\rightarrow Q)\wedge(Q\rightarrow R]\rightarrow(\neg R\rightarrow\neg P)$

例如：

如果你犯了法，那么你就无法受到尊重。

如果你无法受到尊重，那么你的生活就无法过得舒心。

如果你的生活过得舒心，那么你一定没犯法。

2. 必要条件纯假言推理

必要条件纯假言推理是指其前提都是必要条件假言判断的纯假言推理。它也有两种结构形式：否定前件式和肯定后件式。

(1)否定前件式：大前提的后件成为小前提的前件，并且结论是通过否定大前提的前件从而否定小前提的后件。它的逻辑形式是：

只有 P，才 Q，

只有 Q，才 R，

所以，如果非 P，则非 R。

也可以表示为：

$[(P\leftarrow Q)\wedge(Q\leftarrow R]\rightarrow(\neg P\rightarrow\neg R)$

例如：

只有经济繁荣，才能创造更多的艺术作品。

只有创造更多的艺术作品，才能产生艺术精品。

所以，如果没有经济繁荣，就不能产生艺术精品。

(2)肯定后件式：大前提的后件成为小前提的前件，并且结论是通过肯定小前提的后件从而肯定大前提的前件。它的逻辑形式是：

只有 P，才 Q，

只有 Q，才 R，

所以，如果 R，则 P。

也可以表示为：

$[(P\leftarrow Q)\wedge(Q\leftarrow R]\rightarrow(R\rightarrow P)$

例如：

只有经济繁荣，才能创造更多的艺术作品。

只有创造更多的艺术作品，才能产生艺术精品。

所以，如果产生了艺术精品，则经济一定繁荣。

纯假言推理是论辩的有力武器，它突出事物间相互联系、相互制约的环节，从起点开始，层层分析，环环相扣，推断出事物的前因后果，具有雄辩力。证明时不易攻破，反驳时犹如连珠炮，攻势强大有力。但运用假言推理应注意以下问题：

第一，避免前提虚假。无论何种形式的假言推理，如果前提虚假，就可能推出错误的结论。这虽然属于内容问题，但在推理中不能忽视。

第二，把握假言推理的省略形式，以便区别它们。日常运用假言推理，多采用省略形式。这需要我们对纷繁复杂的语言现象加以分析、整理，恢复为完整式，才能准确理解。

第三，避免误用无效的推理形式。如果不熟悉假言推理的规则，不牢记它们的有效推理形式，就容易误用无效的推理形式，导致结论不可靠。

第六章　归纳推理

客观事物总是个别与一般对立统一地存在着的，人类对客观事物的认识也是一个由个别到一般，再由一般到个别的不断循环、不断深化的过程，这就形成了逻辑学中的两种思维方法，即归纳和演绎。上一章较系统地介绍了演绎推理，本章介绍归纳推理。

第一节　概　述

一、归纳推理的含义

归纳推理就是以某类事物中若干个别性（或特殊性）知识为前提推出一般性（或普遍性）知识作为结论的思维形式。这一定义是从推理的形式结构上对归纳推理予以界定的，即前提都是个别性判断，结论则是一般性判断。例如：

金是导电体，

银是导电体，

铜是导电体，

铁是导电体，

锡是导电体，

金、银、铜、铁、锡都是金属，

所以，凡金属都是导电体。

归纳推理也是由前提和结论两部分组成的。前提数量不定，可以是一类事物的部分，也可以是一类事物的全部。

归纳推理是根据一般存在于个别之中的原理来进行推演的，客观世界中的一般与个别、普遍与特殊的辩证关系是归纳推理的客观基础和依据。任何事物

(或对象)都是一般与个别的统一体,事物本身既是一个个别的存在,同时又是作为类的分子而存在的,具有事物类的共性。任何一个事物类的共性或称普遍性、一般性都是通过每一个别事物的存在来体现的。一般存在于个别之中,个别体现着一般。归纳推理的本质就是从许多个别的事物之中概括出同类事物的共同性,使人们的认识由个别上升到一般。

二、归纳推理与演绎推理的区别与联系

由个别到一般,再由一般到个别,这是人们认识真理的两个密不可分的过程,正如恩格斯所说:"归纳和演绎,正如分析和综合一样,是必然相互联系着的。不应当牺牲一个而把另一个捧到天上去,应当把每一个都用到该用的地方,而要做到这一点,就只有注意它们的相互联系、它们的相互补充。"①正因为归纳和演绎是人类在两个密不可分的思维过程中所采取的不同的推理方式,因而它们既是相互联系的,又是相互区别的。

归纳推理和演绎推理的区别在于:

第一,推理进程方向不同。演绎推理是从一般到个别;而归纳推理是从个别到一般。

第二,前提数量不同。一般而言,演绎推理的前提数量是确定的;而归纳推理的前提是不确定的,可多可少。

第三,结论断定的范围不同。演绎推理的结论所断定的范围都不超过前提所断定的范围;而归纳推理的结论却大多超出了前提所断定的范围。

第四,结论的性质不同。归纳推理的前提不蕴涵结论,结论与前提的联系大多是或然的;而演绎推理的前提蕴涵结论,只要前提真,推理形式有效,其结论必真,结论与前提的联系是必然的。

归纳推理和演绎推理又是相互联系的:

第一,归纳推理为演绎推理提供前提。演绎推理的大前提是一般性知识,它的获得需要借助归纳推理从个别性知识中抽象概括出来,离开了归纳推理就没有演绎推理,归纳推理是演绎推理的基础。

第二,归纳推理也要借助演绎推理。归纳推理的前提需要借助演绎推理进行科学分析,归纳推理的结论需要演绎推理进行验证,以提高其可靠性。从这个

---

① 《马克思恩格斯选集》第 3 卷,人民出版社 1972 年版,第 548 页。

意义上讲，演绎推理是归纳推理的指导。

总之，在实际思维中，归纳与演绎两种推理形式各有特点，各有所用，相互依赖，相互补充，只不过有时以归纳为主，有时以演绎为主，但不能由此为理由割裂归纳与演绎的辩证关系。

三、归纳推理的特征

通过归纳推理与演绎推理之间关系的阐述可以概括出归纳推理的一些基本特征：

(一)前提特征

归纳推理的前提都是关于一类对象中若干个别事物或特殊现象的知识判断，它可以穷尽一类对象的所有要素(完全归纳推理)，也可以仅仅涉及一类对象的部分要素(不完全归纳推理)。与演绎推理不同的是，归纳推理要求其前提所列举的个别性知识都必须是真实的判断，若干前提中如有一个虚假判断，则推理结论难以为真。这些真实可靠的个别性知识的获得非逻辑学所能解决，而必须依靠经验的认识方法(如观察、实验等)加以搜集，并依靠理论的认识方法(如比较、分析、综合等)加以整理、加工，去粗取精，去伪存真，从而为归纳推理提供较为真实可靠的前提依据。

(二)结论特征

归纳推理的结论都是关于一类对象的一般性知识的判断，其表现形式通常为全称命题。由于归纳推理的前提是个别性知识判断，而结论却是一般性知识判断，显然，结论是前提已有知识的推广和扩展，即归纳推理的结论不仅仅是对前提已有知识的概括(上升为一般)，进而是对前提知识的外推。结论的这种推广性和扩展性特征，充分表明归纳推理所具有的寻求新结果、探求新知识的重要工具性，科学原理和定律及规则等都是一般性的结论和普遍性的知识，它们的提出离不开归纳推理。由此可见，归纳推理具有重要的认识功用。

(三)推理依据特征

归纳推理的推理依据是哲学上所揭示的“一般存在于个别之中”的原理。任何推理都应有其推理依据。归纳推理的推理依据在于客观事物中所存在的个别与一般的辩证关系。辩证法告知我们：客观事物总是个别与一般对立统一地存在着，任何个别都包含着一般并反映着一般；同时，一般也存在于个别之中并通过个别表现。正因为一般存在于个别之中，因此，我们便能根据个别而推知一般，通过个别来反映一般。

四、归纳推理的种类

归纳推理根据是否研究所有对象而分为完全归纳推理和不完全归纳推理。不完全归纳推理又根据是否揭示对象和属性之间的内在联系、因果关系，而分为简单枚举归纳推理和科学归纳推理。

(一)完全归纳推理

完全归纳推理，就是根据某类事物中的每一个对象都具有(或不具有)某种属性，从而推出该类事物的全部对象都具有(或不具有)某种属性的推理。

完全归纳推理的逻辑形式可以表示为：

S_1 是(或不是)P；

S_2 是(或不是)P；

S_3 是(或不是)P；

⋮

S_n 是(或不是)P；

S_1、S_2、S_3…S_n 是S类的全部事物；

所以，所有S都是(或不是)P。

由于完全归纳推理的前提考察的是一类事物的全部个别对象，因此，其结论所断定的范围没有超出前提所断定的范围，其前提与结论之间的联系是必然的，只要前提真，其结论就必真。可见，完全归纳推理的前提蕴涵结论，所以它是一种必然推理。

完全归纳推理要想获得真实的结论，必须做到前提真实并且形式有效。因此，在运用完全归纳推理时必须注意以下两点：

(1)前提所考察的个别对象必须是某类事物的全部对象，绝不能有遗漏；否则就会犯以偏概全的逻辑错误。

(2)前提中对每一个对象所作的断定都必须是真实的，不能有虚假前提；否则就会犯前提虚假的逻辑错误。

完全归纳推理是一种由对事物个别情况的认识上升到对事物一般情况的认识的推理，并且其结论具有必然性。因此，它不仅在日常生活中被广泛运用，而且可以运用于科学理论的发现和论证。但是,由于运用完全归纳推理时,必须考察某类事物的全部对象,如果某类事物中的个别对象是无限的,或者虽然有限但数量过大的话,那么完全归纳推理就难以发挥它的作用了。这时,就需要运用不完全归纳推理。

(二)不完全归纳推理

不完全归纳推理,就是根据一类事物中的部分对象具有(或不具有)某种属性,从而推出该类事物的全部对象都具有(或不具有)某种属性的归纳推理。

不完全归纳推理的前提只是断定了某类事物中的部分对象具有某种属性,而结论却是断定了该类事物的全部对象都具有这种属性,因此,其结论所断定的范围超出了前提所断定的范围,其前提与结论之间的联系是或然的,因而不完全归纳推理是一种或然推理。

不完全归纳推理可以分为两种:简单枚举归纳推理和科学归纳推理。

1. 简单枚举归纳推理

简单枚举归纳推理又称简单枚举法,是根据一类事物中部分对象具有(或不具有)某种属性,并且没有遇到与之相反的事例,从而推出该类所有事物都具有(或不具有)这种属性的归纳推理。

简单枚举归纳推理的逻辑形式可以表示为:

S_1 是(或不是)P;

S_2 是(或不是)P;

S_3 是(或不是)P;

⋮

S_n 是(或不是)P;

S_1、S_2、S_3…S_n 是 S 类的部分事物;

所以,所有 S 都是(或不是)P。

由上述简单枚举归纳推理的定义和形式可以看出,简单枚举归纳推理的前提只对结论提供一定程度的支持,其结论并非十分可靠。因为:

第一,根据一类事物中的部分对象所具有(或不具有)的某种属性,来推测该类事物中的全部对象都具有(或不具有)这种属性,即由“部分 S 是(不是)P”推出“所有 S 是(不是)P”,这本身不具有逻辑必然性。

第二,根据考察部分对象时没有遇到反例,而由此假定考察全部对象时也不会遇到反例,这也不具有逻辑必然性。因为,没有发现反例,不等于反例不存在,也不等于今后不会出现反例,所以,一旦发现反例,由简单枚举归纳推理推出的结论就会被推翻。

第三,简单枚举归纳推理往往是停留在对人的直感经验作概括的水平上,没有上升到对事物因果规律性的认识上,更不可能分析在什么条件下会产生这种因果联系,知其然而不知其所以然,这就导致了一定程度的盲目性。

虽然简单枚举归纳推理的结论是或然的,随时有可能被推翻,但它在日常生活中、工作中以及科学发现中仍起着重要作用:

第一,简单枚举归纳推理是一种简便易行、能极大地提高思维效率的推理方法。

第二,简单枚举归纳推理的结论尽管不能把对事物的认识提高到规律性的高度,但是,它能把人们对个别、局部事物的认识,概括成对一类事物的认识,这在认识上也是一次飞跃,而这种认识也常常是认识和发展真理的起点。

许多经验性的知识常常是运用简单枚举归纳推理获得的,如"瑞雪兆丰年""月晕而风,础润而雨"等谚语,"失败是成功之母""路遥知马力,日久见人心"等格言,都是人们根据生活中多次重复的事例,运用简单枚举归纳推理概括出来的。

为了提高简单枚举归纳推理结论的可靠性,运用时必须注意以下两点:

第一,前提考察的事实应尽量多,范围尽量广。枚举的数量越多、范围越广时,漏掉的相反事例的可能性越小,结论就越可靠。

第二,注意收集可能出现的反面事例。因为简单枚举归纳推理是以考察一类事物中的部分对象没有发现反例为前提进而推出结论的,一旦发现反例,原来的结论就不能成立。

2. 科学归纳推理

科学归纳推理又称科学归纳法,是根据一类事物中的部分对象具有某种属性,并且分析了这部分对象与某种属性之间具有因果关系,进而推出该类事物都具有这种属性的一般性结论的不完全归纳推理。

科学归纳推理的逻辑形式可以表示为:

S_1 是 P;

S_2 是 P;

S_3 是 P；

⋮

S_n 是 P；

S_1、S_2、S_3…S_n 是 S 类的部分事物，并且都与 P 有因果联系；

所以，所有 S 都是 P。

科学归纳推理与简单枚举归纳推理相比，既有相同点，也有不同点。其相同点是：两者都属于不完全归纳推理。它们都是根据一类事物中的部分对象具有（或不具有）某种属性，来推出该类事物的全部对象都具有（或不具有）这种属性的一般性结论，因此，它们的结论所断定的范围都超出了前提所断定的范围，结论都是或然的。但是，两者的不同点更为明显：

第一，推理的根据不同。简单枚举归纳推理的根据来自人们直感的生活经验，依据某些相同事例的不断重复出现，并且没有遇到反例，进而推出结论。而科学归纳推理的依据，是在已经掌握一定经验事实的基础上，又分析对象与某种属性之间的因果联系，并把二者结合起来然后才概括出结论。

第二，结论的可靠程度不同。简单枚举归纳推理的结论的可靠程度较低，一旦遇到反例，其结论就会被推翻；而科学归纳推理的结论则是建立在分析研究对象与某种属性之间的因果联系的基础上，其推理依据更充分，因此，其结论的可靠程度明显高于简单枚举归纳推理。

第三，前提所考察的对象数量对结论所起的作用不同。对于简单枚举归纳推理来说，其前提所考察的对象数量的多少对结论可靠程度的影响很大，在没有遇到反例的情况下，前提中考察的对象数量越多，漏掉相反事例的可能性就越小，其结论的可靠程度就越高。但对于科学归纳推理来说，其前提所考察的对象数量的多少对结论的可靠程度不具决定性意义，只要真正认识到了对象与属性之间的因果联系，即使前提中考察的对象数量不多，甚至只考察了一两个典型事例，也能推出比较可靠的结论。

科学归纳推理是进行科学研究的基本方法，同时，也是一种论证方法。它比完全归纳推理简便易行，有更大的实用性，同时，它又能在一定程度上克服简单枚举归纳推理结论的或然性。

第二节　寻求因果联系的方法

一、现象间的因果联系

世界上每一个事物都是与其他事物相联系而存在的，整个世界就是无数事物相联系的统一体。因果联系是事物、现象之间普遍联系、互相依赖和互相制约的表现形式之一。

所谓原因，是指引起某种现象的现象，结果是由于原因的作用而产生的现象。事物、现象之间这种引起和被引起的关系就是因果联系。例如，月球对地球的引力作用，是发生海洋潮汐的原因，海洋潮汐则是月球对地球的引力作用的结果。因果联系的一个显著特点是时间上的先后顺序性，也即原因在前、结果在后，但是，并非任何表现为先后相继的运动、事物或现象都能构成因果联系。下雨时闪电在前、雷鸣在后，但是闪电不是雷鸣的原因，雷鸣和闪电都是高空放电的结果。因果联系的第二个特点是因果之间的必然性，即只要有一定的原因出现，就不可避免地产生一定的结果。例如，电流通过时，钨丝必然白热化。当然，并非一切必然联系都能构成因果联系。

因果联系是普遍的联系，无论是自然界还是人类社会，没有一种现象不是由一定的原因引起的，无因之果的存在是不可想象的。

因果联系是客观的联系，是客观事物本身所固有的一种内在联系，它不以人的主观意志为转移，人们的因果观念只是对客观的因果联系的反映。

因果联系是复杂多样的，主要有以下几种类型：

(一)一因多果和同因异果

一因多果是指一种原因同时能够引起多种结果。例如，农业生产的歉收，既影响农民的收入和农业扩大再生产的规模，同时也影响工业原料的来源和产品的销售市场。同因异果是指同一原因在不同的时、空条件下引起不同结果。例如，同是核分裂，在一种条件下可以造成迅疾的核爆炸，在另一种条件下可以造成缓慢的核辐射。

(二)一果多因和同果异因

一果多因是指一种结果同时由多种原因引起。例如，农业作物要得到丰收的结果，就要掌握好水、肥、种、管等环节，此外还要有适宜的自然条件。同果异因是指一种结果在不同的时、空条件下，可以由不同的原因引起。例如，工业生产滑坡，有的是由天灾造成的，有的是由人祸造成的。

此外，还有一因一果、多果多因等，此处不再赘述，请读者自行举例说明。

有了某种原因，不一定产生某一结果；不具备必需条件，因果规律就不能发生作用。例如，当水温达到摄氏 100 度时，水就会沸腾，这是以一个大气压为条件的；如果降低气压，即使水温达到摄氏 100 度也不会产生沸腾。

综上所述，寻求现象之间的因果联系是一个复杂的过程，在这一过程中，首先要排除那些不能影响被研究现象的因素，把可能的原因限定在某一领域之内，然后再作进一步研究。

唯物辩证法和形式逻辑都把因果联系作为研究对象，不同的是，唯物辩证法更偏重于阐述原因和结果的辩证关系，而形式逻辑只研究因果联系的最一般的特征，研究寻求因果联系的初步方法。

二、探求现象间因果联系的方法

探求因果联系有五种基本方法，即求同法、求异法、求同求异并用法、共变法和剩余法。这些方法最早是由穆勒在他的《逻辑体系》中系统提出的，因而称为穆氏方法。

下面介绍这些方法。

（一）求同法

求同法又称契合法，它的基本思想是：当我们发现一现象出现在几种不同的场合，而在这些场合里，只有一个条件相同（其他条件均不相同）时，我们就可以推断说，这个相同的条件就是各个场合出现的那个共同现象的原因。例如，在奴隶社会、封建社会和资本主义社会都存在阶级斗争，这些社会形态各有不同的特征和性质，但它们有一个共同属性，就是生产资料的私人占有以及由这种私人占有所造成的阶级间的利益对抗。由此我们可以得出结论：生产资料的私人占有以及由这种占有所造成的阶级间的利益对抗是阶级斗争存在的原因。

求同法还可以用符号来表达。假设在(a，x)或(b，x)或(c，x)等情况出现的那些场合出现某种现象，如果除了情况 x 外没有任何别的共同情况，那么 x 便是所研究现象的原因。这一思维过程可以表述为如下公式：

$(a,x) \to (a_1,y)$

$(b,x) \to (b_1,y)$

$(c,x) \to (c_1,y)$

$x \twoheadrightarrow y$

其中：y 表示需要探求其原因的现象，x 表示求得的原因，a、b、c 和 a_1、b_1、c_1 均为陪衬性现象，→表示“由……相伴随”，→→表示“是……原因”。

求同法的根据是因果联系的确定性；求同法的目的是异中求同，求同除异；求同法的作用是从错综复杂的场合中，排除不相干因素，找出共同因素。

在使用求同法时，必须注意两点：第一，表面上相同的因素不一定就是现象的原因；第二，表面上不同的情况有时却包含着重要的共同点。忽视这两点，很可能导致逻辑错误。

（二）求异法（或称差异法）

求异法又称差异法，它的基本思想是：如果某一现象在一种场合下出现，在另一种场合下不出现，在这两种场合里，其他条件均相同，只有一个条件不同，那么，这唯一不同的条件，就是某一现象产生的原因。环境污染已经成为全球性公害，科学家通过观察发现，在自然环境被污染的地区，动植物的生长受到严重干扰；而在自然环境没有被污染的地区，动植物的生长则处于常态。由此得出结论：被污染的自然环境中包含着一种物质，它可以遏制动植物的正常生长。这个结论就是通过求异法获得的。

求异法可以用符号来表达。假设某种现象在(a，b，x)之下出现，在(a，b)之下不出现，那么 x 便是我们所探求的现象的原因，这一思维过程可以表述为如下公式：

$(a,b,x) \to (a_1,b_1,y)$

$(a,b) \to (a_1,b_1)$

$x \twoheadrightarrow y$

求异法在科学实验中已被广泛应用，它不仅可以被应用于寻求被研究对象的原因，同时还可以根据研究的需要控制被研究对象的条件，使研究对象产生不同的结果。实践证明，求异法比求同法所得的结论具有更高的可靠性。

在应用求异法时，要注意以下几点：

第一，如果被研究现象出现的场合和不出现的场合除了情况 x 不同之外，还有其他的不同情况($x^{\wedge}$)未被发现,那么结论就不一定正确。

第二,应用求异法获得的原因要具体分析。如果它是被研究现象的整个原因,那么整个思维过程是确定的;如果它只是被研究现象的部分原因,那么整个思维过程就不是确定的。

第三,在两个场合的不同情况里,可能还包含不相关的因素。

(三)求同求异并用法

求同求异并用法的基本思想是:如果在出现所研究的现象的几个场合中,都没有这种情况,那么,这种情况就是所研究的现象的原因。例如,种植豌豆、蚕豆、大豆时,不仅不需要给土壤施氮肥,而且这些作物还可以给土壤增加氮;而种植其他作物则没有这种现象。通过研究人们发现,豆科作物的根部有根瘤,而其他作物则没有。由此得出结论:豆科植物的根瘤可给土壤增加氮。

求同求异并用法可以用符号表达。如果现象 E 在(a,x)、(b,x)之下出现,在(a,b)之下不出现,那么 x 就是这种现象的原因。这一思维过程可以表述为如下公式:

$(a,x) \rightarrow E$

$(b,x) \rightarrow E$

$\neg[(a,b) \rightarrow E]$

$x \rightarrowtail\!\!\rightarrow E$

求同求异并用法的应用,可以分解为三个步骤:第一,把所研究的现象出现的那些场合加以比较;第二,把所研究的现象不出现的那些情况加以比较;第三,把前两个比较所得的结论再加以比较。

值得提出的是,使用求同求异并用法与先使用求同法再使用求异法所取得的结果是不同的,前者的结论是或然的,后者的结论是确定的。

(四)共变法

共变法的基础思想是:在其他条件不变的情况下,如果一种现象发生变化,另一种现象就随之发生变化,那么前一现象就是后一现象的原因或部分原因。很多医用仪器制造的依据就是共变法,如体温表就是根据体温和水银体积之间的共变关系制造的。

共变法可以用符号来表达。如果某一现象具有属性(a,b,x),又是另一现象的原因,同时另一现象也像 x 一样地变化,而不像 a、b 那样变化,那么 x 就是第二种现象的原因。这一思维过程可以表述为如下公式：

(a,b,x)→→E

(a+Δa,b,x)→→E

(a,b+Δb,x)→→E

(a,b,x+Δx)→→E+ΔE

使用共变法必须注意两点:第一,现象间的共变,只有在其他因素保持不变的条件下才能应用;第二,两种现象间的共变有一定的限度,超过了这个限度就破坏了原来共变关系。

(五)剩余法

剩余法的基本思想是:如果已知被研究的某一复杂现象是由另一复杂原因引起的,那么,把其中确认因果的部分减去,所余部分也必然互为因果。在科学发现过程中,剩余法是科学家经常应用的方法,海王星就是应用这种方法发现的。1781 年,英国天文学家赫舍尔发现了天王星后,科学家发现天王星的计算位置和实测位置有偏差。经过观察和分析,确认其多数偏差是由邻近的行星引力引起的,但有一个偏差原因不明。根据其他几方面的偏差是由邻近行星引力所致这一观点,科学家大胆假设剩下一处的偏差是由一个未知行星的引力引起的。后来通过天文学家和数学家的合力推算得出了这颗未知行星的位置,1846 年 9 月 23 日,柏林天文台的天文学家加勒在推算位置上果然发现了一颗新的行星——海王星。

剩余法也可以用符号来表达。如果 a 是 b 的原因(一般规律),同时在具体情况下碰到一个表面的例外,不是出现结果 b,而是出现结果(b,c)。另外,除了 a 之外还有(a,x)的存在,那么 x 就是 c 的原因。这一思维过程可以表述为如下公式：

a→→b(一般规律)

(a,x)→→(b,c)

x→→c

用剩余法确认因果联系,犹如算术中的减法,即在一组复杂的现象中减去已知因果联系的现象,探求其他现象的原因。这种方法在很大程度上要依赖归纳法和演绎法的并用,因此严格来说,它不属于归纳法的范围,而应该属于一般科学方法论的范围。

以上具体介绍了探求现象间因果联系的基本方法，这些方法不是孤立的，在实际思维过程中是互相补充的。同时，这些方法只是寻求现象间因果联系的初步方法，只有唯物辩证法才是寻求现象间因果联系的最基本方法。

第三节　整理材料的逻辑方法

整理材料的逻辑方法也是归纳的方法，但有些逻辑教材并不把它纳入归纳一章。严格来说，本节介绍的是广义的归纳方法。

一、观察和实验

整理材料必须以占有材料为前提，观察和实验是占有材料的基本方法。

所谓观察，是通过感官或同时通过仪器把握自然状态下的事物或现象的方法。观察与普通的感觉、知觉有别，它具有明确的目的性，而一般的感觉、知觉未必具有目的性。观察的目的性导致了观察的选择性，这种选择性充分体现了人们认识的主动性。

观察的正确性依赖于以下三个基本条件：第一，观察必须全面；第二，观察必须有重点；第三，观察得到的材料性必须是真实的，不是错觉。

观察只是在自然状态下把握对象，因此它具有很大的局限性。为了克服局限性，人们就要进行实验。

所谓实验，是在事物或现象被控制的条件下，通过感官把握事物或现象的方法。相对观察而言，实验有四大优点：

(1)实验可以把想观察的对象和它的复杂环境隔离开来，从而在比较纯粹的条件下考察对象。例如，为了研究地球引力，可以在一个抽掉空气的容器中比较不同类型物体的下落过程。

(2)实验可以得到在自然条件下很少碰到或根本碰不到的现象。例如，在自然条件下人们无法得到真空，但在实验时却可以人为地制造真空，以便更有效地认识某些物理现象间的因果联系。

(3)实验可以把复杂的过程简单化，把自然界的大规模现象变为实验中的小模型。生命现象是极其复杂的，在研究生命起源时可以借助于实验技术把生命过程还原为化学过程和物理过程。

(4)实验可以使一些现象在任何时间任意重复出现。例如,地震在自然状态中是偶尔出现的,但在实验室中却可以无数次地模拟地震过程,以便深入研究地震现象。

在科学研究过程中,常常是从以观察为主,逐渐进入以实验为主。现代的自然科学研究活动,不论是观察还是实验,都大量地应用了精密的科学仪器。科学仪器的应用,拓宽了人们认识的广度,使人们能够更确切地把握对象。观察和实验切忌主观和片面。在观察和实验中把个人主观的东西当作客观存在的东西,叫作"误观察"错误。在观察和实验中只看到一部分有关的材料而看不到另一部分有关的材料,叫作"未观察"错误。坚持从客观事实出发,坚持全面看问题,是克服"误观察"错误和"未观察"错误的唯一有效方法。

二、科学分类

科学分类的内容是:根据对象的共同点和差异点,把对象区分为类,使每个类都有一个确定的位置。

划分是科学分类的基础,科学分类是一种特殊的划分,它必须遵循划分的规则。但是,划分和科学分类又是不同的:第一,科学分类的根据是对象的本质属性,而划分的根据则可随机挑选,因而分类的结果可以得到一个稳定的类系统,划分却不能。第二,思维过程不同。科学分类从个体开始,上升到类,再上升到更大的类;划分则正好相反,它是从大类向小类过渡,划分每继续一次,就得到一些普遍性更小的概念。

与观察和实验一样,科学分类也是一种充分占有材料的方法,它在人们的认识过程中有重要作用:

(1)科学分类可以区别事物间的同和异,在大量的个体中找到某些一般性的东西,把零散的知识综合成系统的知识。

(2)科学分类在完成一个分类系统以后,就可以进一步研究各个类之间的关系,如隶属关系,简单和复杂、低级和高级之间的关系等。

(3)通过科学分类可以发现事物之间内在的必然联系,有助于得到规律性的认识。例如,俄国科学家门捷列夫在对化学元素进行分类时发现了化学元素的周期律。

三、比较、分析和综合

通过感官获得感性材料以后，必须对这些感性材料加工整理，这里就要用到比较、分析、综合这些逻辑方法。

比较就是对比两个或两类事物的共同点和差异点。在进行比较时，应该注意以下几点：

第一，必须在同一关系下进行比较。不在同一层次、同一关系下的双方不能进行比较，即使勉强进行比较，结果也是不可靠的。例如，一个国家使用旧货币时期的物价与使用新货币时期的物价就不能直接比较。

第二，要就双方的实质进行比较，不能因表面的相同而忽略实质上的差异，也不能因表面的差异而忽略实质上的相同。

在整理材料的过程中，分析、综合与比较同样重要。分析和综合是形式逻辑、辩证逻辑共同研究的对象，但二者研究的侧重点不同。辩证逻辑侧重矛盾分析，形式逻辑则是把它们作为处理经验材料的一般方法。

分析是指在思维过程中把客观对象的整体分解为各个部分、方面、特性和因素而加以认识的逻辑方法。例如，我们在考察某一国的经济时，可以把该国的经济分解成许多方面和要素（如工业的和农业的、生产的和消费的、长远的和近期的等），然后逐个进行考察。分析要由浅入深、由易到难，由近及远，由此达彼。

综合是指在思维过程中把对象的各个部分或因素结合成为一个统一体加以考察的逻辑方法。例如，当我们对某国经济的各个方面和各种因素进行单独考察之后，还得把这些方面和因素联结起来，形成一个整体认识，从而真正认识该国经济的实质。在综合过程中必须分清各个方面、各种因素的主次，以及它们之间的相互联系。

分析和综合是对立的，它们的出发点和思维运动的方向各不相同，这些不同使它们各自实现着同一思维过程中的不同的职能。二者相对立而存在，相矛盾而发展。

分析和综合又是统一的，它们是认识过程中不可分割的两个方面。二者的统一表现在：

第一，分析是综合的基础，没有分析就没有综合。综合必须以分析为基础，当主体还没有通过分析获得对思维对象的各种矛盾和矛盾的每一个侧面的把握时，就不能在思维中形成反映事物各个本质方面的抽象规定。

第二，综合是分析的前导，没有综合也没有分析。分析总是以某种整体认识为指导的，而这种整体认识是先前综合的结果。如果不以综合的整体认识为指导，分析就会陷入盲目状态。另外，分析本身不是目的，它的目的在于取得关于客观事物本质的整体性认识，即综合。

第三，分析和综合之间可以相互渗透、相互转化。在总的分析过程中有综合，在总的综合过程中有分析，脱离综合的纯粹分析和脱离分析的纯粹综合都是不存在的。在一定条件下，分析和综合可以相互转化。人的认识就是在分析和综合的不断转化中一步步扩大和加深的。

四、抽象和概括

抽象是运用思维的力量从对象中抽取本质特性、抛弃非本质特性的逻辑方法。任何思维对象都是多样性的统一，它们具有各种各样的属性和特征，我们可以通过分析，舍弃非本质属性和特征，抽取本质属性和特征。

概括是在思维中把个别单独对象的属性推广到这一类事物的全体的逻辑方法。

正如分析和综合的关系一样，抽象和概括也是相互联系、不可分割的。事实上，当我们进行抽象时，就已经把抽象出来的对象的共同本质推广到全体对象中去了，也就是说，抽象过程就是概括过程。

第七章　类比推理和假说

根据上一章所述，凡结论超出前提断定的范围、前提与结论只存在或然性关系的推理都是归纳推理。遵循这一原则，类比推理也是归纳的一种，或者说也是一种归纳的方法，属于归纳逻辑的内容。尽管类比推理是一种或然推理，但它能启发人们触类旁通，进行创造性思维，为形成假说提供基础。假说则是必然性推理和或然性推理的综合运用。

第一节　类比推理

一、类比推理概述

本章所讨论的类比，是指作为认识客观世界的一种推理形式的类比推理，不是指“比喻”这种修辞手法，也不是指对象之间的类似点、相似处。类比推理是启迪人们的思想，为科学的发明和创造提供契机的重要思维形式。比喻和类比虽然都是在两个(或两类)对象间进行的，但二者有着根本的区别：

第一，性质不同。比喻是语言中的一种修辞手段，是修辞学研究的内容。类比则是思维中的一种推理形式，是逻辑学研究的内容。

第二，组成不同。比喻由被比喻的对象(本体)、用来比喻的对象(喻体)、本体和喻体之间的相同点或相似点(似点)三个要素组成。类比则由有待认识的对象(本象)、用来类比的对象(类象)、本象和类象间的相同点或相似点(似点)、类象具有但本象是否具有尚属疑问的特点(引点)、推断本象可能具有的和类象相同或相似的特点(结点)五个要素组成。

第三，要求不同。比喻的本体与喻体之间即使只有唯一的相同点或相似点，也可以成功地利用这点来进行比喻。而类比的本象与类象之间如果只有一个相同点或相似点时，是绝对不可能成功地进行类比推理的。

第四，作用不同。比喻的作用在于用喻体来说明本体，没有获得什么新知识。而类比的作用在于由本象和类象的一系列似点，推出本象也具有类象的某种属性，从而获得关于本象的新知识。

所谓类比推理，是由两个或两类对象在一些属性上相同或相异，而且其中的一个或一类对象还有或没有其他的属性，推出另一个或另一类对象也有或没有那一其他属性的推理。

按照类比推理进行推导的不同根据，类比推理有正类比、反类比、合类比三种基本形式。

(一)正类比

正类比又称同性类比推理。它是根据两个或两类对象有若干相同属性，又知其中某个或某类对象还有其他的属性，推出另一个或另一类对象也具有那一其他属性的推理。例如，荷兰的科学家惠更斯在研究光的性质时将光与声两类现象作了比较，结果发现它们之间在许多性质上是相同的，如光和声都具有直线传播、折射、反射和干扰等性质，并且已知声音的传播具有波动状态的性质，由此，惠更斯做出推断：光也具有波动状态的性质，于是，他提出了“光波”这一科学概念。

这个例子就是一个类比推理，它是在对两个(或两类)事物加以比较的基础上进行的推理。例中就是把光与声两类事物作比较，根据两类事物在许多性质上的相同，推断它们在另外一个性质上也是相同的。其推导的具体过程可整理如下：

声与光都具有直线传播的特性，

声与光都具有反射的性质，

声与光都具有折射的性质，

声与光都具有干扰的性质，

声音具有波动状态的特性，

———————————————

所以，光也具有波动状态的特性。

从正类比推理过程来说，它包括三个步骤：第一，找出两类事物的“共有属性”。也就是把两个类比对象加以比较，找出它们共同具有的相同属性，作为进行类比推理的根据之一。第二，找出一个对象的“另有属性”。也就是指出其中一个类比对象另有其他属性，作为进行正类比推理的根据之二。第三，根据前两点，推出结论。也就是推断出另一个（或一类）类比对象也应具有这一属性。根据这一推理过程，我们可以总结出类比推理的公式，即：

A 具有属性 a、b、c、d，

B 具有属性 a、b、c、d，

A 还有另一属性 e，

所以，B 也可能具有属性 e。

公式中，A 与 B 表示两个或两类事物，a、b、c、d 表示两个或两类事物所具有的属性。

（二）反类比

反类比也称负性类比推理，它又有两种情形。

第一种是根据两个或两类对象都不具有某些属性，又知其中一个或一类对象还不具有另外一个属性，推出这个或这一类对象也不具有那一另外属性。例如，在很长时间里，人们曾把鲸误认为是鱼，经过长期的比较研究，发现鲸不具有鱼的主要特征：鲸体表无鳞，不用鳃呼吸，不是卵生，心脏不是一心房一心室，血液循环不是一条路线，不是变温动物等。由此推出鲸不是鱼。后来，人们在非洲东海岸发现了一种海洋生物，它也像鲸一样不具有鱼的特征，人们就由鲸不是鱼，推出这种与鲸一样不具有鱼类特征的海洋生物也不是鱼，当地的人把这种海洋生物叫作“空棘鱼”。

这种负性类比推理的形式为：

对象 A 和 B 都不具有属性 a、b、c，

且对象 A 还无属性 d，

所以，对象 B 也无属性 d。

第二种是根据一个或一类对象具有某些属性，另一个或一类对象不具有其中的一部分属性，推出另一个或一类对象也不具有剩余那一属性。

这种负性类比推理的形式为：

对象 A 有属性 a、b、c 时有属性 d，

对象 B 无属性 a、b、c，

所以，对象 B 无属性 d。

（三）合类比

合类比是正、负类比原理的综合运用。它是从两个或两类对象在一些属性

上相同，推出它们在另一属性上也相同；同时，又从这两个或两类对象不具有一些属性，推出它们也不具有另一属性的推理。

合类比推理的形式为：

对象 A 有属性 a、b、c、d，无 e、f、g、h，

对象 B 有属性 a、b、c，而无 e、f、g，

所以，对象 B 有属性 d，而无属性 h。

在以上三种基本的类比推理中，正类比运用得最多。但也不可忽视反类比和合类比两种形式，它们在实际的思维过程中也具有一定的意义和作用。

二、类比推理的特点

类比推理的存在是有客观依据的。因为在现实世界中一类对象所包含的各个要素，往往有很多属性是相同的，同时每一要素所具有的各个属性之间又是相互联系、相互制约的，其中某些属性的存在决定了另一属性的存在。所以，一个对象 a、b、c 属性的存在和 d 属性的存在，很可能具有内在联系，而当另一对象也具有 a、b、c 属性时，d 属性的存在也就很有可能了。对象属性之间的这种相互联系，就是类比推理的客观基础。

同其他推理相比较，类比推理具有以下特点：

第一，从推理方向上看，类比推理的思维过程是从个别到个别，或从一般到一般。它的前提如果是个别性的知识，结论也是个别性的知识；前提如果是一般性的知识，结论也就是一般性的知识。这明显区别于严格意义归纳推理（个别→一般）和演绎推理（一般→个别）。

第二，从结论的性质看，类比推理的前提和结论间没有蕴涵关系，它的结论是或然的，不是完全可靠的。这明显有别于演绎推理。在演绎推理中，前提和结论间必须是蕴涵关系，否则就是无效推理。类比推理的结论所断定的范围是前提中所没有的，超出了前提所断定的范围。所以，当前提为真时，结论也不一定是真的。在这个意义上，可以把类比推理看作是广义的归纳推理。

第三，从推理方式上看，类比推理是由两个或两类事物相比较而构成的。其推导的过程是以比较为基础，从诸多属性的相同推出另一个或一些未知的属性也应相同。在这一点上，它既不同于演绎，也不同于归纳。无论是归纳推理还是演绎推理，都无须在比较中获得结论。

类比推理属于或然推理，即由前提推出的结论可能是真的，也可能是假的。类比推理结论的或然性是客观存在的两种情况导致的：第一，进行类比的两个对象之间尽管在某些属性上是相同的，但它们毕竟是两个事物，或多或少还有某些方面的差异。如果推断的属性正好是两个对象的共同属性，那结论就是正确的；如果推断的属性正好是两个对象的差异之处，那结论就是错误的。第二，对象中并存有许多属性，有些属性是对象固有的，有些属性是对象偶有的。例如，睡眠是人的固有属性，而患失眠症则是人的偶有属性。当A与B两个对象都具有某些相同属性时，如果B对象欲推断的属性是A对象的固有属性，则得出正确结论的可能性大；如果B对象欲推断的属性是A对象的偶有属性，则得出错误结论的可能性大。

类比推理的结论既然是或然的，那么怎样才能提高类比推理结论的可靠性呢？可以从下面四点来考虑：

第一，从相同属性的量上来考虑，即尽可能增加类比对象间的共同属性。类比对象的共同属性越多，推出结论的可靠程度就越大。因为两个类比对象的共同属性越多，就意味着它们可能属于同一类或者是两个相近的类。这样，推出二者具有其他共同属性的可能性就越大。所以，在进行类比推理的过程中，要尽可能多地找出类比对象间的共同属性。例如：

有人把美国加利福尼亚州的地形、土壤、气候等自然条件与我国浙江柑橘产地的自然条件加以比较，发现二者在很多地方都是相似的，于是，进行了如下类比推理：

美国加州与我国浙江柑橘产地地形条件相似，
美国加州与我国浙江柑橘产地水文条件相似，
美国加州与我国浙江柑橘产地土壤条件相似，
美国加州与我国浙江柑橘产地纬度高低相似，
美国加州与我国浙江柑橘产地气温条件相似，
美国加州与我国浙江柑橘产地降雨量相似，
美国加州与我国浙江柑橘产地湿度相似，
美国加州与我国浙江柑橘产地光照相似，
我国浙江柑橘产地适宜生产柑橘，
所以，美国加利福尼亚州也应该适宜生产柑橘。

从推理过程中我们可以看出，这两个地区的相同属性越多，类推结论的可靠性就越大。事实上，有人依据这一推理把我国浙江黄岩的特产柑橘引种于美国加利福尼亚州获得了成功。

第二，从相同属性的质上来考虑。类比过程中的相同属性越是接近事物的本质属性，类推结论的可靠程度就越大。因为事物的本质属性是对事物起决定作用，并对其他属性起制约作用的属性，对象的其他属性是由对象的本质属性决定的。两个对象的相同属性如果是本质的，那么，它们就有可能在其他一系列属性上是相似的，这样，类推的属性也就有较大的可能是它们的相似属性之一。也就是说，类比对象的共同属性越接近该对象的本质属性，则其他属性相似的可能性就越高，结论也就越可靠。如果进行比较的不是两个事物的本质属性，则共同属性与推出属性之间的联系就不密切，推出的结论就可能是错误的。例如：

生物学家施温和施列登分别发现了动物和植物的机体都是由细胞组成的。施列登又率先在植物细胞中发现了细胞核，而且研究了细胞核与细胞其他部分的联系。当施列登把自己的研究结果告诉施温后，施温想，如果动物和植物的机体的相似不是表面的而是实质性的，那么动物的细胞中一定也会有细胞核。于是，他用显微镜观察，果然在动物细胞中发现了细胞核。由于这一推断是依据两类事物的本质属性的相同而进行的，其结论也就可靠得多。

第三，从相同属性和推出属性之间联系的程度考虑。要尽量使相同属性与推出属性之间的联系趋于紧密。二者联系得越紧密，其结论的可靠性越大；如果有相同属性 a、b、c 存在，就必然推出属性 d 存在，那么，这种类比的结论就是必然可靠的。二者联系得越不紧密，其结论的可靠性越小。例如：

我国著名的地质学家李四光就曾把中亚细亚一带的地质结构与我国松辽平原的地质结构作类比，结果发现松辽平原的地质结构与中亚细亚的地质结构极为相似，而中亚细亚一带有大量的石油资源，所以，推断我国的松辽平原一带也具有丰富的石油资源。在这一类比过程中，由于地质结构与石油储藏的高关联度，即地质构造与生油、储油之间具有必然联系，使得结论的可靠性大大增强。大庆石油的发现，证明了李四光推断的正确性。

第四，从排除矛盾属性的角度来考虑。进行类比推理时，不应有与类推属性相矛盾的属性，如果发现有与类推属性相矛盾的属性存在，则推理的结论不可靠。例如：

有人把张三和李四两个小学生作类比，发现他们有很多共同点：从小一起上学，身体各方面条件都差不多，都请了家教，都上了同一所小学，家长都是知识分子等。只是一点有所区别，那就是张三比李四的学习差了一点。现根据李四已经考上了重点中学来推断：张三一定也考上了重点中学。由于“学习差一点”与考上重点中学间有相抵触的关系，学习差一点就有可能考不上重点中学，这一推理由于存在着与类推结论相矛盾的属性，使得结论的可靠性大大降低。所以，排除矛盾属性而进行类比推理也是提高类比推理结论可靠性的有效方法。

运用类比推理常犯的错误就是“机械类比”。所谓机械类比，是指只根据两个事物的表面相似和事物的一些偶然属性，牵强附会地进行类比。例如，英国实证主义者斯宾塞将人类社会和生物有机体作机械的类比，错误得出“生存竞争是人类社会发展的基本动力”。他的推导过程是：

人类社会是有机的，

生物界也是有机的，

人类社会是不断进化的，

生物界也是不断进化的，

人类社会有生存竞争，

生物界也有生存竞争，

生存竞争是生物进化的基本动力，

所以生存竞争也是人类社会发展的基本动力。

很明显，机械类比是一种错误的推理方法，它常常为错误的理论观点作论证。它也是一般人容易犯的逻辑错误之一。

三、类比推理的作用

类比推理作为推理形式之一，可以启发人们的思想。虽然它不是完全可靠的，但它对思维有一种独有的启迪作用，为人们进行创造性思维开辟了广阔的天地。它的作用表现在：

第一，类比推理有助于增进人们对客观世界的认识。客观世界是纷繁复杂的，人们对客观世界的认识经历了从不认识到认识，从不完全认识到比较完全认识的过程。在这个过程中，类比推理常常成为人们增进认识的逻辑方法。例如，我国古代的王充根据雷与电都能发光，都能燃烧树木、房舍和动物，燃烧时都有气味等，推断出“雷是火”，这就为人们进一步认识雷提供了线索。美国科学家富兰克林细心观察雷电现象，根据天空闪电和实验室电的放射都有相同的现象和作用，如二者都有光、都是不规则放射、都能燃烧易燃物等，就用类比推理得出“闪电是电的放射”这一正确认识。人们对客观世界的认识，最初都是假说，而不少假说都是用类比推理提出的。类比推理可以启迪人们的创造性思维，学会从一事物联想到其他事物，在两个具有相同属性的事物中，从一事物的成功推测到它事物的可能成功。

第二，类比推理有助于科学技术的发明和应用。科学技术上的发明，最初往往要把两个对象进行类比，从一个已认识的对象身上去认识另一个尚未被认识的对象，从而得出新的结论。这种结论一旦被实践所证实，它就成了一种新的发明，为科学技术提供了新的确实可靠的知识。德国哲学家黑格尔曾经说过：“类推的方法应充分地在经验科学中占很高的地位，而且科学家也曾按照这种推论方式获得很重要的结果。”在科学技术发展史上，许多重要事实的发现、理论的提出和技术的发明，最初就是运用了类比推理。例如，惠根斯光的波动学说，是受到了水波、声波的启发，通过类比推理得出来的；种牛痘可以预防天花的设想，也是受了挤牛奶的女工感染了牛痘而不患天花的事例启发而提出来的。类比推理在现代科学技术中的运用越来越广泛，模型法、仿生学等与类比推理密切联系。自然界和工程技术中有许多对象是人们很难直接控制和变革的，还有些简直是不可能的。在这种情况下，人们采用以模型代替原型做实验，这里类比推理显示了它的价值和作用。例如，要预知某一水利工程可能产生的一些后果，先得建模型，进行实验；要研究新型飞机的性能，也先得有模型，进行实验。仿生学是专门研究模仿生物的构造及其功能来建造先进技术装置的科学，它也是类比推理的具体运用。例如，“雷达”是美国科学家海勒姆·马克西姆受到蝙蝠超声系统的启发发明的；“雪地汽车”是模仿企鹅的行走动作而制成的；“嗅敏仪”是模仿狗鼻的性能制成的；等等。

第三，类比推理也是一种重要的论证工具，在议事说理当中具有相当重要的论证作用。人们为了说明某个问题、论证某个观点，常常使用类比推理的方法。例如，为了解释某种事实或原理，传播某种思想或观点，往往可以找出另一种与之相似的事实原理、思想观点等，然后通过类比推理来说明，这会增强传道授业、议事说理的论证性和说服力。孔夫子在教育工作中提出的“举一反三”(《论语·

述而》)、“告往知来”(《学而》)和他所赞同的“闻一知二”和“闻一知十”(《公冶长》),都是类比推理的应用。人们在学习、工作、生活中就应当很好地运用这种形式,善于联想,举一反三,触类旁通,以利于我们对某一个原理或结论的理解更趋深刻,从而得到新的发现和更多的收获,并有所创新。

此外,类比推理在经济管理中也有突出的作用。类比推理在经济管理中的应用主要体现在管理决策上。一个经济管理决策过程,大体分为:确定问题所在,提出决策目标;发现、探索和拟订各种可行性方案;选择最佳方案三个步骤。在现代管理的决策过程中,类比推理的运用贯穿始终,主要表现在两个方面:

第一,运用类比推理进行决策方案的选择。在现代经济管理决策中,虽然已经普遍地使用“数学模型分析法”来进行方案选择,但以类比推理原则作基础的“经验判断法”仍不失为管理决策中的重要方法。例如,党的“十二大”做出了在20世纪末实现工农业总产值翻两番的决策,这一决策的得出就运用了经验判断法的类比推理。主要的思维过程如下:(1)从1952年到1980年的28年中,尽管我国经济发展屡遭破坏,工农业总产值年增长速度仍然达到了8.1%。所以,到2000年我国工农业总产值年平均递增7.2%是完全可能的。(2)从1979年到1981年的3年是我国经济调整时期,经济发展放慢了速度,但是工农业总产值年增长率仍为6.7%。所以,在以后的发展时期,要取得工农业总产值每年增长7.2%是完全可以实现的。(3)日本在20世纪70年代只用10多年时间就实现了经济翻两番,年增长速度为10.4%。日本的发展速度被认为是较快的,而我们要求的速度比日本的速度低得多。所以,我们用20年时间翻两番的设想是能够实现的。(4)苏联社会总产品的产值从20世纪50年代到70年代的20年时间内翻了两番,年增长速度为7.5%,苏联的速度被认为是不快的,而我国设想的速度仍低于苏联。所以,我们以年增长率为7.2%的速度用20年时间使工农业总产值翻两番的设想是完全可行的。

第二,运用类比推理进行管理决策模拟。“模型模拟法”是现代经济管理中的一种重要方法。这种方法通过建立一定客体对象的模型,并对模型进行分析比较来达到认识客体对象的目的。比如,裁衣服用的纸型是对服装的模拟;军事演习是对战争的模拟;地球仪是对地表的模拟;等等。在现实生活中,模型模拟法应用得十分广泛,而这种科学方法的逻辑依据就是类比推理。

模型模拟法在葛洲坝的建设中发挥了重要作用。在葛洲坝的建设中,为充分论证大坝建设的可行性，探索坝区河段的演变和建成后的发展趋势，施工前工程技术人员设立了五个大型模拟试验场地，进行了 200 多次试验。其中，南津关河段的模型长 64 米、宽 34 米，内有缩小了的南律关口门上的青石山嘴，有从中冲刺出来的湍急江水，有流过两个小岛、又合起来流到河段尾部缩小的宜昌港急湾里的三条江。模型场的江水同样有缩小的泡水和旋涡，同样有按比例缩小的水位、流量和流速、流态，还投入了各种粗泥、细沙的代用粉末和卵石的石屑等材料，让它们随江水通过各种实验水工建筑物和电机模型，以从中考察水流运动、泥沙淤积和冲刷泥沙等情况，还放上了模拟船队，观察它如何驶入航道、驶出船闸等。通过建立模型和进行模拟试验，科学家们测试了近百万个数据，从而提出了进行河势总规划的方案，指导了整个葛洲坝工程建设。当然，模型模拟法毕竟只是一种经验方法，通过模拟与类比得到的认识，还须得到实践的检验。

第二节 假 说

一、假说及其特征

假说又称科学假说，是指人们根据已知的事实材料和科学原理，对事物的未知原因或发展规律所作的假定性解释。由于作为人们认识对象的客观事物本身所具有的客观性和复杂性，使得人们对客观事物的认识往往不是简单的一次就能完成的。因此，人们在认识事物的过程中，往往要根据已有的认识成果，依据已知的事物发展的规律和趋势，对事物的未知原因和未来的发展趋势做出预见和推测，用以指导人们的实践活动。这种假定性的解释或者预见就是假说，或称科学假说。例如，“哥白尼太阳中心说”“哥德巴赫猜想”和医学上关于癌症产生的原因的种种推测等，都属于假说。

假说是人们解释未知现象，进行科学研究和发明创造的一种重要思维形式与方法。与前面介绍的各种思维形式相比较，假说是一种更为复杂的思维形式结构，它是各种推理形式和逻辑方法的综合运用，是人们认识客观事物获得科学发现的一种重要的逻辑方法。假说是科学发现的先导，科学发现往往都是先提出假说，然后再加以证实的过程。它不同于那些无知妄说，不同于一般的假设或者猜测，而必须以科学事实和已知的事物规律为依据。任何假说都具有两个显著特征：

第一，假说具有一定的科学性。这是假说的前提特征。事实材料和科学知识是形成假说的前提和出发点。假说以观察、实验和社会调查等所提供的事实材料为基础，才得以提出有关的设想，没有事实材料就没有假说。假说又以已知的科学知识为依据，要与已被证实的科学理论相符合，脱离了科学理论也就产生不了正确的假说。例如，大陆漂移假说的提出就是依据以下一些事实而提出的：一是各大陆块边缘之间的吻合程度较高。二是各大陆彼此相对应地区的地层构造具有较大的相似性。三是各大陆都有大量的古生物种是相似的。另外，科学研究证明，在古代距今3.5亿～2.5亿年间，今天的北极大陆当时曾是气候炎热的沙漠，而今天的赤道地区曾为冰川覆盖。这表明在很古以前，这两块大陆都不处于现在的位置上。而历史上曾有人设想制造“永动机”，由于它明显与能量转化和守恒定律等科学知识相矛盾，这个假说便不可能实现。正是这一特征，将假说与神话、迷信和一切唯心主义的主观臆想及无知妄说相区别开来。因此，假说绝不是愚昧无知的瞎说，也不同于随心所欲的胡说。也就是说，假说总有一定的科学性。

第二，假说具有一定的推测性。这是假说的结论特征。科学的假说与确已证实的科学理论（定律和原理）是不同的。任何假说，当它还是假说时，尚未被实践所证实，其本身总有推测、预算、探索的性质，它只是对未知的某种现象或某种规律的猜想，还未达到确切可靠的认识，有待于验证，因而不可避免地存在着不可靠的因素。恩格斯在评价哥白尼的“太阳中心说”时写道：“哥白尼的太阳系学说有三百年之久一直是一种假说，这种假说尽管有百分之九十九、百分之九十九点九、百分之九十九点九九的可靠性，但毕竟是一种假说；而当勒维烈从这个太阳系学说所提供的数据，不仅推算出一定还存在一个尚未知道的行星，而且还推算出这个行星在太空中的位置的时候，当后来加勒确实发现了这个行星（即海王星——引者）的时候，哥白尼的学说就被证实了。”[①]哥白尼的“太阳中心说”是这样，其他假说当它没有最后被实践证实之前也是这样。

第三，假说具有可证实性。假说是在科学理论和事实材料的基础上提出来的，是人的认识接近客观真理的方式。假说与缺乏科学根据的主观臆造和随意想象不同，科学的假说都具有可证实性。当然，假说在多大程度上具有客观真理

① 《马克思恩格斯选集》第四卷，人民出版社1972年版，第222页。

性，最终要通过实践的检验。科学假说能够通过社会实践的检验被证实为真，而神话和无知妄说都会被实践证实为假。正是从这种意义上说，假说是人认识和接近客观真理的基本方法。假说作为对各种未知事实的假定解释，它是否把握了客观真理，这是有待证实的。然而，假说是对自然奥秘的有根据的推测，因而，从发展的眼光来看，假说的不断修改、补充和更新，就会更多地、更正确地反映客观现实。例如，继大陆漂移假说提出后，20 世纪 60 年代“板块构造理论”的提出，对大陆漂移假说又提出了新的支持，使得人们对大陆形成的历史成因的认识又深入了一步。

假说通常具有比较复杂的逻辑结构。一个完整的假说应该包括以下三个方面的内容：首先，假说必须说明它要解答的问题，告诉人们存在着什么问题有待于解释。其次，根据具体问题设想出具体的解答。这是假说的核心部分，是研究者对问题的推测性解释。最后，假说还必须广泛地解释其他相关事实和预测未知的事实。

二、假说的提出和验证

假说的提出、确立与发展过程有如下步骤：

第一步：观察、研究事实。

在社会实践中，人们发现了一些新的事实，而这些新的事实是原有理论所无法解释的，或与原有理论是不相容的。此时，便需要对这些事实进行反复细致的观察和研究。

第二步：提出假说。

在观察研究的基础上，根据已占有的事实材料，结合掌握的科学知识，运用各种逻辑形式、规律和方法，对事实材料进行比较、分析、综合、抽象、概括、归纳、类比，然后对所研究的思维对象存在的原因或它的规律性提出假定性说明，即提出假说。

第一步和第二步是假说的提出阶段。在这个阶段中，从逻辑角度来看，类比推理和归纳推理占有突出的位置。

第三步：对提出的假说进行逻辑推演。

提出的假说，往往是以一个判断的形式表示出来的并成为进一步演绎推导的前提。为了能广泛地和比较完美地解释已有的事实材料，也为了初步验证假说的正确性，就必须从提出的假说中推导出由假定的原因、规律性必然导致的结果。这就是对假说的逻辑推演。

第四步：比较步骤。

把观察到的情况和推出的结论作比较。如果推出的结论和已观察到的情况相吻合，那么假说就得以成立。如果推出的结论和已观察到的情况仅有部分吻合，那么假说就要修改、补充。如果全部不吻合，那么假说就不能成立。

第三步、第四步是假说的推演、验证和确立阶段。不过，这个阶段的推演和验证还是比较初步的。在一个假说确立之后，还必须对假说作更细致的推演和更全面的验证。

第五步，假说转化为科学理论。

假说确立以后，不论它如何全面、系统和富有逻辑性，也只是一种与科学理论联系着的、带有推测性的解释，它还未被事实最后论证。因此，还必须通过反复的实践，并运用已有的科学理论来检验和论证假说，借以达到去粗取精、去伪存真，从而使假说转化为科学理论。第五步是假说的发展阶段。

下面一例具体地说明了假说的整个过程：

1865 年，法国立耳城酒厂的啤酒突然“无缘无故”地变质，酸得无法下咽。化学家巴斯德用显微镜进行观察，发现在变酸的酒里，有一种小木棍形状的细菌在游动，而在不发酸的酒里，却没有这种细菌。在当时，人们对这种细菌一无所知。巴斯德经过几百次的观察，根据事实材料，运用已知的科学知识和求异法提出假说：这种小木棍形状的细菌是造成酒味变酸的祸首，它们会把酒的成分分解成酸，使啤酒变质。根据这一假说，巴斯德推断：如果杀死这种细菌，那么啤酒就不再会变酸。为了验证这个假说的推断，他在实验中采用给酒加温的方法杀死细菌，啤酒果然不再发酸了。这就确立了这个假说。以后，巴斯德又进行了大量的观察和实验，对原有的假说进行了修改和补充，从而在人类历史上奠定了工业微生物学的理论基础。

假说的提出，是一个高度创造性和高度复杂性的思维活动。要想科学地提出假说，必须遵循以下规则：

1. 假说应该建立在事实材料的基础上

假说的提出，必须依据已有的事实材料，并且事实材料越丰富越好。如果离开了事实材料，而是凭想当然的主观主义玄想，那就失去了科学性质，就不可能提出科学的假说，而只能是毫无根据的胡说。但是，也不能等待掌握了全部事实出现以后再提出假说；否则，就不可能有科学假说的出现，就会造成理论思维活动的停滞不前。这是因为，一个人要考察和掌握某一对象的全部事实往往是不可能的。我们只有掌握了那些具有重要意义的能够体现出对象情况的本质和规律的事实材料才可以提出假说。

2. 假说应该建立在科学理论的基础上

假说的提出必须依据科学基本原理。科学基本原理是被实践所反复证明了的，假说不能与它相违背。但是，假说的提出又不能受传统理论观点所束缚。客观对象和人的认识是不断发展的，有时原有的传统理论观点也不是完美无缺的。当传统理论观点与客观事实发生了矛盾，影响着科学向前发展时，就要敢于向这种传统理论观点挑战，大胆地提出新的假说。

3. 假说的提出必须综合应用各种逻辑形式，尤其是类比推理和归纳推理

人们在实践活动中，最初总是以有限数量的事实和观察为基础来进行思维活动的。因此，人们提出某一假说时，也往往要借助于由个别性知识的类比推理和个别性知识推出一般性知识的归纳推理。由于这两种推理的结论一般是或然的，这就恰好是提出了某种假说。

假说被提出以后，为了使它成为真正的科学假说，以便预见新的对象及其情况，就要以假说为前提，进行种种逻辑推演。所谓假说的逻辑推演，就是运用充分条件假言判断形式，把假说作为其条件，并由此而推导出种种新的事实或现象。如果以 P 代表假说，以 P_1、P_2、P_3…P_N 代表由 P 推导出来的新事实或现象（即结论、推断），那么假说的推演形式就是：

如果 P，那么 P_1；

如果 P，那么 P_2；

如果 P，那么 P_3；

⋮

如果 P，那么 P_N。

如果提出的假说不是一个，而是同时提出若干个，这时，对假说进行逻辑推演就要先把同时提出的若干个假说组成一个穷尽了选言肢的选言判断，然后再对选言判断中的每个肢判断分别进行逻辑推演。如果 P_1、P_2、P_3…P_N 代表各个选言肢，那么，在此情况下假说的逻辑推演形式是：

P_1 或 P_2 或 P_3 或…P_N。

如果 P_1，那么 Q_1、Q_2、Q_3…Q_N；

如果 P_2，那么 R_1、R_2、R_3…R_N；

如果 P_3，那么 S_1、S_2、S_3…S_N；

⋮

如果 P_N，那么 T_1、T_2、T_3…T_N。

在进行假说的逻辑推演时，应该注意两点：第一，如果提出的假说是一个，这时就要尽可能设法以该假说作为充分必要条件的逻辑推演，即当且仅当 P，那么 P_N。因为只有正确地形成了这一既充分又必要条件假言判断形式，并且其后件 P_N 被验证为真时，该假说就被完全证实了。第二，如果提出的假说同时是若干个时，这时就要对每一个假说都进行逻辑推演，并用种种办法和现有的事实材料或科学理论去证实除了这个假说的推断以外，其他的假说推断都是假的，从而否定除一个假说以外的其他假说。然后再按上述第一点去做。

假说进行逻辑推演后还没有真正确立假说。要使假说真正确立，成为科学假说，还必须将假说的推演结果进行验证。这个验证过程大致可分为两步：

第一步，从假说的基本理论观点出发，结合当代已被人们普遍接受的知识，引申出关于事实的结论来。这个过程是假说检验的逻辑演绎过程，可用公式表示为：如果 p，则 q。在这里"p"表示假说的基本观念与现有的某些知识，"q"表示关于事实的论断。如果假说的基本观念是真实的，那么由此逻辑地推演出来的结论也必然是可靠的。

第二步，通过社会实践判定从假说基本观念引申出来的关于事实的结论是否可靠，这是一个事实检验过程。它可以采用从经验中直接检验的方式。例如，根据大地是球体的假说，必然做出如下推断：人们从某一地出发，保持同一方向往前行进，总会回到原来的出发点。检查这个推断的可靠性，只要开展一次世界旅行就可以从经验中直接判明。麦哲伦在人类历史上第一次完成了这项活动。接着，许多人按同一方式开展世界旅行，都回到了原先的出发地点。这个假说的验证过程是采取了从经验中直接检查的方式。但是，假说并非事事都能从经验中直接检查，在直接检查有困难的情况下，就要采取间接检查的方式了。例如，关于"地球上的生命是地球表面的无机物通过一系列生命前的化学演化而生成"的假说，就不可能用直接观察去验证，因为人类历史只是地球演化史的一个很小的阶段，所以必须通过间接的方式，进行一系列的演绎推理，经过许多时代的长期工作和实践，才能逐步证实这样的假说。

以上两步，只是假说检验过程中的基本步骤。实际的检验过程，无论是去证实一个假说，还是去否证（证伪）一个假说，都是极其复杂的。

在假说的验证过程中，应当注意以下几点：

第一，对于验证假说来说，重要的不在于引申出关于已知事实的结论，而在于引申出关于未知事实的结论。如果对未知事实的预言性结论被证实，那将是对假说的最强有力的支持。

第二，假说的完成是个历史过程。从假说基本观念引申出来的新结论，如果是合乎事实的，那么意味着假说获得了新事实的支持，即提高了假说基本观念的可靠性程度，但并不意味着假说已被完全证实。也就是说，这时假说的验证尚未完成，还要进一步引申出其他新结论，以取得其他事实的支持。这样才能不断提高假说的基本观念的可靠性程度。因此，假说转化为科学理论是逐步完成的，

第三，假说的检验具有相对性。由于社会实践总是具有历史的局限性，因此，假说的验证只具有相对的意义，不具有绝对的意义。也就是说，我们承认经过验证后，假说可转化为科学理论，同时，我们又应当看到，一切科学理论都是相对的真理，不应把知识僵化。

三、假说的作用

（一）假说在自然科学中的作用

一部自然科学发展史实际上就是研究者在实践中应用假说、验证假说的历史。假说的提出和验证是自然科学发展过程中的两个重要环节，它对自然科学发展具有普遍的、巨大的推动作用。具体表现为：

第一，假说的提出是自然科学探索的新尝试。在自然科学研究的过程中，提出假说是提出新观点、建立新理论、开拓新领域的重要环节和重要手段，是探索真理的第一步。一些重大的自然科学理论的形成和发展过程往往都要经过假说这个阶段。例如，人们对于宇宙的认识就经历了“地球中心说”“太阳中心说”以及“宇宙无限统一论”等阶段性的认识，而每一阶段的假说的验证都使人们对宇宙的认识前进了一大步。

第二，假说的证实是自然科学发展的新突破。一些重大的假说的证实往往

成为自然科学发展的重大突破口。假说经证实使其转化为自然科学原理的过程，也就是科学不断发展前进的过程。

(二)假说在社会科学中的作用

假说不仅是自然科学的发展形式，也是社会科学的发展形式。社会科学也经常碰到探索未知规律和原理的问题，运用假说这一研究方法可以有效地发现规律，预知未来事件。列宁在《什么是人民之友以及他们如何攻击社会民主主义者》一文中，曾说明唯物主义历史观如何由假说变成科学原理。列宁指出，马克思在 19 世纪 40 年代提出关于社会经济形态发展的自然历史过程的基本思想时，还只是假说。然后花了 25 年的时间实际地研究了商品经济体系，从分析这些材料中揭示出资本主义发展的规律。自从《资本论》问世以后，唯物主义历史观就不再是假说，而是科学的原理了。① 毛泽东在革命低潮时期提出“星星之火，可以燎原”的想法在当时也是一种假说，只有当革命高潮重新出现时，这一假说才被证实是科学的。

(三)假说在经济生活中的作用

1. 假说与市场预测(市场假说)

市场预测是在对以往市场的供求情况进行观察、分析的基础上，对企业的产品及其需求量提出的要求。运用假说对市场进行预测一般有三条途径:一是由上而下地预测。即根据社会经济的发展趋势，如消费者的心理变化、社会购买力状况、基本建设投资的多少、政府支出的增减等来做出预测。二是由下而上的预测。即根据产品历年销售趋势，凭借经营者的经验等对未来市场做出预测。三是综合运用上述两条途径，互为印证、互相补充地提出一种预测方案。当然，无论选用三条途径中的哪一条，都必须符合假说得以成立的条件，并遵守假说的推理规则。

要搞好市场预测需注意两点:第一，市场的情况是随时变化的，引起变化的原因也是多方面的。要使假说始终符合变化着的市场实际，必须建立一个假说反馈系统，使预测不断得到修正和充实。第二，随着商品市场日益活跃，市场变化的相关因素也日益增多。提出假说时，要迅速而准确地掌握市场动态，就必须借助于一些现代化的科学手段，如采用电子计算机进行市场跟踪等。

---

① 《列宁全集》第 1 卷，人民出版社 1955 年版，第 119、122 页。

2. 假说与经济规划

2011 年 3 月，第十一届全国人大第四次会议通过了《中华人民共和国国民经济和社会发展第十二个五年规划纲要》，提出在未来五年间，国内生产总值年均增长 7%，城镇新增就业4 500万人，城镇登记失业率控制在 5%以内，服务业占国内生产总值比重提高 4 个百分点，城镇化率提高 4 个百分点。“十二五”规划是在认真总结过去长期的社会主义建设经验、全面分析当前国民经济和社会发展现状的基础上提出的。规划的制定就是假说的提出，规划的实施就是假说的验证。

3. 假说与经济改革

1978 年之后，中国进入了改革开放的时代，经济体制改革为中国的经济腾飞提供了保障。经济体制改革是从农村开始的，党的十一届三中全会以后，党提出了农业生产实行“联产承包责任制”这一新的管理形式。这种新的管理形式在最初提出时，就是一个逻辑假说，它的实施就是假说的验证过程。事实证明，这是当时最适合我国农村实际、最受农村干部和群众欢迎的一种经济管理形式。

第八章　论　证

论证必须通过推理进行，而推理是由判断构成，判断又以概念为要素，所以，论证就是概念、判断、推理知识以及各种逻辑方法的综合运用。它也是一种思维形式，但不是思维的基本形式。

第一节　论证的起源、含义及构成

一、论证的起源

作为概念、判断、推理知识以及各种逻辑方法的综合运用，论证产生于人类早期的论辩活动中。在古希腊时期，爱利亚学派哲学家芝诺首次使用了论证（反证）的方法，对辩证法思想鼻祖赫拉克利特主张事物是运动的观点及事物是一与多的统一的观点进行了反驳，并对自己所提出的“飞矢不动”“阿基里斯与龟”等命题进行了一系列的逻辑论证。亚里士多德则对逻辑论证进行了比较系统的研究。在他看来，真正的知识不仅仅是知其然，而且要知其所以然，而只有借助于论证的知识才是知识。他在《论题篇》中研究了对话式论证，详尽讨论了论证的产生、论证的语言表达问题、论证的前提、论证的评估以及谬误等许多关于论证的问题。在《论辩篇》中，亚里士多德阐述了几种不同的论证形式、论证的规则以及论证的方法。在《修辞学》中，他探讨了多种“证明式修辞推论”的具体形式。他的研究奠定了形式逻辑关于论证的基本理论原则，使我们对论证有了较深入的认识。

在中世纪，经院学派的思想家也特别重视形式方面的研究。阿伯拉尔在《是与否》中，采用了一种崭新的方法进行论证，即首先介绍正反两方面的见解和论据，把其中的争论作为问题提出来，并不给出答案，而是通过引用一些“权威”的学说作为解决问题的思考原则，由读者自行判定是非。在他看来，这种着重论证本身的方法有助于思维能力的锻炼和智慧的增长，特别有助于把人从独断的迷梦中唤醒。显然，这种方法与从苏格拉底开始到柏拉图，特别是由亚里士多德发扬光大的论辩术有关，是一种鼓励人们运用智力以解决问题的好办法。阿伯拉尔在同一篇著作中还严格区分了论证形式的妥当方面和论证内容的真实方面，并认为只有前者才属于完善、合乎逻辑的论证。

19世纪末至20世纪初，随着对数学的深入研究，人们对数学证明的严格性提出了更高的要求。数学证明中不得自觉地附加其他前提，也不能有其他隐含的前提。这就不仅需要把数学证明系统化，而且还必须使系统形式化，完全撇开证明的具体内容，只构造形式系统。近几十年来，随着计算机科学的迅速发展，形式证明在计算机科学中不断获得广泛的应用。形式化论证方法的发展促进了论证本身的研究，作为重要的补充，形式化证明与传统逻辑学科中的论证方法相辅相成、相得益彰，成为人们证明某个思想真实性或虚假性的有效手段。同时，形式化证明方法的发展，也使我们对于论证的基本含义、特点、形式、构成、作用等有了更加深入的理解。论证作为一种独特的逻辑方法，在人们坚持真理、反驳谬误的认识过程中，其作用日益突出。

二、论证的含义

什么是论证？亚里士多德认为，论证就是指产生知识的三段论式，这种三段论的前提必须是真实的，而且结论同它们的关系就类似结果和原因的关系一样。这个解释太过狭隘。在实际工作和科学研究中，在认识的各个场合，经常需要确定某一判断的真实性，为此，人们就要引用某个（或某些）真实判断作为依据，从这个（或这些）判断中推出所要确定的判断的真实性。所谓论证，就是根据一个或一些已知为真的判断确定另一个判断的真实性或虚假性的思维过程。

根据论证是说明判断为真还是为假的特点，论证可以分成证明和反驳两个部分。证明是用已知为真的判断确定某一判断真实性的思维过程，这一过程通常也称为立论；反驳则是运用已知为真的判断确定某一判断虚假性的思维过程，这一过程也称驳论。证明与反驳作为论证的两个组成部分具有密切的关联，证明是要确立一种思想或观点的正确，反驳则是要确立一种思想或观点错误。证明往往以反驳为其必要条件，反驳却总是要服务于证明。它们之间是“立”与

“破”的关系。例如：

(1)1979 年，邓小平指出：“社会主义也可以搞市场经济。”“这是社会主义利用这种方法来发展生产力。”1985 年，邓小平又鲜明地指出，“社会主义和市场经济之间不存在根本矛盾。”1987 年党的十二大召开前，邓小平进一步指出：“计划和市场都是方法嘛。只要对发展生产力有好处，就可以利用。它为社会主义服务，就是社会主义的，为资本主义服务，就是资本主义的。”1990 年底和 1991 年初，邓小平两次提出：“不要以为，一说计划经济就是社会主义，一说市场经济就是资本主义，不是那么回事。”1992 年年初邓小平在南方谈话中也明确提出：“计划经济不等于社会主义，资本主义也有计划；市场经济不等于资本主义，社会主义也有市场。计划和市场都是手段。”邓小平关于“社会主义也可以搞市场经济”的一系列论述，就是一个证明。它包括许多判断。这些论述用“社会主义和市场经济之间不存在矛盾”“计划和市场都是方法”等真实判断，来确立“社会主义也可以搞市场经济”的真实性。

(2)“英雄人物是历史的创造者”这一说法是错误的，人民群众才是历史的真正创造者。无数事实证明，人民群众不仅是物质财富的创造者，而且也是精神财富的创造者。人民群众不仅是社会财富的创造者，而且是实现社会变革和推动历史前进的决定力量。所以，“英雄人物是历史的创造者”的说法是不对的。这就是反驳，它通过“人民群众才是历史的创造者”这个已知真判断来确定“英雄人物是历史的创造者”这一说法的虚假性。

论证是一种主观的、理性的思维活动，它必须以实践证明为基础，并最终由实践来检验。“事实胜于雄辩”，实践才是论证的归宿。实践是检验真理的唯一标准。但这并不是说新知识的获得都必须直接通过实践。在社会实践基础上，人们可以根据真实性知识、判断来验证另一个判断的真实性，这个思维过程就是论证过程。

三、论证的构成

一个完整的逻辑论证都是由一系列具有推理关系的判断组成的，它包括论题、论据和论证方式三部分。

(一)论题

论题是需要论证的问题，也称论点。即真实性有待于证明的那个判断。论题是论证过程的主题,它表明"论证什么"。例如,例(1)中的"社会主义也可以搞市场经济",就是论题。人们在证明过程中,一般总是把论题摆出来,接着进行一番推论,做出结论。论题可以为真也可以为假,还可以尚待确定。

论题是为了解决历史和现实以及将来的问题而确定的。因此,提出论题不能主观臆断,而是要进行调查研究,在通读历史、现实的有关材料的基础上,经过深思熟虑之后,才能提出一个有意义的论题。

论题可以是科学上已证明的判断,也可以是科学上未证明的判断。前者着重于说理、论述,后者着重于探索、创新。

(二)论据

论据是在论证过程中被用来作为论题真实性的根据的已知为真的判断,即论证的理由和根据,用以支撑整个证明过程。例如,例(1)中"社会主义和市场之间不存在根本矛盾""计划经济不等于社会主义,……计划和市场都是手段"等论断就是论据。论据表明的是"用什么进行论证"的问题。一般情况下,论题只有一个,而论据可以是多个。论据可以分为基本论据和非基本论据。基本论据是独立和直接引用的论据。非基本论据是由基本论据推导出来的,也称推出论据。基本论据应该是真实性明显的判断。所谓真实性明显的判断,就是那些无须为它们提供论据即人们普遍承认其真实性的判断,如客观事物、公理、定义以及已被科学所证明了的一切原理、定理、定律等。真实性明显的判断作为论据不必再为它提供论据。另一类论据不是真实性明显的判断,对于这类论据,必须进一步为它们提供论据(后者称为第二层论据)。如果这些论据的论据仍然不是真实性明显的判断,则还应为它再提供论据(后者称为第三层论据)……直到最后一层论据为真实性明显的判断为止。在一个较为复杂的论证中,往往有多级论证关系,有多级论据存在。一个复杂论证可以表示为如图 8－1 所示。

- P(总论题)
  - Q(第一级论据)
  - R(第一级论据,分论题)
    - S(第二级论据)
    - T(第二级论据,分分论题)
      - U(第三级论据)
      - V(第三级论据)

图 8－1　复杂论证的构成

其中:P 为总论题,Q、R 为总论题的第一级论据,S、T 为总论题的第二级论据,U、V 为总论题的第三层论据。Q、S、U、V 为基本论据,R、T 为非基本论据。论据与论题的区分具有相对性。相对于总论题 P 来说,Q、R、S、T、U、V 都为论据，但对于 S、T 来说，R 就成为论题了；相对于 U、V 来说，T 也就成为论题了。因此，我们也可以把 R 称作分论题（或叫二级论题），T 称为分分论题（也叫三级论题）。

当然，支持论题真实性的论据并非越多越好，应以是否能说明论题的真实性为重点。

（三）论证方式

论证方式是论题与论据之间的逻辑联系方式，是论证过程中所有推理形式的总和。它表明的是“如何论证”的问题。论证是一个从论据到论题的逻辑推理过程。即一系列的推理，从基本论据逐步推出论题的过程。如例（1）中证明“社会主义也可以搞市场经济”时，首先把市场经济同社会主义联系起来，指出它们的相容性，穷尽了社会主义和方法的各种组合，然后指出“只要对发展生产力有好处，就可以利用”，市场经济对发展生产力有好处（隐含事实判断），所以，“社会主义可以用市场经济来发展生产力（即社会主义也可以搞市场经济）”。推理公式为：如果 P，则 Q；P，所以 Q。这是充分条件假言推理肯定前件式。邓小平的讲话是针对旧的传统观念而发的，这就又构成了一个推理：或者社会主义等于计划经济（旧的传统观念），或者社会主义可以搞市场经济，社会主义不等于计划经济；所以，社会主义可以搞市场经济。推理形式为：或者 P，或者 Q，非 P，所以 Q。这是选言推理的否定肯定式。这样，邓小平同志论证了社会主义搞市场经济，不仅是必需的，也是可能的，排除了认为计划经济才是社会主义、市场经济则是资本主义的传统观念的障碍，为创立社会主义市场经济体制的经济理论做出了重大贡献。

论证的过程本身就是一个逻辑推理的过程。因此，论证和推理密切联系。论证要借助推理来进行，通过推理来揭示论据与论题之间的逻辑关系，从而实现论证。另外，论证的构成与推理的构成也存在对应关系：论据相当于推理的前提；证明方式相当于推理形式；论题相当于推理的结论。但是，二者又有区别：第一，思维进程不同。论证是由未知到已知；推理是由已知到未知。第二，逻辑结构不同。论证较为复杂，通常由一系列推理构成；而推理在形式上可以各不相同。第三，要求不同。论证强调证明方式合乎逻辑和要求断定论题和论据的真实性，论据必为已知为真的判断；推理则只强调合乎逻辑。

四、论证的作用

论证是各种思维形式的综合运用，在逻辑理论联系实际方面有着重要作用。

第一，通过论证可以获得新知识。马克思通过对剩余价值的分析和论证，发现了资本主义社会运动的特殊规律。天文学中海王星的发现，化学中锗、镓等化学元素的发现，物理学中电磁波、中子等的发现，都离不开论证。

第二，论证是实践检验的必要条件，实践检验必然伴随逻辑论证，这不仅是指逻辑论证可以提供实践检验的内容（假说），也指实践检验的实施离不开逻辑论证。对科学理论的检验不是盲目进行的，而是有计划、有步骤的活动过程。在这个过程中的各项观察和实验，必须严格地服从既定的计划，而这些计划的制订以及在执行中对计划的修改和补充都离不开逻辑论证。逻辑论证还可以深化已被实践证实的认识，可以揭示这些认识与真理的必然联系，帮助我们把实践经验升华为系统的理论知识。离开逻辑论证，新的科学知识的探索、检验、深化都是不可能的。逻辑论证是使认识具有科学性的重要条件，是科学思想的重要特点。

第三，逻辑论证是宣传真理和传授科学知识的重要手段。在实践中，一个已经被证明为真实的思想或议论，不一定会被所有人承认其真实性，可能有些人认为它是假的；一个已被证明为虚假的思想和建议也不一定会被所有人认识到其虚假性，可能有些人认为它是真的。造成这种情况的因素十分复杂。社会环境、个人因素、民族习惯等都会使一种思想或议论对一些人不具有说服力，而对另一些人具有说服力，论证则是加强思想说服力的重要因素。缺乏论证，往往使一个科学思想缺乏说服力，对宣传真理和传授科学知识不利。毛泽东同志曾经强调，讲问题一定要说明为什么这样，而不那样。这个说明为什么的过程，就是论证。

第二节　论证的方法及种类

论证的种类也就是论证的方法、方式的分类，论证可分成证明与反驳两种类型，前者用来说明论题为真，而后者则证明论题为假。

一、证明及其方法

所谓证明，是用某一或某些真的判断来说明论题为真的论证形式。为了说明我们的论题为真，我们常常用到证明这种形式。根据证明中所运用的推理是演绎的还是归纳的，证明可以分为演绎证明与归纳证明；根据论据是否直接证明论题，证明又可以分为直接证明与间接证明。

(一)演绎证明与归纳证明

1. 演绎证明

“张三是青年，因为张三是大学生，而所有的大学生都是青年。”

这就是一个简单的演绎证明。演绎证明就是运用各种演绎推理形式进行的证明。在上述例子中，运用的是直言三段论的推理形式，证明“张三是青年”这一论题的真实性，是以“张三是大学生，而所有的大学生都是青年”这些判断的真实性为依据的。演绎证明有两个特点：一是在一般情况下，其基本论据是某一门科学的公理、定理或一般原理；二是论据对论题有蕴涵关系，如果论据已知是真实的，则经过演绎证明后的论题也必然是真实的。

公理法是演绎证明中一个重要方法。所谓公理法，就是从某一学科的许多原理中，抽出一部分最基本的概念和判断，并以这些基本概念和基本判断为基础构成一个科学体系的方法。在这个科学体系中，一切非基本的概念都由这些基本概念予以定义，一切非基本的判断都根据演绎规则从基本判断推演出来，这样的基本判断就是公理，依据公理所推出的称为定理，这种以公理法建立起来的科学理论被称为公理体系。对一个公理体系来说，必须满足以下要求：

第一，无矛盾性。所谓无矛盾性，就是在公理体系中，根据基本概念和基本判断所作的推导，在本系统内不能出现逻辑矛盾。否则，这样的系统就无效、没有价值。

第二，完全性。在一个公理系统中，所确定的基本判断应当是完备的，本系统中的任何定理都能从那些基本判断推出。当然，完全性并非是一个公理系统的绝对条件，一个不完全的公理系统也有重要的功能。

第三，独立性。在一个公理系统中，每个公理是独立的，任何公理都不能由本系统其他公理推出；否则，就有损于本系统的价值。

2. 归纳证明

“优美的环境可以使人萌发灵感。科学巨人爱因斯坦的美妙思维，常常产生于漫步河畔小溪听了优美的音乐旋律之时；进化论奠基人达尔文把大半生时间用在对大自然的考察之中，写出了《物种起源》这部巨著，而成为卓越的生物学家；世界圆舞曲之王约翰·施特劳斯，在位于东阿尔卑斯山的维也纳森林里，饱受飞鸣的流泉、低岭的微风、芬芳的空气和悦耳的鸟语熏陶之后，才创作出了令人百听不厌的乐曲；德国大诗人歌德的许多名诗，常常是在田野里采集植物标本时的即兴之作。”

这就是归纳证明。归纳证明就是运用归纳推理的形式进行的证明，也就是说，通过特殊知识对一般性原理进行确定的证明。在上述例子中，运用的是简单枚举法的推理形式，证明“优美的环境可以使人萌发灵感”这一论题的真实性。归纳证明根据所用的与论题相关的材料的多寡可以区分为完全归纳和不完全归纳。完全归纳包括能用来证明论题的所有材料，因而也是一种必然性的证明。与之相比较，不完全归纳虽然是一种或然性证明，但它往往在日常生活和科学研究中被人们使用。

广义的归纳证明还包括类比证明。类比证明是指运用类比推理形式进行的证明。它是一种由此及彼、触类旁通的思维形式。其特点是把两种具有某种相同或相似属性的事物进行比较，用一个事物的属性来说明另一个事物也应具有的属性，从而对论题的真实性进行断定。类比证明是一种从特殊到特殊的证明过程，它的结论具有或然性。

(二)直接证明与间接证明

1. 直接证明

直接证明是从真实的论据直接地推出论题的证明。它的特点是，论据为论题提出正面的理由，用适当的论证方式(可以用演绎推理，也可以用归纳推理)直接地阐明论题。直接证明一般有三个步骤：

第一步：提出论题——通常所说的论点(A)；

第二步：引出论据——通常所说的根据、理由(B、C、D…)；

第三步：进行论证——进行逻辑推理(∵B、C、D…∴A)。

2. 间接证明

间接证明是通过其他论题的虚假，然后根据排中律来确定论题的真实性的证明。间接证明有迂回曲折、增强论证艺术性的效果。间接证明主要有三种方法：反证法、选言证法、归谬法。

(1)反证法，是通过推断与论题相矛盾的判断(反论题)的虚假，从而推断论题真实性的证明方法。反证法是由充分条件假言推理的否定式进行的。例如：

“我们进行经济建设要爱护自然，不要破坏生态平衡。因为，如果不爱护自然，破坏了生态平衡，就会导致严重自然灾害，给人民生命财产造成重大损失，这样的后果是人人都不希望出现的。”由这个例子可知，运用反证法有四个步骤：第一步，提出论题“P”，在上述例子中即“我们进行经济建设要爱护自然，不要破坏生态平衡”。第二步，提出反论题“非 P”，在上述例子中即“不爱护自然，破坏了生态平衡”。第三步，证明反论题假。在上述例子中运用了否定后件式充分条件假言推理：

P(论题)

如果非 P，那么 Q

非 Q

所以，非非 P(P)

运用反证法，要注意反论题与原论题必须是矛盾关系，如果是反对关系，从反论题的假就不能推出原论题的真，因为上反对关系的判断可以同假，反证法的这一特征体现了排中律的逻辑要求。

(2)选言证法，是运用选言推理的否定肯定式来进行的一种证明方法。它是通过选言判断提出除论题所表示的那种可能是真的外，其余的可能都是虚假的，然后用选言推理推断论题的真实性。选言证法的证明过程是：先用论题与其他判断作为选言肢构成一个选言判断，然后用选言推理的否定肯定式，否定论题外的其他选言肢，最后断定论题是真实的。例如关于“人的认识来源于社会实践”这个论题，可以这样证明：“人的认识或者是从天上掉下来的，或者是人的头脑里固有的，或者是从社会实践中来的。人的认识不是从天上掉下来的，也不是头脑里固有的。因此，人的认识只能从社会实践中来。”

选言证法的逻辑形式为：

P(论题)

P 或 Q 或 R

非 Q 且非 R

所以，P

运用选言证法要注意两点：第一，选言证法只能否定肯定式。第二，选言前提必须穷尽一切可能；否则，结论就不是必然的，证明也是不可靠的。

(3)归谬法，就是假定原判断是真的，然后从此出发，推出极其荒谬的论断，从而证明原判断为假，而与它相矛盾的论题为真。其步骤是：

第一步：假定原论题(A)真；

第二步：以A为前提推出B等；

第三步：以事实证明B等是荒谬的；

第四步：运用充分条件假言推理否定式，得出原论题为假，所以与它相矛盾的论题为真。

归谬法与反证法就推理形式而言是相同的，都是充分条件假言推理否定式的运用，但二者还是有区别的：

第一，归谬法不设反论题，只是把被否定论题作为真前提而进行逻辑推演，而反证法则要设反论题。

第二，归谬法可以推出两个自相矛盾的判断，而反证法则是否定反论题。

第三，反证法运用排中律推出原论题的真，而归谬法在判定所推出的两个相互矛盾中必有一假的逻辑根据是矛盾律。

二、反驳及其方法

在人类的认识过程中，主体正确地反映了客体的本质属性及其规律而形成真理。真理往往与谬误相伴，在某种意义上说，认识真理的过程也就是与谬误做斗争的过程。对于谬误就要揭露和批判，这种揭露和批判在逻辑上就是对所提出的谬误进行反驳，通过驳倒谬误来阐明事实及获得真理。

所谓谬误，是指在对某论证进行评估中发现的违反思维规律和推理规则所产生的错误。评估一个论证是否谬误，主要从三个方面着眼：其一是从论证的形式上看构成论证的诸要素之间，特别是论据和论题之间是否有内在关联。其二是看用来作为理由或论据的材料是否具有真实性或可靠性，以及通过论证方式获得的论题是否也让人觉得可靠、真实。其三是修辞意义的，即某一论证对听众或读者是否有说服力与感染力。也就是说，论证者是否考虑到了受众的具体状态，论证所达到的结论是否是他们所承认的，该论证所用的语言是否适合论证的接受者等。不具备这三个因素，就是一个错误的论证，或称谬误。对于论证中的谬误，就需要在逻辑上予以反驳。

反驳是断定某一论题虚假或其论证不能成立的思维过程。在逻辑思维过程中，反驳和论证是统一的，逻辑论证包含着反驳，从这个意义上说，论证的方法也就是反驳的方法。论证由论题、论据和论证方法组成；相应地，反驳也由反驳论题、反驳论据和反驳论证方法组成。

(一)反驳论题

反驳论题，就是断定对方论题的虚假性。一般有两种反驳论题的方法：直接反驳和间接反驳。

直接反驳就是引用事实或已经由实践检验过的原理作为论据，直接证明对方论题的虚假。它由事实反驳和归谬法①两种方法组成。

直接用事实反驳论题，就是直接摆出事实证明对方论题的虚假性。这种方法是非常有效的。例如，针对有人说"哺乳动物都是胎生的"这个论题，我们可以直接摆出事实：鸭嘴兽是哺乳动物，但不是胎生的。这就直接证明了对方论题的虚假性。

归谬法反驳论题是把对方论题作为真论题而推出荒谬的结论，然后由此否定被反驳论题。例如，中国古代有"琴声之辩"，讨论琴声是怎么来的。有人认为"琴声在琴上"，有人认为"琴声在弹奏者的手指上"。对此，苏东坡做了反驳，写了"琴诗"。他说："若言琴上有琴声，放在匣中何不鸣？若言琴声在指头上，何不于君指上听？"可见，"琴声在琴上"和"琴声在弹奏者的手指上"都是荒谬的。归谬法反驳论题和归谬法证明论题在逻辑结构上是一致的，这里不再多述。

间接反驳是通过确定与被反驳论题相反论题为真，进而确定被反驳论题为假的反驳方式。例如，要反驳"语言有阶级性"这个论题，我们可以通过证明"语言没有阶级性"的真实而进一步确定"语言有阶级性"是虚假的。

(二)反驳论据

反驳论据就是证明对方的论据是虚假的。论据是论题赖以成立的根据，把对方的论据驳倒了，论题自然就不成立。例如，"上海的教授对人讲文学，认为文学当描写永远不变的人性，否则便不久长。例如英国，莎士比亚和别的一两个人所写的是永久不变的人性，所以至今流传，其余的不这样，就都消灭了。这真是所谓'你不说我倒还明白，你越说我越糊涂'了。英国有许多先前的文章不流传，我想，这是总会有的，但竟没有想到它们的消灭，乃因为不写永久不变的人性。

① 归谬法在证明中作为间接证明法，在这里作为直接反驳法，这是从不同角度说的。在证明论题真实性时，强调的是直接用事实证明，而不直接涉及论题本身。在反驳论题时则直接涉及论题本身，故把归谬法作为直接反驳论题的方法。

现在既然知道了这一层，却更不解它们既已消灭，现在的教授何从看见，却居然断定它们所写的都不是永久不变的人性了。”①

“其余的不这样，就都消灭了”是“上海的教授”论证“文学当描写永远不变的人性，否则便不久长”的论据。鲁迅就是着重揭露了这一论据的虚假，这就是反驳论据的反驳。

值得指出的是，驳倒了对方的论据并不等于驳倒了对方的论题。因为用论据来证明论题有两种可能：一种是对方的论题是从其论据中必然推出的，这时驳倒了对方的论据也就驳倒了对方的论题；另一种是对方的论题不是从其论据中必然推出的，那么驳倒了对方的论据，论题不一定虚假。驳倒了对方的论据，这只证明对方关于论题所作的证明不能成立，该论题尚未得到证明，在对方还未提出新论据之前，并不能证明该论题的虚假性。例如，有人说“火星有卫星，因为所有的行星都有卫星，火星是行星”。有人不同意这种说法，他用金星就没有卫星来反驳论据，这样对方的论据是被驳倒了，但论题不一定虚假。后来天文学的发展证实了火星确实有卫星。

(三)反驳论证方法

反驳论证方式就是断定对方证明中的论据与论题之间不具有必然联系。如下面例子中的公诉人就运用了这种反驳方法：

被告辩护人说：“我最近调查了被告的家庭情况，确实十分困难，我很同情。所以被告进行偷窃确因家庭困难，请量刑时考虑这一因素。”公诉人反驳说：“家庭困难与进行偷窃无必然联系。中国有句俗语，叫作‘人穷志不短’。如果家庭困难成为偷窃的理由，那天下的穷人岂不都成了窃贼？因此，家庭困难不能成为偷窃的理由，更不能作为量刑的标准。情是情，法是法，二者不能混淆，不能以情代法。”公诉人指出并论证“家庭困难与进行偷窃无必然联系”，就是指出被告辩护人的论证不成立，犯了“推不出”的逻辑错误。

正如前面所述，驳倒了论据不一定就驳倒了论题。同样，驳倒了对方的论证方式，并不等于驳倒了对方的论题，也不等于确定了对方的论据是虚假的。这是因为：在不少情况下，对方的论题和论据都是真实的，但其论证方式却是错误的。因此，驳倒了对方的论证方式，只能说明对方的论据与论题之间不具有必然联系，论题没有得到证明。

---

① 《鲁迅全集》第3卷，人民文学出版社1981年版，第557页。

反驳的主要目的，在于论证对方论题的虚假，因此，反驳论题是最基本的。为了增强反驳的逻辑力量，人们常常把上述三种反驳方法结合起来使用。至于在某一具体反驳中究竟应采用哪些方法，这些方法怎样结合才能做到恰如其分，要根据具体情况而定。

第三节　论证的规则

一、论题规则

(一)论题要明确

论题是论证的对象，它回答“论证什么”的问题。论证的根本目的就是要确立真的论题，或者驳倒假的论题。在一个论证中，如果论题含含糊糊，那么，别人就无法了解你要论证什么。因此，也就不能达到论证的目的。因此，论题明确是正确论证的先决条件。

论题明确要满足哪些条件呢？首先，在论证中，要把论题鲜明地交代出来，使人一看(或一听)，就能知道哪个判断是论题。其次，论题的含义必须清楚、明确，不能含糊，不能产生歧义。论题是一个(或一组)判断，判断是由概念组成的。要论题含义清楚、明白，就要求组成论题的概念要明确，尤其是论题中的重要概念一定要明确，否则，说论题明确，就是一句空话。例如，“实践是检验真理的唯一标准”“反对自由主义”“丧家的资本家的乏走狗”等论题就是清楚明确的。如果论题本身含糊不清，论证的目的就不明确，整个论证也就成了无的放矢，劳而无功。正如列宁所说：“争论策略是必要的，但是论点要十分明确。”①如果违反了这条规则，就会犯“论题模糊”的逻辑错误。

(二)论题必须始终保持同一

在论证过程中，论题必须自始至终保持同一，前后一贯。整个论证必须始终针对已经确定的论题提出论据，进行推论，发表见解。在证明某个论题时，要始终按照论题的本来意思去论证。在反驳别人论题时，要准确地引用，不能歪曲或篡改别人的原意。否则，就是论题不同一、不一贯，犯了“转移论题”或“偷换论题”的错误。有的人写文章下笔千言，离题万里；说话信口开河，常常就是论题不

① 《列宁全集》第9卷，人民出版社1963年版，第246页。

同一的结果。

出现论题不同一，最常见的情形是人们在论证中不自觉地将原论题换成了一个近似的论题，扩大或缩小了论题的范围。比如，本来要证明“形式逻辑和辩证逻辑不是同一个学说”，结果却去论证“形式逻辑和辩证逻辑没有联系”；本来要证明“民主集中制是中国共产党的组织原则”，结果只证明了“没有集中，就没有统一意志，统一行动”。这些便是犯了“证明过多”或“证明过少”的错误。造成这种情形的主要原因：或者是由于论题本身不明确；或者是由于论证内容过多，过于复杂，在总论题下包含很多分论题，层次多，稍不留神，就把分论题当作总论题了。以上两点，是属于缺乏逻辑训练或者疏忽产生的。如果有人为了某种不可告人的目的，故意使论题含糊不清，或者在论证中故意玩弄偷换论题的手法，那就是诡辩了。

二、论据规则

(一)论据必须已知是真实的

论据是论题赖以确立的根据。如果论据本身虚假，它就无法论证论题。违反这条规则，就会犯“论据虚假”或“预期理由”的逻辑错误。“论据虚假”又称“虚假理由”，就是在论证中以虚假命题作为论据。

怎样才能使论据真实呢？最根本的是要用马克思主义立场、观点和方法，对各种事物做周密系统的调查，详细地占有材料，进行科学的分析，获得正确的认识。一个论据到底是真的还是假的，这要靠各门具体科学去解决，要靠实践去检验。

论据的真实性必须是已知的。所谓已知的，也就是说，是大家都可以承认的，是能够随时进行证明的(包括实践检验和逻辑证明)。论据的真实性不能是假定的、想当然的。例如，昆曲《十五贯》中有这样一段：知县和苏戌娟打个照面之后，作了如下推论：“看她艳如桃李，岂能无人勾引？年正青春，怎会冷若冰霜？她与奸夫情投意合，自然要生比翼双飞之意。父亲拦阻，因之杀其父而盗其财，此乃人之常情。这案情就是不问，也已明白十之八九的了。”表面看来，这段推论持之有故、言之成理，实际上，论据都是想出来的，并没有得到证明。调查的结果表明，知县的论据都是假的。

(二)论据的真实性不应依赖论题来证明

在论证过程中，论题的真实性是依赖论据的真实性来证明的。如果其论据的真实性也需要证明，并且是用论题的真实性进行证明，用这样的论据去论证论题，那就是用论题自身的真实性来论证论题的真实性，等于没有论证。违反这条规则就会犯“循环论证”的逻辑错误。例如，莫里哀的剧作《假病人》中有一位医生，他在回答鸦片烟为什么能够催眠的问题时说：“鸦片烟之所以能催眠，是因为它有催眠的力量。”那么，鸦片烟为什么有催眠的力量呢？他又回答说：“因为它能催眠。”医生兜了一个圈子，结果论题并没有得到论证。这里，医生就犯了“循环论证”的错误。

根据论据必须真实的规则，不应该用科学假说作论据。因为科学假说虽然是根据大量事实和一定的科学原理提出来的，但是，它们的真实性毕竟还没有得到最后的证明。因此，用它们作论据说服力不强。可是，在论证中也不能完全排除科学假说的作用。所以，最好不要单独使用科学假说作为论据。

三、论证方式规则

关于论证方式的规则只有一条，即从论据应能够推出论题。从论据能够推出论题，就是说论据是论题的充足理由，即从论据的真实能必然地推出论题的真。违反这条规则的逻辑错误总称为“推不出”的错误。其常见的表现形式有以下几种：

(一)论据与论题不相干

这是指虽然论据未必是虚假的，但是论据与论题之间内容风马牛不相及，二者毫无逻辑联系，因而当然不能从论据必然地推出论题。例如，十月革命胜利后，为了巩固新生的苏维埃政权，列宁领导的布尔什维克党坚决主张签订对德和约。当时被“左派共产主义者”控制的莫斯科省常务局反对党中央，通过了分裂主义的决议。决议说：“为了国际革命的利益，我们认为，即使丧失目前完全流于形式的苏维埃政权，也是适当的。”这里，“为了国际革命的利益”与“丧失……苏维埃政权”就是毫不相干的。而事实上，恰恰是存在苏维埃政权才对国际革命有利。列宁在批评“决议”的上述说法时指出，这是“奇谈”，“因为在前提和结论之间根本没有联系”[①]。

(二)论据不足

这是指在论证过程中，所引用的论据对于确定论题的真实性来说，虽是必要

① 《列宁选集》第3卷，人民出版社1995年版，第438～439页。

的，但不是充分的，从论据的真实性还不能推出论题的真实性。如果要使论题的真实性确立，还必须补充其他的论据；否则，就不能必然推出论题的真实性。例如，“我看见他两次从政府大楼里走出来，才知道他原来是当官的。”仅从“看见他两次从政府大楼里走出来”，证明不了“他”一定是“当官的”。“他”可能是“当官的”，也可能不是。要想证明“他一定是当官的”，还必须再拿出其他论据，论据不充分，就不能正确论证论题。

(三)以相对为绝对

这是指把一定条件下的真实判断当作无条件的真实判断，并以此作为论证论题的论据，从而所犯的“推不出”的错误。例如，马克思、恩格斯在资本主义上升时期，认为社会主义革命不能单独在一个国家获得胜利，只有在一切或大多数文明国家里同时进击才能获得胜利。到20世纪初进入帝国主义时代，由于帝国主义政治经济发展的不平衡性，列宁提出社会主义可以单独在一个国家获得胜利。有人在这时还拿马克思、恩格斯的观点来反对列宁的观点，就是犯了“以相对为绝对”的逻辑错误。

(四)以人为据

这是指在确定论题的真假时，仅以某特殊人物的言行为论据。它包括“因人纳言”和“因人废言”两种表现形式。“因人纳言”是说肯定某一观点，不是因为它符合客观实际，而是因为它是某权威、伟人讲的或赞成的。我国改革开放前流行的“两个凡是”就是这种错误。“因人废言”是说否定某一个观点，不是因为它如何违反实际，而是因为表达这个观点的人有缺点、错误。例如：

甲：你不应该在辩论中偷换概念。

乙：像你这种不懂逻辑的人有什么资格批评我！

乙不去考虑甲的批评是否正确，就加以否定，这就犯了“因人废言”的错误。因为，甲即使确实不懂逻辑，也推不出甲的意见一定错误。

(五)违背推理规则

论证总是要借助于推理来实现的，因而必须遵守有关的推理规则或要求。论证中所运用的推理形式违反有关推理规则，即使论据真实、充分，也不能逻辑地推出论题的真实性，也必然会犯“推不出”的逻辑错误。

专项训练

专项训练一

1. 有 5 个强盗分 100 颗钻石，每个强盗都想自己分得最多，于是他们决定以抽签方式分钻石，签上写好“1”“2”“3”“4”“5”，一人抽一个签。先由抽到“1”的人提出一个分钻石的方案，如果他提出的方案不能让另外 4 个强盗中的大部分人满意，他将无权分得钻石，并且会被这 4 个人杀掉。然后再由抽到“2”的人来提出一个分配方案，如果他提出的方案不能让其他强盗中的大部分人满意，也将无权分得钻石且被杀死。以此类推。请问抽到“1”的这个强盗，怎样分配钻石才能既保住性命，又能分得最大限度的钻石呢？（　　）

   A. 1 号 1 颗，2 号 1 颗，3 号 1 颗，4 号 1 颗，5 号 96 颗

   B. 1 号 100 颗，2 号 0 颗，3 号 0 颗，4 号 0 颗，5 号 0 颗

   C. 1 号 1 颗，2 号 2 颗，3 号 3 颗，4 颗 4 颗，5 号 90 颗

   D. 1 号 97 颗，2 号 0 颗，3 号 1 颗，4 颗 1 颗，5 号 1 颗

   E. 1 号 0 颗，2 号 1 颗，3 号 1 颗，4 颗 1 颗，5 号 97 颗

2. 有一种观点认为，到 21 世纪初，与发达国家相比，发展中国家将有更多的人死于艾滋病。其根据是：据统计，艾滋病毒感染者人数在发达国家趋于稳定或略有下降，在发展中国家却持续快速上升；到 21 世纪初，估计全球的艾滋病毒感染者将达到 4 000 万～1.1 亿人，其中，60%将集中在发展中国家。这一观点缺乏充分的说服力。因为，同样权威的统计数据表明，发达国家的艾滋病感染者从感染到发病的平均时间要大大短于发展中国家，而从发病到死亡的平均时间只有发展中国家的 1/2。以下哪项最为恰当地概括了上述反驳所使用的方法？（　　）

   A. 对“论敌”的立论动机提出质疑

   B. 指出“论敌”把两个相近的概念当作同一概念来使用

   C. 对“论敌”的论据的真实性和准确性提出质疑

D. 提出一个反例来否定“论敌”的一般性结论

E. 指出“论敌”在论证中没有明确具体的时间范围

3. 老李买了一只手表，回家后发现手表的时间比家里的挂钟快 2 分钟。老李又把家里的挂钟与电台发布的标准时间加以比较，发现挂钟的时间比标准时间每小时慢 2 分钟，因此老李买的手表的走时和标准时间是一致的。以下哪项是对上述推理的最确切的评价和说明？（　　）

A. 这个推理是正确的。因为手表比挂钟快 2 分钟，挂钟比标准时间慢 2 分钟，因此，手表和标准时间一致

B. 这个推理是错误的。因为挂钟比标准时间慢 2 分钟，这 2 分钟是标准时间；手表比挂钟快 2 分钟，这 2 分钟不是标准时间。因此，手表和标准时间不一致

C. 这个推理是错误的。因为不应该把手表和挂钟比，而应该直接和标准时间比

D. 这个推理是错误的。因为手表、挂钟、电台标准时间的比较不是同时进行的

E. 这个推理是错误的。因为老李应该把手表直接退回商店

4. 赞扬一个历史学家对于具体历史事件阐述的准确性，就如同是在赞扬一个建筑师在完成一项宏伟建筑物时使用了合格的水泥、钢筋、砖瓦，而不是赞扬一个建筑材料供应商提供了合格的水泥、钢筋、砖瓦。以下哪项最为恰当地概括了题干所要表达的意思？（　　）

A. 合格的建筑材料对于完成一项宏伟的建筑是不可缺少的

B. 准确地把握具体的历史事件，对于科学地阐述历史发展的规律是不可缺少的

C. 建筑材料供应商和建筑师不同，他的任务仅是提供合格的建筑材料

D. 就如同一个建筑师一样，一个历史学家的成就，不可能脱离其他领域的研究成果

E. 一个历史学家必须准确地阐述具体的历史事件，但这并不是他的主要任务

5. 某地有两个奇怪的村庄。甲村庄的人在星期一、星期二、星期三说谎话，乙村庄的人在星期四、星期五、星期六说谎话，在其他的日子里他们都说真话。一

天，亚当斯问：“今天是星期几？”甲村庄的人告诉他：“昨天是我说谎的日子。”乙村庄的人告诉他：“昨天是我说谎的日子。”那么，今天是（　　）。

A. 星期一　　B. 星期日　　C. 星期四　　D. 星期六

E. 星期五

6. 桌子上摆着金匣子、银匣子和铜匣子。金匣子上写着一句话：“珠宝不在此匣中。”银匣子上写着一句话：“珠宝在金匣中。”铜匣子上写着一句话：“珠宝不在此匣中。”现已知三句话中，只有一句话是真的，那么（　　）。

A. 珠宝在金匣中　　B. 珠宝在银匣中

C. 珠宝在铜匣中　　D. 珠宝不在任何匣中

E. 每个匣中都有珠宝

7～8 题基于以下题干：

某珠宝店被窃。经过侦破，查明作案的人就是甲、乙、丙、丁这四个人中的一个人。审讯中，四个人的口供如下：

甲：“珠宝被窃的那一天，我在别的城市，因此我是不可能作案的。”

乙：“丁就是罪犯。”

丙：“乙是盗窃珠宝的罪犯，因为我亲眼看见他出卖过这种珠宝。”

丁：“乙是有意陷害我。”

7. 现假定这四个人的口供中，只有一个人讲的是真话，那么（　　）。

A. 甲是盗窃珠宝的罪犯　　B. 乙是盗窃珠宝的罪犯

C. 丙是盗窃珠宝的罪犯　　D. 丁是盗窃珠宝的罪犯

E. 甲、乙、丙、丁都不是盗窃珠宝的罪犯

8. 现假定这四个人的口供中，只有一个人讲的是假话，那么：（　　）。

A. 甲是盗窃珠宝的罪犯

B. 乙是盗窃珠宝的罪犯

C. 丙是盗窃珠宝的罪犯

D. 丁是盗窃珠宝的罪犯

E. 甲、乙、丙、丁都不是盗窃珠宝的罪犯

9. 某班学生参加英语六级考试。关于考试的结果，有如下猜测：

甲：“所有的人都通过了。”

乙：“班长没通过。”

丙:“肯定有人没通过。”

丁:“不会所有的人都没通过。”

如果上述猜测中,只有一项失实,则以下哪项为真?(　　)

A. 甲猜错了,班长没通过　　B. 乙猜错了,班长通过了

C. 丙猜错了,但班长通过了　　D. 丁猜错了,班长没通过

E. 甲猜错了,但班长通过了

10. 上海举办大学生辩论赛,复旦大学、交通大学、同济大学各派了三支队伍参加。比赛前,四位评委在一起预测比赛结果。甲评委说:“据我估计,交通大学或同济大学会拿奖牌。”乙评委说:“第一名如果不是复旦大学的,就该是交通大学的。”丙评委说:“复旦大学很厉害,根据以往的比赛成绩来看,这次的前三名非他们莫属。”丁评委说:“今年与往年不同了,金、银、铜复旦大学顶多拿一个。”比赛结束后,发现四位评委中三人猜错了。以下哪项最可能是该项比赛的结果?(　　)

A. 第一名是复旦队,第二名是复旦队,第三名复旦队

B. 第一名是复旦队,第二名是同济队,第三名是交大队

C. 第一名是交大队,第二名是复旦队,第三名是同济队

D. 第一名是同济队,第二名是复旦队,第三名是复旦队

E. 第一名是同济队,第二名是复旦队,第三名是交大队

11. 古代一位国王和他的张、王、李、赵、钱五位将军一同外出打猎,各人的箭上都刻有自己的姓氏。打猎中,一只鹿中箭倒下,但不知是何人所射。

张:“或者是我射中的,或者是李将军射中的。”

王:“不是钱将军射中的。”

李:“如果不是赵将军射中的,那么一定是王将军射中的。”

赵:“既不是我射中的,也不是王将军射中的。”

钱:“既不是李将军射中的,也不是张将军射中的。”

国王让人把射中鹿的箭拿来,看了看,说:“你们五位将军的猜测,只有两个人的话是真的。”请根据国王的话,判定以下哪项是真的?(　　)

A. 张将军射中此鹿　　B. 王将军射中此鹿

C. 李将军射中此鹿　　D. 赵将军射中此鹿

E. 钱将军射中此鹿

12. 某届“百花奖”评选结束了。甲电影制片厂拍摄的《黄河颂》获得最佳故事片奖，乙电影制片厂拍摄的《孙悟空》获得最佳美术片奖，丙电影制片厂拍摄的《白娘子》获得最佳戏曲片奖。授奖大会以后，甲厂的导演说：“真是有趣得很，我们三个人的姓分别是三部片名的第一个字，再说，我们每个人的姓同自己所拍的片子片名的第一个字又不一样。”这时候，另一个姓孙的导演笑起来说：“真是这样！”基于以上题干，可推出这三部片子的导演各姓什么？(　　)

A. 甲厂导演姓孙，乙厂导演姓白，丙厂导演姓黄

B. 甲厂导演姓白，乙厂导演姓黄，丙厂导演姓孙

C. 甲厂导演姓孙，乙厂导演姓黄，丙厂导演姓白

D. 甲厂导演姓白，乙厂导演姓孙，丙厂导演姓黄

E. 甲厂导演姓黄，乙厂导演姓白，丙厂导演姓孙

13. 小杨、小方和小孙三人，他们一位是经理，一位是教师，一位是医生。小孙比医生年龄大，小杨和教师不同岁，教师比小方年龄小。根据上述资料可以推理出的结论是：(　　)

A. 小杨是经理，小方是教师，小孙是医生

B. 小杨是教师，小方是经理，小孙是医生

C. 小杨是教师，小方是医生，小孙是经理

D. 小杨是医生，小方是经理，小孙是教师

E. 小杨是医生，小方是教师，小孙是经理

14. 有甲、乙、丙三名学生。他们中一个出生在北京，一个出生在上海，一个出生在武汉。他们中一个是国际金融专业的，一个是工商管理专业的，一个是外语专业的。其中：①甲不是国际金融专业的，乙不是外语专业的；②国际金融专业的不出生在上海；③外语专业的出生在北京；④乙不出生在武汉。请根据已知的条件，判断甲的专业：(　　)。

A. 国际金融　　B. 工商管理

C. 外语　　D. 三种专业都可能

E. 三种专业都不可能

15. 罗琳、孙文、叶芝都考入了大学，其中一人考入复旦大学，一人考入交通大学，一人考入北京大学，他们一起来到朋友张三家里，让张三猜猜他们三人

各考入了哪所大学。张三猜到:“罗琳考入复旦大学,叶芝考入的肯定不是北京大学,孙文不会考入复旦大学。”很可惜,张三的这种猜法,只猜对了一个。由此,下列哪项为真?(　　)

A. 罗琳考入交通大学,孙文考入复旦大学,叶芝考入北京大学

B. 罗琳考入复旦大学,孙文考入北京大学,叶芝考入交通大学

C. 罗琳考入复旦大学,孙文考入交通大学,叶芝考入北京大学

D. 罗琳考入北京大学,孙文考入复旦大学,叶芝考入交通大学

E. 罗琳考入北京大学,孙文考入交通大学,叶芝考入复旦大学

16. 甲、乙、丙、丁四人的血型各不相同,即他们的血型各是 A、B、O、AB 四种血型中的一种。

甲自述:“我是 A 型。”

乙自述:“我是 O 型。”

丙自述:“我是 AB 型。”

丁自述:“我不是 AB 型。”

四个人中只有一个人的自述是假的。针对这种情况,以下哪项成立?(　　)

A. 无论哪一个自述是假的,都可以推出四个人各是何种血型

B. 乙的自述是假的,可推出四个人各是何种血型

C. 丙的自述是假的,可推出四个人各是何种血型

D. 丁的自述是假的,可推出四个人各是何种血型

E. 无论哪一个自述是假的,都推不出结论

17. 某宿舍住着四名留学生,分别来自美国、加拿大、韩国和日本。他们分别在中文、国政和法律三个系就学。

①日本留学生单独在国政系。

②韩国留学生不在中文系。

③美国留学生和另外某个留学生同在某个系。

④加拿大学生不和美国学生同在一个系。

从以上条件可以推出美国留学生所在的系为:(　　)。

A. 中文系　　　　B. 国政系

C. 法律系　　　　D. 可能是中文系

E. 推不出

18. 一列客车上有三位乘客:老张、老陈和老孙。客车的司机、副司机和司炉恰好与这三位乘客的姓一样。

①乘客老陈家住天津。

②乘客老张是一位老工人,有 20 年工龄。

③副司机家住北京和天津之间。

④机车上的老孙常和司炉下棋。

⑤乘客之一是副司机的邻居,他也是一位老工人,工龄恰好是副司机的 3 倍。

⑥与副司机同姓的乘客家住北京。

依据以上资料,对于客车上工作的三个人的姓氏,下面哪项判断是正确的?(　　)

A. 司机姓孙,副司机姓张,司炉姓陈

B. 司机姓张,副司机姓陈,司炉姓孙

C. 司机姓陈,副司机姓张,司炉姓孙

D. 司机姓孙,副司机姓陈,司炉姓张

E. 司机姓陈,副司机姓孙,司炉姓张

19. 一份犯罪调研报告揭示,某市近三年严重刑事犯罪案件的 60%皆为已记录在案的 350 名惯犯所为。该报告同时揭示,严重刑事犯罪案件的作案者半数以上同时是吸毒者。如果上述断定都是真的,那么,下述哪项断定一定是真的?(　　)

A. 350 名惯犯中可能没有吸毒者

B. 350 名惯犯中一定有吸毒者

C. 350 名惯犯中大多数是吸毒者

D. 大多数吸毒者在 350 名惯犯中

E. 吸毒是造成严重刑事犯罪的主要原因

20. 某国每年对全国吸烟情况作调查,结果表明:最近三年来,吸烟的中学生人数逐年下降。于是,调查组的领导得出结论:吸烟的青少年人数逐年减少。以下哪项如果为真,会使调查组领导所下结论不能成立?(　　)

A. 由于经费紧张,下一年不再对中学生作此调查

B. 香烟的价格在下降

C. 大部分吸烟的青少年都不是中学生

D. 近三年来，强烈地表明反对吸烟的中学生在减少

E. 近三年来，社会上帮助吸烟者戒烟的协会、组织在增加

21. 一项调查表明，一些新闻网站每天有 100 人进入。由此可以推断，娱乐网站每周有 700 人进入。上述估算的前提是：(　　)。

A. 上网者通常喜欢进入多个网站

B. 进入娱乐网站的人流量和新闻网站是一致的

C. 娱乐类网站更受人们的欢迎

D. 在中国上网者毕竟是少数

E. 上网者通常只喜欢上一个网站

22. 有三户人家，每家有一个孩子，他们是：小萍(女)、小红(女)、小虎(男)。孩子的爸爸分别是老王、老张和老陈；妈妈分别是刘蓉、李玲和方丽。对于这三家人，已知：

①老王家和李玲家的孩子都参加了少年女子游泳队。

②老张的女儿不是小红。

③老陈和方丽不是一家。

依据以上条件，下面哪项判断是正确的？(　　)

A. 老王、刘蓉和小萍是一家　　B. 老张、李玲和小红是一家

C. 老陈、方丽和小虎是一家　　D. 老王、方丽和小红是一家

E. 老陈、刘蓉和小红是一家

23. 根据医学资料记载，全球癌症的发病率 20 世纪下半叶比上半叶增长了近 10 倍，成为威胁人类生命的第一杀手。这说明，20 世纪下半叶以高科技为标志的经济迅猛发展所造成的全球性生态失衡是诱发癌症的重要原因。以下各项，如果是真的，都能削弱上述论证，除了：(　　)。

A. 人类的平均寿命，20 世纪初约为 30 岁，20 世纪中叶约为 40 岁，目前约为 65 岁，癌症发病率高的发达国家的人均寿命普遍超过 70 岁

B. 20 世纪上半叶，人类经历了两次世界大战，大量的青壮年人口死于战争；而 20 世纪下半叶，世界基本处于和平发展时期

C. 高科技极大地提高了医疗诊断的准确率和这种准确的医疗诊断在世界

范围的覆盖率

D. 高科技极大地提高了人类预防、早期发现和诊治癌症的能力，有效地延长着癌症病人的生命时间

E. 从世界范围来看，医学资料的覆盖面和保存完好率，20 世纪上半叶大约分别只有 20 世纪下半叶的 50%和 70%

24. 甲、乙、丙、丁四人同时获得社会福利彩票的一、二、三、四等奖。他们对外宣布自己中奖的等级是：

甲："我是三等奖，丙是一等奖。"

乙："我是一等奖，丁是四等奖。"

丙："我是三等奖，丁是二等奖。"

丁没有说话。

后来发现，甲、乙、丙各自说的都只有一半是对的。那么，他们中奖的等级应该是：（　　）。

A. 乙是一等奖，丁是二等奖，甲是三等奖，丙是四等奖

B. 丙是一等奖，甲是二等奖，丁是三等奖，乙是四等奖

C. 甲是一等奖，丁是二等奖，丙是三等奖，乙是四等奖

D. 乙是一等奖，甲是二等奖，丁是三等奖，丙是四等奖

E. 丁是一等奖，丙是二等奖，甲是三等奖，乙是四等奖

25. 长椅上并排坐着三名留学生。

①苏丹学生右边的两人中至少有一名法国学生。

②法国学生左边的两人中还有一名法国学生。

③男生左边的两人中至少有一名女生。

④女生右边的两人中也有一名女生。

则对于长椅上三名留学生的排坐顺序，下面哪项判断是正确的？（　　）

A. 苏丹女生，法国男生，法国男生

B. 苏丹男生，法国男生，法国女生

C. 苏丹女生，法国女生，法国女生

D. 苏丹男生，法国男生，法国男生

E. 苏丹女生，法国女生，法国男生

26. 赵明、钱红、孙杰三人被北京大学、清华大学和北京师范大学录取。他们分

别被哪个学校录取的，同学们作了如下猜测：

同学 A："赵明被清华大学录取，孙杰被北京师范大学录取。"

同学 B："赵明被北京师范大学录取，钱红被清华大学录取。"

同学 C："赵明被北京大学录取，孙杰被清华大学录取。"

结果，同学们的猜测各对了一半。那么，他们的录取情况是：(　　)。

A. 赵明、钱红、孙杰分别被北京大学、清华大学和北京师范大学录取

B. 赵明、钱红、孙杰分别被清华大学、北京师范大学和北京大学录取

C. 赵明、钱红、孙杰分别被北京师范大学、清华大学和北京大学录取

D. 赵明、钱红、孙杰分别被北京大学、北京师范大学和清华大学录取

E. 赵明、钱红、孙杰分别被清华大学、北京大学和北京师范大学录取

27. 相传古时候某国的国民都分别居住在两座怪城中，一座是真城，一座是假城。真城里的人个个都说真话，假城里的人个个都说假话。一位知晓这一情况的外国游客来到其中一座城市，他只向遇到的该国国民提了一个是非问题，就明白了自己所到的是真城还是假城。则这位游客问的问题是：(　　)

A. 你是真城的人吗？

B. 你是假城的人吗？

C. 你是说真话的人吗？

D. 你是说假话的人吗？

E. 你是这座城的人吗？

28. 自 1940 年以来，全世界的离婚率不断上升。因此，目前世界上的单亲儿童，即只与生身父母中的某一位一起生活的儿童，在整个儿童中所占的比例一定高于 1940 年。以下哪项关于世界范围内相关情况的断定，如果为真，最能对上述推断提出质疑？(　　)

A. 1940 年以来，特别是 20 世纪 70 年代以来，相对和平的环境和医疗技术的发展，使中青年已婚男女的死亡率极大地降低

B. 1980 年以来，离婚男女中的再婚率逐年提高，但其中的复婚率却极低

C. 目前全世界儿童的总数，是 1940 年的 2 倍以上

D. 1970 年以来，初婚夫妇的平均年龄在逐年上升

E. 目前每对夫妇所生子女的平均数，要低于 1940 年

29. 一名足球教练这样教导他的队员："足球比赛从来都是以结果论英雄。在足球比赛中，你不是赢家就是输家；在球迷的眼里，你要么是勇敢者，要么是懦

弱者。由于所有的赢家在球迷眼里都是勇敢者,所以每个输家在球迷眼里都是懦弱者。”为使上述足球教练的论证成立,以下哪项是必须假设的?(　　)

A. 在球迷看来,球场上勇敢者必胜

B. 球迷具有区分勇敢和懦弱的准确判断力

C. 球迷眼中的勇敢者,不一定是真正的勇敢者

D. 即使在球场上,输赢也不是区别勇敢和懦弱的唯一标准

E. 在足球比赛中,赢家一定是勇敢者

30. 有人从一手纸牌中选定一张牌,他把这张牌的花色告诉了X先生,而把点数告诉了Y先生。两位先生都知道这一手纸牌是:黑桃J、8、4、2;红心A、Q、4;方块A、5;草花K、Q、5、4。他们之间的对话如下:

Y先生:“我不知道这张牌。”

X先生:“我知道你不知道这张牌。”

Y先生:“现在我知道这张牌了。”

X先生:“现在我也知道了。”

根据以上对话,你能猜到这张牌是:(　　)。

A. 方块A　　B. 红心Q

C. 黑桃4　　D. 草花5

E. 方块5

31. 罗伯特、欧文、叶赛宁都新买了汽车,汽车的品牌是奔驰、本田、皇冠。他们一起来到朋友汤姆家里,让汤姆猜猜三人各买了哪种品牌的汽车。汤姆猜道:“罗伯特买的是奔驰车,叶赛宁肯定不是皇冠车,欧文自然不是奔驰车。”很可惜,汤姆的这种猜法,只猜对了一个。由此,以下哪项为真?(　　)

A. 罗伯特买的是本田车,欧文买的是奔驰车,叶赛宁买的是皇冠车

B. 罗伯特买的是奔驰车,欧文买的是皇冠车,叶赛宁买的是本田车

C. 罗伯特买的是奔驰车,欧文买的是本田车,叶赛宁买的是皇冠车

D. 罗伯特买的是皇冠车,欧文买的是奔驰车,叶赛宁买的是本田车

E. 罗伯特买的是皇冠车,欧文买的是本田车,叶赛宁买的是奔驰车

32. 周、吴、郑、王四位围棋国手进行循环赛(每人须与其他三人各赛一场)。比赛结果是吴输了一场,郑比吴少赢一场,吴又比王少赢一场。那么周是:

(　　)。

A. 第一名　　B. 第二名

C. 第三名　　D. 第四名

E. 第五名

33. 某高校新生入学后进行了专项体检。关于肝功能检查情况有以下几种判断：

①所有新生的肝功能都正常。

②有些新生的肝功能正常。

③有些新生的肝功能不正常。

④李刚的肝功能正常。

后来经过详细检查，发现以上断定中只有两个正确，则以下哪项必为真？(　　)

A. 所有新生的肝功能都正常　　B. 李刚的肝功能正常

C. 有些新生的肝功能不正常　　D. 所有新生的肝功能都不正常

E. 没有一个新生肝功能正常

34. 学校在为失学儿童义捐活动中收到两笔没有署名的捐款，经过多方查找，可以断定是周、吴、郑、王中的某两位捐的。经询问，周说："不是我捐的。"吴说："是王捐的。"郑说："是吴捐的。"王说："我肯定没有捐。"最后经过调查证实四人中只有两人说的是真话。请根据如上条件判断捐款人是：(　　)。

A. 吴和王　　B. 周和王

C. 郑和王　　D. 郑和吴

E. 郑和周

35. 一个月了，这个问题时刻困扰着我，而在工作非常繁忙或心情非常好的时候，又暂时抛开了这个问题，顾不上去想它了。以上陈述犯了下列哪项逻辑错误？(　　)

A. 论据不足　　B. 循环论证

C. 偷换概念　　D. 转移论题

E. 自相矛盾

36. 凡是你没有丢过的东西就是你所拥有的东西，你没有丢过钱，所以你有钱。下列哪项最为恰当地指出了上述推理的逻辑错误？(　　)

A. 偷换概念 B. 自相矛盾

C. 因果倒置 D. 以偏概全

E. 循环论证

37. 某公司经常要工人加班，每周工作5小时，违反《劳动法》的规定，应予以制裁。公司经理辩称："本公司是守法的，也是关心工人的。加班必付加班费，并且加班费是优厚的，大大增加了工人的收入，有利于提高他们的生活水平，工人是满意的。"公司经理的答辩无效，因为答辩犯了下列某项错误：（　　）。

A. 回避了制裁的依据 B. 自相矛盾

C. 理由不充分 D. 与事实不符

E. 模棱两可

38. 在一次体育课上，20名学生进行了射击测试。随后这些学生上了两天的射击技能培训课后又重新进行测试，他们的准确率提高了30%。该结果表明，培训课对于提高人们的射击准确率是十分有效的。下列哪个选项，如果正确，最能支持以上结论？（　　）

A. 这些学生都是出色的田径运动员，出色的田径运动员一般都善于射击。

B. 第一次测试是作为第二次测试的演习阶段

C. 人们射击的准确性和他们的视觉敏锐度有很大关系

D. 另一组学生，也进行了射击测试，但没有进行培训，他们的准确性没有提高

E. 只有少数从事射击运动的人才能掌握精湛的射击技艺

39. 某小区业主委员会的4名成员晨桦、建国、向明和嘉媛围坐在一张方桌前（每边各坐一人）讨论小区大门旁的绿化方案，4人的职业各不相同，分别是高校教师、软件工程师、园艺师或邮递员。已知：晨桦是软件工程师，他坐在建国的左手边，向明坐在高校教师的右手边，坐在建国对面的嘉媛不是邮递员。根据以上信息，可以得出以下哪项结论？（　　）

A. 嘉媛是高校教师，向明是园艺师

B. 建国是邮递员，嘉媛是园艺师

C. 建国是高校教师，向明是园艺师

D. 嘉媛是园艺师，向明是高校教师

E. 向明是邮递员，嘉媛是园艺师

40. 某次认知能力测试，刘强得了118分，蒋明的得分比王丽高，张华和刘强的得分之和大于蒋明和王丽的得分之和，刘强的得分比周梅高。此次测试120分以上为优秀，五人之中有两人没有达到优秀。根据以上信息，以下哪项是上述五人在此次测试中得分由高到低的排列？（　　）

A. 张华、王丽、周梅、蒋明、刘强　　B. 张华、蒋明、王丽、刘强、周梅

C. 张华、蒋明、刘强、王丽、周梅　　D. 蒋明、张华、王丽、刘强、周梅

E. 蒋明、王丽、张华、刘强、周梅

41. 鲁迅的著作不是一天能读完的，《狂人日记》是鲁迅的著作，因此，《狂人日记》不是一天能读完的。下列哪项最为恰当地指出了上述推理的逻辑错误？（　　）

A. 偷换概念　　B. 自相矛盾

C. 以偏概全　　D. 倒置因果

E. 循环论证

42. 目前的大学生普遍缺乏中国传统文化的学习和积累。根据国家教委有关部门及部分高等院校最近做的一次调查表明，大学生中喜欢和比较喜欢京剧艺术的只占被调查人数的14％。下列陈述中的哪一个最能削弱上述观点？（　　）

A. 大学生缺少对京剧艺术欣赏方面的指导，不懂得怎样去欣赏

B. 喜欢京剧艺术与学习中国传统文化不是一回事，不要以偏概全

C. 14％的比例正说明培养大学生对传统文化的学习大有潜力可挖

D. 有一些大学生既喜欢京剧，又对中国传统文化的其他方面有兴趣

E. 调查的比例太小，恐怕不能反映当代大学生的真实情况

43. 一国丧失过量表土，需进口更多的粮食，这就增加了其他国家土壤的压力；一国大气污染，导致邻国受到酸雨的危害；二氧化碳排放过多，造成全球变暖、海平面上升，几乎危及所有的国家和地区。下述哪项最能概括上文的主要观点？（　　）

A. 环境危机已影响国与国之间的关系，可能引起国际争端

B. 经济的快速发展必然导致环境污染的加剧，先污染、后治理是一条规律

C. 在治理环境污染问题上，发达国家愿意承担更多的责任和义务

D. 环境问题已成为区域性、国际性问题，解决环境问题是人类面临的共同任务

E. 各国在环境污染治理方面要量力而行

44. 科学研究表明，过度工作和压力都会不可避免地导致失眠症。森达公司的所有管理人员都有压力。尽管医生反复提出警告，但大多数的管理人员仍然每周工作超过 60 小时，而其余的管理人员每周仅工作 40 小时。只有每周工作超过 40 小时的员工才能得到一定的奖金。以上陈述最强地支持下列哪项结论？（　　）

A. 大多数得到一定奖金的森达公司管理人员患有失眠症

B. 森达公司员工的大部分奖金给了管理人员

C. 森达公司管理人员比任何别的员工组更易患失眠症

D. 没有每周仅仅工作 40 小时的管理人员工作过度

E. 森达公司的工作比其他公司的工作压力大

45. 同正公司和新北方公司，对使用他们的字处理软件的顾客，都提供 24 小时的热线电话服务。既然顾客仅在使用软件有困难时才打电话，并且同正公司接到的热线电话比新北方公司接到的热线电话多 4 倍，因此，同正公司的字处理软件一定比新北方公司的字处理软件难用。下列哪项如果为真，则最能够有效地支持上述论证？（　　）

A. 平均每个新北方公司的热线电话比同正公司的热线电话时间长 2 倍

B. 拥有新北方公司字处理软件的顾客数比拥有同正公司字处理软件的顾客数多 3 倍

C. 新北方公司接到的关于字处理软件的投诉信比同正公司多 2 倍

D. 这两家公司接到的热线电话数量逐渐上升

E. 同正公司的热线电话号码比新北方公司的号码更公开

46. 一个夏令营小队有六人，其中甲、乙是女生。他们要分成两组起灶做饭，各组要有一名女生，并能合作做出可口的饭菜。他们各有所长：甲会烧火、切菜，乙会炒菜、做米饭，丙会炒菜，丁会切菜，戊会做米饭，己会烧火。以下哪种属于符合要求的分配方案？（　　）

A. 甲和乙分在一组　　　　B. 丙和戊分在一组

C. 戊和己分在一组　　　　D. 乙和丙分在一组

E. 甲和丙不在一组

47. 尽管在许多方面电脑具有很强的功能，但有实验表明，在运算加减乘除时，操作电脑还比不上使用算盘更快、更准确。以下哪项为真，会使上述实验的说服力大为削弱？（　　）

A. 实验中操作电脑与使用算盘的人必定是不同的人

B. 使用算盘的人可以运用口诀

C. 使用电脑时需要键入如“＋”“－”“×”“÷”等操作字符

D. 使用算盘时能借助于心算，而操作电脑者则不能

E. 用电脑做运算，不在乎数字的大小，而算盘则不然，实验中运算的只是较小的数

48. 我国西部地区的经济发展水平比东南沿海低得多，有人认为主要是农业和乡镇企业落后所致，主张在农村提高机械化程度，加速经济增长。但有些人认为，现在农村的剩余劳动力尚无法安排，发展机械化会加大剩余劳动力安排的困难，不如在西部地区的农村优先发展劳动密集型企业，以解决就业不足的问题。以下哪项为真，则能削弱“发展机械化会加大剩余劳动力安排的困难”的观点？（　　）

A. 劳动密集型企业的确有多吸纳劳动力的功能

B. 城乡许多个体户发家致富的例子说明失业问题可能被夸大了

C. 加速发展劳动密集型产业和发展机械化可以并行不悖

D. 发展机械化，提高劳动生产率，才能赶上东南沿海地区的发展速度

E. 发展机械化会促使生产规模不断扩大，从而创造更多的就业机会

49. 有长期从事学生工作经验的人说，20 世纪 90 年代，大学生中出现精神不正常者的比例比 80 年代高出几倍，这是 90 年代“升学教育”对学生造成了过大压力的结果。以下哪项为真，则对上述结论提出质疑？（　　）

A. 人们以前只是没有太注意这种问题而已

B. 90 年代中学生升学比例比较稳定

C. 同学们反映中学学习生活特别紧张

D. 为了升学而进行的教育过于死板

E. 这几年社会其他行业中精神不正常者的比例也明显上升

50. 东方日出，西方日落，社会是发展的，生物是进化的，都反映了不以人的意志

为转移的客观规律。小王对此不以为然。他说，有的规律是可以改造的。人能改造一切，当然也能改造某些客观规律。比如价值规律不是乖乖地为精明的经营者服务了吗？人不是把肆虐的洪水制住而变害为利了吗？以下哪项最为确切地提示了小王上述议论中的错误？（　　）

A. 他过高地估计了人的力量

B. 他认为“人能改造一切”是武断的

C. 他混淆了“运用”与“改造”这两个概念

D. 洪水并没有都被彻底制服

E. 价值规律若被改造就不叫价值规律了

专项训练二

1. 在司法审判中，所谓肯定性误判是指把无罪者判为有罪，否定性误判是指把有罪者判为无罪。肯定性误判就是所谓的错判，否定性误判就是所谓的错放。而司法公正的根本原则是“不放过一个坏人，不冤枉一个好人”。某法学家认为，目前，衡量一个法院在办案中是否对司法公正的原则贯彻得足够好，就看它的肯定性误判率是否足够低。以下哪项如果为真，能最有力地支持上述法学家的观点？（　　）

   A. 错放，只是放过了坏人；错判，则是既放过了坏人，又冤枉了好人

   B. 宁可错判，不可错放，是“左”的思想在司法界的反映

   C. 错放造成的损失，大多是可弥补的；错判对被害人造成的伤害，是不可弥补的

   D. 各法院的办案正确率普遍有明显的提高

   E. 各法院的否定性误判率基本相同

2. 研究发现，市面上 X 香烟的 Y 成分可以抑制 EB 病毒。实验证实，EB 病毒是很强的致鼻咽癌的病原体，可以导致正常的鼻咽部细胞转化为癌细胞。因此，经常吸 X 香烟的人将减少患鼻咽癌的风险。以下哪项如果为真，最能削弱上述论证？（　　）

   A. 不同条件下的实验，可以得出类似的结论

   B. 已经患有鼻咽癌的患者吸 X 香烟后并未发现病情好转

   C. Y 成分可以抑制 EB 病毒，也可以对人的免疫系统产生负面作用

   D. 经常吸 X 香烟会加强 Y 成分对 EB 病毒的抑制作用

   E. Y 成分的作用可以被 X 香烟的 Z 成分中和

3. 某饭店中，一桌人边用餐边谈生意。其中，1 人是哈尔滨人，2 人是北方人，1 人是广东人，2 人只做电脑生意，3 人兼做服装生意。假设以上的介绍涉及餐

桌上所有的人,那么,这一桌人最少可能是几人?最多可能是几人?(　　)

A. 最少可能是 3 人,最多可能是 8 人

B. 最少可能是 5 人,最多可能是 8 人

C. 最少可能是 5 人,最多可能是 9 人

D. 最少可能是 3 人,最多可能是 9 人

E. 无法确定

4. 贾女士:“马是所有动物中最高贵的。它们既忠诚又勇敢,我知道有这样一匹马,在它的主人去世后因悲伤过度而死亡。”陈先生:“您错了。狗同样是既忠诚又勇敢的。我有一条狗,每天都在楼梯上等我回家,即使我过了午夜回家,它还是等在那儿。”以下各项断定都符合贾女士和陈先生的看法,除了:(　　)。

A. 两种看法都认为忠诚和勇敢是人期望动物应具有的优点

B. 两种看法都认为最忠诚的动物是马和狗

C. 两种看法都认为人的品质也能为动物所具有

D. 两种看法都用一个动物的行为作为例证

E. 两种看法得出结论所使用的推理都是归纳推理,即从个别事实得出一般性的结论

5. 学校的篮球队、排球队、乒乓球队在暑假期间训练学生分别为 75、75、100 人次,而参加训练的学生总数为 150 人。之所以出现这种现象,下列情况都是可能的,除了:(　　)。

A. 有的学生参加了 2 项训练

B. 有的学生参加了 3 项训练

C. 参加了 2 项训练的学生不多于 100 人

D. 参加 1 项训练的学生多于 100 人

E. 参加 3 项训练的学生有 50 人

6. 以下诸项结论都是根据 2016 年度当代商城各部收到的雇员报销单据综合统计所得到的。在此项综合统计作出后,各部又都收到了雇员交来的补充报销单据。以下哪项结论最不可能被补充报销单据的新的统计事实推翻?(　　)

A. 会计部仅有 15 名雇员交了报销单据,报销了至少 4 000 元

B. 销售部至少有 25 名雇员交了报销单据，报销了至少 20 万元

C. 超市部至少有 20 名雇员交了报销单据，报销额不多于 3 万元

D. 公关部至多只有 1 名雇员交了报销单据，报销额不多于 2 000 元

E. 后勤部至多只有 10 名雇员交了报销单据，报销额不多于 5 万元

7. 根据美国交通部公布的统计数字表明，接近 80%的交通死亡事故具有以下特点：第一，车速低于每小时 50 英里；第二，出事地点在距肇事者家 25 英里之内。因此，如果你在美国驾车时速高于 50 英里并且超出你家方圆 25 英里之外，那么，你是较为安全的。以下哪项如果为真，最为有力地削弱了上述论证的结论？（　　）

A. 在导致死亡的交通事故肇事者中，75%是年轻人

B. 在因车速超过法定时速而被捕的人中 80%是酒后驾车者

C. 全国每年的交通死亡事故中，50%发生在 6 个周末，这 6 个周末被认为是交通高风险周末，因为它们包括全国的节日

D. 交通部统计数字的来源是各警察局的报告

E. 一天中只有凌晨一时至三时，才允许汽车超过时速 50 英里或者超出司机家方圆 25 英里

8. 贾女士："本报对减肥成功者所作的一项调查显示，70%的受调查者称服用了东参减肥丸，30%的称服用了灵芝瘦身丹。没有被调查者服用其他减肥药。"陈先生："这说明在被调查者中，服用东参减肥丸的人数比服用灵芝瘦身丹的 2 倍还多。"贾女士："另外，25%的被调查者称他们从不通过药物减肥。"以下哪项如果为真，最有利于解释贾女士的断定中看来存在的矛盾？（　　）

A. 30%的服用灵芝瘦身丹的被调查者，包括在 70%的服用东参减肥丸的被调查者中

B. 一些被调查者服用上述两种减肥药

C. 被调查者的人数超过 100 人

D. 被调查者在所有减肥成功者中，只占很小的比例

E. 减肥成功者在所有减肥者中只占很小的比例

9. 某市一项对交谊舞爱好者的调查表明，那些称自己每周固定去跳交谊舞一至二次的人近 3 年来由 28%增加到 35%，而对该市大多数舞厅的调查则显示，近 3 年来交谊舞厅的顾客人数明显下降。以下各项如果是真的，都有助于解

释上述看来矛盾的断定,除了:(　　)。

A. 去舞厅没什么规律的人在数量上明显减少

B. 舞厅出于非正常的考虑,往往少报顾客的人数

C. 家庭交谊舞会逐渐流行

D. 迪斯科舞厅的兴起抢了交谊舞厅的生意

E. 受调查的交谊舞爱好者只占全市交谊舞爱好者的10%

10. 某国采用了一种新方法来测试献血者是否携带NANB肝炎病毒。在实施这种方法前估计由此被淘汰的NANB病毒携带者将占整个报名献血者的5%。实施结果显示,仍然有2/3的携带NANB肝炎病毒的报名献血者通过测试而献了血,他们占实际献血人数的10%。以下哪项是上述断定的逻辑结论:(　　)。

A. NANB病毒的测定是国际范围内医学界的难题

B. 实施测试方法前对被淘汰的NANB病毒携带者数量百分比的估计非常准确

C. 实施测试方法前对被淘汰的NANB病毒携带者数量百分比的估计偏高

D. 实施测试方法前对被淘汰的NANB病毒携带者数量百分比的估计偏低

E. 由NANB病毒引起的肝炎将可能在该国上升大约10%

11. 某企业在林浩、张亮两位候选人中民主选举正厂长。选举前10天进行的民意测验显示,受调查者中36%打算选林浩,42%打算选张亮。而在最后的正式选举中,林浩的得票率是52%,他的对手的得票率仅为46%。这说明,选举前的民意测验在操作上出现了失误。以下哪项如果为真,最能削弱上述论证的结论?(　　)

A. 选举前20天进行的民意测验显示,林浩的得票率是32%,张亮的得票率是40%

B. 在进行民意测验的时候,许多选举者还没拿定主意选谁

C. 在选举的前7天,林浩为厂里要回30万元借款,张亮为厂里争得40万元贷款

D. 民意测验同时涉及对选举的组织者的意见

E. 林浩在选举中的演说能力要比张亮强

12. 据一项在几个大城市所作的统计显示,餐饮业的发展和瘦身业的发展呈密

切正相关。从 1995 年到 2000 年，餐饮业的网点增加了 18%，同期在健身房正式注册参加健身的人数增加了 17.5%；从 2000 年到 2003 年，餐饮业的网点增加了 25%，同期参加瘦身健身的人数增加了 25.5%；2004 年上半年，餐饮业的网点增加了 27%，参加瘦身健身的人数也增加了 27%。如果上述统计真实无误，则以下哪项对上述统计事实的解释最有可能成立？（　　）

A. 餐饮业的发展使人们摄入过多的营养，肥胖者不断增多，这为瘦身业的发展提供了潜在市场

B. 餐饮业和瘦身业都是服务性行业

C. 这几个大城市的餐饮业和瘦身业都是大公司投资的

D. 这几个大城市近年来经济发展很快

E. 这几个大城市的市民很注重饮食和健身

13. 在最近十年中，美国生产半导体的数量增加了 200%，而日本生产的数量增加了 500%。因此，现在日本生产的半导体要比美国多。以下哪项如果为真，最能削弱以上论证？（　　）

A. 在最近五年中，美国生产半导体的数量仅增加了 100%

B. 在最近十年中，美国生产半导体的价格要高于日本在同期生产的半导体的价格

C. 目前美国半导体产品的出口量占总出口量的比例和十年前比起来有很大的提高

D. 十年前，美国生产了全世界半导体产品总量的 90%，而日本生产的只占 2%

E. 十年前，日本在世界半导体生产量中位居第四，而美国位居第一

14. 某企业需要对职工的年龄作一个统计，为优化劳动组合作参考。张、李、王三位同志各设计出一张统计表格。张同志设计的表格中，把职工的年龄分为 10～20 岁、20～30 岁、30～40 岁、40～50 岁、50～60 岁、60～70 岁。李同志设计的表格中，把职工的年龄分为 20 岁（不含 20 岁）以下、20～34 岁、35～54 岁、55 岁以上。王同志设计的表格中，把职工的年龄分为 20 岁以下、20～29 岁、30～39 岁、40～49 岁、50～60 岁、60 岁以上。对他们设计的表格，正确的结论是：（　　）。

A. 张、李、王三位同志的表格都正确

B. 王同志的表格正确

C. 李同志的表格正确

D. 张同志的表格正确

E. 张、李、王三位同志的表格都不正确

15. 按照上帝创世说，上帝在第一天创造了地球，第二天创造了月亮，第三天创造了太阳。因此，地球存在的头两天没有太阳。以下哪项指出了上述断定的逻辑漏洞？（ ）

A. 没有太阳，一片漆黑，上帝如何创造地球

B. 上帝创世说是一种宗教想象，完全没有科学根据

C. 上述断定带着地球中心说的痕迹，在科学史上，地球中心说早被证明是错误的

D. 天体史揭示星球的形成确实有先后，但没有证据说明地球比太阳早形成

E. “一天”的概念正是由太阳对于地球的起落周期来定义的

16. 一个房间中，一批人在聊天。其中，1 个是沈阳人，3 个是南方人，2 个是广东人，2 个是作家，3 个是诗人。假设以上的介绍涉及房间中所有的人，那么，房间中最少可能是几个人？最多可能是几个人？（ ）

A. 最少可能是 4 人，最多可能是 9 人

B. 最少可能是 3 人，最多可能是 8 人

C. 最少可能是 4 人，最多可能是 11 人

D. 最少可能是 5 人，最多可能是 9 人

E. 无法确定

17. 据世界卫生组织 2003 年调查报告显示，70％的肺癌患者都有吸烟史。这说明，吸烟将极大增加患肺癌的危险。以下哪项如果为真，将严重削弱上述结论？（ ）

A. 有吸烟史的人在 2003 年超过世界总人口的 65％

B. 2003 年世界吸烟的人数比 2002 年增长了 70％

C. 被动吸烟被发现同样有致癌的危险

D. 没有吸烟史的人数在 2003 年超过世界总人口的 40％

E. 2003 年未成年吸烟者的人数有惊人的增长

18. 群英和志诚都是经营微型计算机的公司。它们是电子一条街上的两颗高科

技“新星”。为了在微型计算机市场上与几家国际大公司较量，群英公司和志诚公司在加强管理、降低成本、提高质量和改善服务等方面实行了有效的措施，1998 年的微机销售量比 1997 年分别增加了 15 万台和 12 万台，令国际大公司也不敢小看它们。根据以上事实，最能得出下面哪项结论？（　　）

A. 1998 年群英公司和志诚公司的销售量超过了国外大公司在中国的微机销售量

B. 1998 年群英公司和志诚公司用降价倾销的策略扩大了市场份额

C. 1998 年群英公司的销售量增长率超过了志诚公司

D. 在价格、质量相似的条件下，中国的许多消费者更喜欢买进口电脑

E. 1998 年群英公司的市场份额增长率超过了志诚公司

19. 平反是对处理错误的案件进行纠正。依据以下哪项能最为确切地说明上述定义的不严格？（　　）

A. 对案件是否处理错误，应该有明确的标准，否则不能说明什么是平反

B. 应该说明平反的操作程序

C. 对平反的客体应该具体分析。平反了，不等于没有错误

D. 应该说明平反的主体，平反的主体应该具备足够的权威性

E. 处理错误的案件包括三种：重罪轻判、轻罪重判和无罪而判

20. 我国的戏剧工作者中，只有很小的比例在全国 30 多个艺术家协会中任职。这说明，在我国的艺术家协会中，戏剧艺术方面缺少应有的代表性。以下哪项是对上述论证最恰当的评价？（　　）

A. 上述论证是成立的

B. 上述论证不能成立，因为它没有提供准确的比例数字

C. 上述论证缺乏说服力，因为一名戏剧工作者在艺术家协会中任职，并不意味着他（她）就一定在其中有效地体现戏剧艺术的代表性

D. 上述论证有漏洞，因为我国的戏剧工作者中，只有很小的比例在全国艺术家协会中任职，并不意味着其他艺术种类的工作者中有较高的比例在我国艺术家协会中任职

E. 上述论证有漏洞，因为我国的戏剧工作者中，只有很小的比例在全国 30 多个艺术家协会中任职，并不意味着在我国艺术家协会中戏剧工作者只

占很小的比例

21. 清朝雍正年间，市面流通的铸币，其金属构成是铜六铅四，即六成为铜，四成为铅。不少商人出于利计，纷纷融币取铜，使得市面的铸币严重匮乏，不少地方出现以物易物。但朝廷征于市民的赋税，须以铸币缴纳，不得代以实物或银子。市民只得以银子向官吏购兑铸币用以纳税，不少官吏因此大发了一笔。这种情况，明清两朝以往从未出现过。从以上陈述，可推出以下哪项结论？（　　）

①上述铸币中所含铜的价值要高于该铸币的面值。

②上述用银子购兑铸币的交易中，不少并不按朝廷规定的比价成交。

③雍正以前明清诸朝，铸币的铜含量，均在六成以下。

A. 只有①　　B. 只有②

C. 只有③　　D. 只有①②

E. ①②③

22. 甲、乙、丙三个工厂的厂长在一起聊天。甲厂厂长说："我厂今年的利润是22万元；比乙厂少2万元；但比丙厂多1万元。"乙厂厂长说："我厂的利润不是最少的；丙厂和我厂差3万元；丙厂的利润是25万元。"丙厂厂长说："我厂今年的利润比甲厂少；甲厂的利润是23万元；乙厂的利润比甲厂的多3万元。"后来弄清楚，出于商业上的原因，这三个厂长在他们说的三句话中，都有意识地说错一句。根据这一线索，对这三个工厂今年的利润，下面哪项判断是正确的？（　　）

A. 甲厂25万元，乙厂22万元，丙厂23万元

B. 甲厂22万元，乙厂25万元，丙厂23万元

C. 甲厂23万元，乙厂22万元，丙厂25万元

D. 甲厂23万元，乙厂25万元，丙厂22万元

E. 甲厂25万元，乙厂23万元，丙厂22万元

23. 人若有某一次厌食，会对这次膳食中有特殊味道的食物持续产生强烈厌恶，不管这种食物是否会对身体有利。这种现象可以解释为什么小孩更易于对某些食物产生强烈的厌食。以下哪项如果为真，最能加强上述解释？（　　）

A. 小孩的膳食配搭中含有特殊味道的食物比成年人多

B. 对未尝过的食物，成年人比小孩更容易产生抗拒心理

C. 小孩的嗅觉和味觉比成年人敏锐

D. 和成年人相比，小孩较为缺乏食物与健康的相关知识

E. 如果讨厌某种食物，小孩厌食的持续时间比成年人更长

24. 一位海关检查员认为，他在特殊工作经历中培养了一种特殊的技能，即能够准确地判定一个人是否在欺骗他。他的根据是，在海关通道执行公务时，短短的几句对话就能使他确定对方是否可疑；而在他认为可疑的人身上，无一例外地都查出了违禁物品。以下哪项如果为真，能削弱上述海关检查员的论证？（　　）

①在他认为不可疑而未经检查的入关人员中，有人无意地携带了违禁物品。

②在他认为不可疑而未经检查的入关人员中，有人有意地携带了违禁物品。

③在他认为可疑并查出违禁物品的入关人员中，有人无意地携带了违禁物品。

A. 只有①　　　　B. 只有②

C. 只有③　　　　D. 只有②③

E. ①②③

25. 一项对某高校教员的健康普查表明，80%的胃溃疡患者都有夜间工作习惯。因此，夜间工作易造成的植物神经功能紊乱是诱发胃溃疡的重要原因。以下哪项如果为真，将严重削弱上述论证？（　　）

A. 医学研究尚不能清楚揭示消化系统的疾病和神经功能的内在联系

B. 该校的胃溃疡患者主要集中在中老年教师中

C. 该校的胃溃疡患者近几年来有上升的趋势

D. 该校教员中只有近 1/5 的教员没有夜间工作习惯

E. 该校胃溃疡患者中近 60%的患者有不同程度的失眠症

26. 某大学某寝室住着若干名学生。其中，1 个是哈尔滨人，2 个是北方人，1 个是广东人，2 个在法律系，3 个是进修生。因此该寝室刚好有 8 人。以下各项断定如果为真，都可能加强上述论证，除了：（　　）。

A. 题干中的介绍涉及寝室中所有的人

B. 广东学生在法律系

C. 哈尔滨学生在金融系

D. 进修生都是南方人

E. 该校法律系不招进修生

27. 在一间屋子里，有 1 个人是祖父，2 个人是父亲，3 个人是儿子，1 个人是孙子，1 个人是哥哥，1 个人是弟弟，1 个人是叔叔，1 个人是侄子。如果上述各人的身份都是指屋子里各人之间的关系，那么这间屋子里至少应该有几个人？（　　）

A. 10 人　　B. 7 人　　C. 5 人　　D. 4 人

E. 3 人

28. 如果一个用电单位的日均耗电量超过所在地区的 80%用电单位的水平，则被称为该地区的用电超标单位。近三年来，湖州地区用电超标单位的数量逐年明显增加。如果上述断定为真，并且湖州地区的非单位用电忽略不计，则以下哪项断定也必为真？（　　）

①近三年来湖州地区不超标的用电单位逐年明显增加。

②近三年来湖州地区日均耗电量逐年明显增加。

③今年湖州地区任一用电超标单位的日均耗电量都高于全地区的日均耗电量。

A. 只有①　　B. 只有②

C. 只有③　　D. 只有②③

E. ①②③

29. 在 H 国 2000 年进行的人口普查中，婚姻状况分为：未婚、已婚、离婚和丧偶。其中已婚分为正常婚姻和分居。分居分为合法分居和非法分居。非法分居指分居者与人非法同居。非法同居指无婚姻关系的异性之间的同居。普查显示，非法同居的分居者中，女性比男性多 100 万人。上述非法同居者都为 H 国本国人，以下哪项必为真？（　　）

①与分居者非法同居的未婚、离婚或丧偶者中，男性多于女性。

②与分居者非法同居的分居者中，男性多于女性。

③与分居者非法同居的人中，男性多于女性。

A. 只有①　　B. 只有②

C. 只有③　　D. 只有①③

E. 只有①②

30. 我最爱读外国文学作品，英国的、法国的、古典的，我都爱读。上述陈述在逻辑上犯了哪项错误？（　　）

A. 划分外国文学作品的标准混乱，前者按国别，后者按时代

B. 外国文学作品中究竟爱的是诗歌、小说还是戏剧，没有说明

C. 没有说明最喜欢什么

D. 没有说是外文原版还是翻译版

E. 在“古典的”后面，没有紧接着指出“现代的”

31. 某先生每天早晨的工作内容和工作程序如下：醒来后立刻在煤气灶上烧水（10 分钟即开）；打开煤气灶后就开始穿衣服（5 分钟即毕），然后出门取牛奶（来回共 5 分钟）；回来后就开始烧牛奶（10 分钟即开），同时开始洗漱（5 分钟即毕），最后是喝牛奶（5 分钟喝完）。又知道，他家只有一个灶头（热源），他又必须在 7 点 45 分离开家，否则将迟到。如果我们忽略像打开煤气灶等其他占用时间很少的工作，你同意下列哪种观点？（　　）

A. 该先生上班前有抽一支烟（5 分钟）的习惯，如果他 7 点 15 分起床，就没时间抽烟了

B. 如果前一天已经取好牛奶，则该先生就可以晚起来 5 分钟，上班仍不会迟到

C. 如果前一天已经烧好水，则该先生就可以晚起来 10 分钟，上班仍不会迟到

D. 如果前一天既烧好水又取好牛奶，则该先生就可以晚起来 15 分钟，上班仍不会迟到

E. 只要他每天 7 点 15 分起来，不但有时间抽烟（5 分钟），而且上班也不会迟到

32. 英国某大学某宿舍住着若干名学生，其中 1 个是英国人，2 个是欧洲人，1 个是美国人，2 个是学校足球队员，3 个是学校篮球队员。假使以上的介绍涉及宿舍里的所有人，那么这个宿舍里最多有几个人？最少有几个人？（　　）

A. 最少可能有 3 人，最多可能有 8 人

B. 最少可能有 5 人，最多可能有 8 人

C. 最少可能有 5 人，最多可能有 9 人

D. 最少可能有 4 人，最多可能有 8 人

E. 无法确定

33. 在本届全国足球联赛的多轮比赛中，参赛的青年足球队先后有 6 名前锋，7 名后卫，5 名中卫，2 名守门员。比赛规则规定：在一场比赛中同一名球员不允许改变位置身份，也不允许有一个以上的位置身份。同时，在任一比赛中，任一球员必须比赛到终场，除非受伤。由此可得出：联赛中青年足球队上场的共有 20 名。以下哪项为真，最能削弱以上的结论？（　　）

A. 比赛中若有球员受伤，可由其他队员替补

B. 在本届全国足球联赛中，青年足球队中有些球员在各场球赛中都没上场

C. 青年足球队中有些队员同时是国家队队员

D. 青年足球队的某名球员可能在不同的比赛中处于不同的位置

E. 根据比赛规则，只允许 11 名球员上场

34. 广告：本厨师培训班有着其他同类培训班所没有的特点，就是除了传授高超的烹饪技艺外，还负责向毕业生提供确实有效的就业咨询。去年进行咨询的本培训班毕业生中，100%都找到了工作。为了在烹饪行业找到一份理想的工作，欢迎您加入我们的行列。为了确定该广告的可信性，以下哪个问题是必须问清楚的？（　　）

①去年有多少毕业生？

②去年有多少毕业生进行了就业咨询？

③上述就业咨询在咨询者找工作的过程中，究竟起了多少作用？

④咨询者找到的工作是否都属于烹饪行业？

A. ①②③④

B. 只有①②③

C. 只有②③④

D. 只有③④

E. 只有①②

35. 我国计算机网络事业发展很快。根据中国互联网中心的一项统计显示，截止到 1999 年 6 月 30 日，我国上网用户数约 400 万人，其中使用专线上网的用户人数约为 144 万人、使用拨号上网的人数约为 324 万人。根据以上数据，最可能推出以下哪项判断有误？（　　）

A. 考虑到我国有 14 亿人口，与先进国家相比，我国上网人数还是少得可怜

B. 专线上网和拨号上网的用户总和超过了上网的总数

C. 用专线上网的用户中，多数也选用拨号上网，可能是家里用拨号上网更方便

D. 由于专线上网的设备不足，在拨号上网的用户中只有少数用户有使用专线上网的机会

E. 从 1994 年到 1999 年的五年间，我国上网用户的平均增长率在 50%以上

36. 由甲、乙双方协议共同承建的某项建筑尚未完工就发生了倒塌事故。在对事故原因的民意调查中，70%的人认为是使用的建筑材料伪劣；30%的人认为是违章操作；25%的人认为原因不清，需要深入调查。以下哪项最能合理地解释上述看来包含矛盾的陈述？（　　）

A. 被调查的有 125 人

B. 有的被调查者后来改变了自己的观点

C. 有的被调查者认为事故的发生既有建筑材料伪劣的原因，也有违章操作的原因

D. 很多认为原因不清的被调查者实际上有自己倾向性的判断，只不过不愿透露

E. 调查的操作出现了技术性差错

37. 一份综合调查报告显示，今年将参加高考的女考生中，只有 3%表示可以考虑报考女子大学，因此，现存的女子大学要想办下去，必须改为男女同校。以下哪项如果为真，将最为严重地削弱以上的论证？（　　）

A. 女子大学的毕业生比普通大学的女毕业生在医疗、文秘等领域更受用人单位的欢迎

B. 50%的受调查考生表示，她们并不反对别人就读女子大学，只是她们自己不愿意

C. 现有的女子大学每年最多只能接纳新录取女大学生总数的 2%

D. 女子大学近几年来的招生人数有下降趋势

E. 应届生中报考大学的人数有上升趋势

38. 如今，人们经常讨论职工下岗的问题，但也常常弄不清“下岗职工”的准确定义。国家统计局〔1997〕261 号统计报表的填表说明中对“下岗职工”的说明是：下岗职工是指由于企业的生产和经营状况等原因，已经离开本人的生产和工作岗位，并已不在本单位从事其他工作，但仍保留与用人单位的劳动关

系的人员。按照以上划分标准,以下哪项所述的人员可以称为下岗职工?( )

A. 赵一原来在汽车制造厂工作,半年前辞去工作,开了一个汽车修理铺

B. 钱二原来是某公司的办公室秘书,最近,公司以经营不善为由,解除了她的工作合同,她只能在家做家务

C. 张三原来在电机厂工作,因长期患病不能工作,经批准提前办理了退休手续

D. 李四原来在某服装厂工作,长期请病假。其实他的身体并不差,目前在家里开了个缝纫部

E. 王五原来在电视机厂工作,今年 53 岁。去年工厂因产品积压,人员富余,让 50 岁以上的人回家休息,等 55 岁时再办正式退休手续

39. 在 1997 年开始的亚洲金融危机中,中国因为金融市场的开放程度有限而没有受到最严重的冲击。相反,亚洲各国中金融市场开放程度比较高的韩国、印度尼西亚、泰国等都饱受货币贬值、经济衰退之苦。看来,中国的金融市场还是应该自成体系地封闭运行为好。以下哪项如果为真,则最能削弱上述结论?( )

A. 亚洲金融危机只是一个前奏,更危险的冲击还在后头

B. 中国金融市场开放的程度受到中国经济发展阶段的限制

C. 亚洲金融危机给中国带来的影响可能是深层次的,并非表面这样平静

D. 随着香港经济与内地经济越来越紧密地融合,中国金融市场的开放程度也会越来越大

E. 如果不开放金融市场,金融体系无法走向成熟和完善,躲过了亚洲金融危机,也躲不过世界金融危机

40. 据《科学日报》消息,1998 年 5 月,瑞典科学家在有关领域的研究中首次提出,一种对防治老年痴呆症有特殊功效的微量元素,只有在未经加工的加勒比椰果中才能提取。如果《科学日报》的上述消息是真实的,那么,以下哪项不可能是真实的?( )

①1997 年 4 月,芬兰科学家在相关领域的研究中提出过,对防治老年痴呆症有特殊功效的微量元素,除了未经加工的加勒比椰果,不可能在其他对象中提取。

②荷兰科学家在相关领域的研究中证明，在未经加工的加勒比椰果中，并不能提取对防治老年痴呆症有特殊功效的微量元素，这种微量元素可以在某些深海微生物中提取。

③著名的苏格兰医生查理博士在相关的研究领域中证明，该微量元素对防治老年痴呆症并没有特殊功效。

A. 只有①　　B. 只有②

C. 只有③　　D. 只有②③

E. ①②③

41. 从历史上看，美国的繁荣是领先企业不断涌现的新发明，这些发明促使汽车、飞机制造、化工、制药、电子、计算机等领域出现了一批新工业和新产品。因此，经济不断壮大的最好保障是企业在科学研究和发展方面增加经费。以下哪项为真，最能削弱以上命题？（　　）

A. 企业对研究和开发的投入关系着企业的发展战略

B. 由于增加了资金投入，企业研究和开发部门申请的专利比以前多了

C. 有一些工业的发展直接依靠公司研究和开发部门取得的科技突破

D. 多数企业只能对现有产品做微小的改进，要发展新技术还要靠研究所

E. 在今后 5 年中，企业对研究人才的需求将会增加

42. 经过对最近 10 年的统计资料的分析，我们发现，某省因肺结核死亡的人数比例比全国的平均值要高 2 倍，而在历史上该省并不是肺结核的高发地区。看来，该省最近这 10 年的肺结核防治水平降低了。以下哪项如果为真，最能削弱上述论断？（　　）

A. 该省 10 年前的人口数量只是现在的 1/5

B. 该省的气候适合肺结核病疗养，很多肺结核患者在此地走过最后一段人生之路

C. 该省最近几年建设的步子迈得很大，到处都在修路盖楼

D. 该省的人均病床数量仅达到了全国的平均水平

E. 该省盛产椰子，椰子的产量比 10 年前翻了一番

43. 有甲、乙两种品牌的自行车，甲牌车的维修次数少于乙牌车，所以，甲牌车的维修费用更加便宜，因此，甲牌车更好。以下哪项如果为真，最能指出上述论证的漏洞？（　　）

①甲牌车的载重量低于乙牌车。

②甲牌车的维修次数较少,但每次的维修费用却高于乙牌车。

③比较起来,甲、乙两牌车的总成本差不多。

A. 只有①　　B. 只有②

C. 只有③　　D. 只有①③

E. 只有②③

44. 关于在广告中简化汉字和繁体汉字混用的问题,我们必须重申,发现一个就要纠正一个,并处以1 000元的罚款。若在广告中发现使用不当的汉字,罚款是简繁混用的10倍。发现使用"谐音成语"进行广告宣传的,广告立即停播,并罚款10万元。对已造成恶劣影响的,罚款可超过10万元,但不得高于广告费用的50%。以下哪项是不能够从上文推理得出的?(　　)

A. 广告中使用不当的汉字,其危害比简繁混用要大得多

B. 广告中使用不当的汉字,一经发现罚款1万元

C. 简繁汉字混用的问题,不是今天才第一次反对

D. 故意使用谐音成语做广告的,缴罚款后准予播出

E. 广告停播造成的损失由广告制造者自负,并不视同于罚款

45. 以中华、两面针、蓝天六必治等为主的国产牙膏在质量、品种、保健和价格等方面俱佳,又展开了强大的广告攻势,占据了国内市场消费量的75%以上,使进口牙膏难以称雄。这与其他某些日用品市场形成明显的对照。以下哪项不能成为以上事实的理由?(　　)

A. 国产牙膏洁齿效果好,品质优良,使用方便

B. 国产牙膏价格合理,经济实惠,适合中国老百姓的消费水平

C. 国产牙膏利用中药的保健作用,吸引了中国的消费者

D. 中国有13亿人口,是一个巨大的消费市场

E. 电视中的广告使国产牙膏的品牌老少皆知

46. "人靠衣服马靠鞍",汽车的外观设计实际上就是汽车的"衣服"。顾客在购买汽车时不可能一眼就看出汽车的性能,他们总是先从汽车的外观来判断汽车的档次,并由此形成是否购买的初步意向。因此,汽车推销最重要的是向顾客展示汽车的外观美。以下哪项为真,最能削弱上述结论?(　　)

A. 人们的审美观念影响他们的购买行为

B. 人们购买汽车时总希望一部汽车的某些特征能符合自己的身份

C. 当价格相近时，显得豪华的汽车更能赢得顾客的青睐

D. 绝大部分顾客购买汽车都是以方便实用为目的

E. 汽车推销广告都设计得非常漂亮

47. 最近在 100 万年前的河姆渡氏族公社遗址发现了烧焦的羚羊骨残片，这证明人类在很早的时候就掌握了取火煮食肉类的技术。上述推论中隐含着下列哪项假设？（　　）

A. 从河姆渡公社以来的所有人种都掌握了取火的技术

B. 河姆渡人不生食羚羊肉

C. 只要发现烧焦的羚羊骨就能证明早期人类曾聚居于此

D. 河姆渡人以羚羊肉为主食

E. 羚羊骨是被人类取火烧焦的

48. 面试在求职过程中非常重要。经过面试，如果应聘者的个性不适合待聘工作的要求，则不可能被录用。以上论断建立在哪项假设基础上？（　　）

A. 必须经过面试才能取得工作，这是工商界的规矩

B. 只要与面试主持人关系好，就能被聘用

C. 面试主持者能够准确地分辨出哪些个性是工作所需要的

D. 面试的唯一目的就是测试应聘者的个性

E. 若一个人的个性适合工作的要求，他就一定被录用

49. 如果一名儿童体重与身高的比值超过本地区 80% 儿童的水平，就称其为肥胖儿。根据历年的调查结果，15 年来临江市肥胖儿的数量一直在稳定增长。如果以上断定为真，则以下哪项也必为真？（　　）

A. 临江市每一个肥胖儿的体重都超过全市儿童的平均体重

B. 15 年来临江市的儿童体育锻炼越来越不足

C. 临江市非肥胖儿的数量 15 年来不断增长

D. 15 年来临江市体重不足标准体重的儿童数量不断下降

E. 临江市每一个肥胖儿的体重与身高的比值都超过全市儿童的平均值

50. 当且仅当苹果是绿色、辣椒是红色时，浆果不是蓝色的；当且仅当浆果是蓝色时，樱桃是不成熟的；当且仅当樱桃不成熟时，草是褐色的，或叶子是小的，或者二者都出现。如果草是褐色的，则下面哪项一定是对的？（　　）

A. 苹果不是绿色的,或者辣椒不是红色的

B. 浆果不是蓝色的

C. 辣椒是红色的

D. 樱桃是成熟的

E. 叶子是小的

专项训练三

1. 甘蓝比菠菜更有营养。但是，因为绿芥蓝比莴苣更有营养，所以甘蓝比莴苣更有营养。以下各项，作为新的前提分别加入到题干的前提中，都能使题干的推理成立，除了：(　　)。

A. 甘蓝与绿芥蓝同样有营养

B. 菠菜比莴苣更有营养

C. 菠菜比绿芥蓝更有营养

D. 菠菜与绿芥蓝同样有营养

E. 绿芥蓝比甘蓝更有营养

2. 在美国，癌症病人的平均生存年限(即从确诊为癌症到死亡的年限)是 7 年，而在亚洲，癌症病人的平均生存年限只有 4 年。因此，美国在延长癌症病人生命方面的医疗水平要高于亚洲。以下哪项如果为真，最能削弱上述论证？(　　)

A. 美国人的自我保健意识总体上高于亚洲人，因此，美国癌症患者的早期确诊率要高于亚洲

B. 美国人的平均寿命要高于亚洲人

C. 美国医学界也承认，中医在治疗某些癌症方面，有西医不具有的独到疗效

D. 在亚洲，日本的癌症患者的平均生存年限是 8 年

E. 在各种癌症中，患者生存年限最短的肺癌的发病率，美国要高于亚洲

3. 目前所知，最硬的矿石是钻石，其次是刚玉，而一种矿石只能用与本身一样硬度或更硬的矿石来刻痕。如果以上断定为真，以下哪项所指一定是可被刚玉刻痕的矿石？(　　)

①这种矿石不是钻石。

②这种矿石不是刚玉。

③这种矿石和刚玉具有不一样的硬度。

A. 只有①

B. 只有③

C. 只有①②　　　　　　　　　　D. 只有①③

E. ①②③

4. 去年的通货膨胀率是 1.2%，今年增加到 4%，这说明通货膨胀率呈上升的趋势，明年的通货膨胀率将更高。以下哪项如果为真，最能削弱上述论证？(　　)

A. 通货膨胀率的测定是依据有代表性的经济数据而不是所有的数据

B. 去年油价的跌落使得通货膨胀率低于近年来的 4%的平均水平

C. 某些工种的工资的增加和通货膨胀率有关，当通货膨胀率达到或超过 4%时，工资的增长将构成一种力量，促使进一步的通货膨胀

D. 去年 1.2%的通货膨胀率代表了 10 年来的最低点

E. 政府的干预不能有效地控制通货膨胀率

5. 第一个事实：电视广告的效果越来越差。一项跟踪调查显示，在电视广告所推出的各种商品中，观众能够记住其品牌名称的商品的百分比逐年降低。第二个事实：在一段连续插播的电视广告中，观众印象较深的是第一个和最后一个，而中间播出的广告留给观众的印象，一般来说要浅得多。以下哪项如果为真，最能使得第二个事实成为对第一个事实的一个合理解释？(　　)

A. 在从电视广告里见过的商品中，一般电视观众能记住其品牌名称的大约还不到一半

B. 近年来，被允许在电视节目中连续插播广告的平均时间逐渐缩短

C. 近年来，人们花在看电视上的平均时间逐渐缩短

D. 近年来，一段连续播出的电视广告所占用的平均时间逐渐增加

E. 近年来，一段连续播出的电视广告中所出现的广告的平均数量逐渐增加

6. 一名美国议员提出，必须对本州不断上升的监狱费用采取措施。他的理由是，现在，一个关在单人牢房里的犯人所需的费用，平均每天高达 132 美元。即使在世界上开销最昂贵的城市里，也不难在最好的饭店里找到每晚租金低于 125 美元的房间。以下哪项能构成对上述美国议员的观点及其论证的恰当驳斥？(　　)

①据州司法部公布的数字，一个关在单人牢房里的犯人所需的费用，平均每天为 125 美元。

②在世界上开销最昂贵的城市里，很难在最好的饭店里找到每晚租金低于

125美元的房间。

③监狱用于犯人的费用和饭店用于客人的费用，几乎用于完全不同的开支项目。

A. 只有①

B. 只有②

C. 只有③

D. 只有①②

E. ①②③

7. 甲省的省报发行量是乙省的省报发行量的10倍。因此，甲省的群众比乙省的群众更关心时事新闻。以下哪项断定如果为真，最能削弱上述论证？（　　）

A. 甲省的人口是乙省人口的10倍

B. 甲省的面积是乙省面积的5倍

C. 甲省的省报主要在外省销售

D. 甲省的省报主要在乙省销售

E. 乙省销售量最大的报纸不是本省省报

8. 政府的教育投入不见得真正有利于学生。在20世纪70年代和80年代，美国政府用于教育项目的投入总量增加了150%，而在此期间，学生在标准考试中的成绩却逐年下降。上述论证基于以下哪个假设？（　　）

A. 学生在标准考试中的成绩是衡量教育项目有效性的一个重要标准

B. 在20世纪70年代和80年代，越来越多的学生对各种教育项目，包括政府资助的项目失去兴趣

C. 在20世纪70年代和80年代，学生在美国人口中的比例没有很大的提高

D. 在20世纪70年代和80年代，美国的教育投入本来是可较好地用于健康和福利事业的

E. 在20世纪70年代和80年代，美国大学毕业生中选择教师职业的人数有很大的下降

9. 据目前刚结束的一项对甲、乙两市初中学生身高增长情况的监测调查显示，在初中三年中，甲、乙两市学生的身高平均增长10厘米，其中，甲市的学生平均增长12厘米，乙市的学生平均增长9厘米。如果上述断定是真的，则以下有关被调查学生的断定中，哪项也一定是真的？（　　）

A. 目前甲市学生的平均身高要高于乙市学生

B. 三年前甲市学生的平均身高要高于乙市学生

C. 甲市受调查的学生要比乙市的多

D. 乙市受调查的学生要比甲市的多

E. 两市受调查的学生数量一样多

10. 光明中学学生的数学考试成绩比向新中学学生的数学考试成绩要好。因此,光明中学的数学教学方法比向新中学的要好。以下各项如果是真的,都能削弱以上的结论,除了:(　　)

A. 光明中学的数学试题比向新中学的容易

B. 向新中学学生的基础普遍不如光明中学

C. 向新中学的数学教科书要比光明中学的难

D. 向新中学的数学教师比光明中学的数学教师普遍工作更勤奋

E. 光明中学的数学课时比向新中学的多,但考试要求并没因此提高

11. 在 MBA 的"财务管理"课期终考试后,班长想从老师那里打听成绩。班长说:"老师,这次考试不太难,我估计我们班同学们的成绩都在 70 分以上吧。"老师说:"你的前半句话不错,后半句话不对。"根据老师的意思,下列哪项必为事实?(　　)

A. 多数同学的成绩在 70 分以上,有少数同学的成绩在 60 分以下

B. 有些同学的成绩在 70 分以上,有些同学的成绩在 70 分以下

C. 研究生的课程 70 分才算及格,肯定有的同学成绩不及格

D. 这次考试太难,多数同学的考试成绩不理想

E. 这次考试太容易,全班同学的考试成绩都在 80 分以上

12. 某县领导参加全县的乡计划生育干部会,临时被邀请上台讲话。由于事先没有做调查研究,也不熟悉县里计划生育的具体情况,只能说些模棱两可、无关痛痒的话。他讲道:"在我们县 14 个乡中,有的乡完成了计划生育指标;有的乡没有完成计划生育指标;李家集乡就没有完成嘛。"在领导讲话时,县计划生育委员会主任手里捏了一把汗,因为领导讲的三句话中有两句不符合实际,真后悔临时拉领导来讲话。以下哪项正确表示了该县计划生育工作的实际情况?(　　)

A. 在 14 个乡中至少有一个乡没有完成计划生育指标

B. 在 14 个乡中除李家集乡外还有别的乡没有完成计划生育指标

C. 在14个乡中没有一个乡没有完成计划生育指标

D. 在14个乡中只有一个乡没有完成计划生育指标

E. 在14个乡中只有李家集乡完成了计划生育指标

13. 没有人和每一个人都是朋友，张兰和李卉是朋友，李卉和张兰的每一个朋友都是朋友。如果以上陈述为真，则下列哪项不可能为真？（　　）

①每个人和张兰都是朋友

②每一个人都和某一些人是朋友。

③存在某一个人，他和任何人都不是朋友。

A. 只有①　　B. 只有②

C. 只有③　　D. ①②

E. ①②③

14. 美国的著名作家马克·吐温痛恨资产阶级政客和资本家的卑鄙无耻，在一次酒会上答记者问时说："美国国会中的有些议员是狗婊子养的。"他的这句话在报纸上发表后，华盛顿的议员极为愤怒，纷纷要求马克·吐温道歉或予以澄清。几天后，《纽约时报》登出马克·吐温致联邦议员"道歉启事"，郑重声明："美国国会中的有些议员不是狗婊子养的。"现在，有人指责某厂的产品不合格，该厂厂长在下面哪项回答中采用了与马克·吐温相似的做法？（　　）

A. 我厂的产品曾获得过国际金奖，怎么会有不合格的产品呢？

B. 你们买的产品不是我厂生产的，一定是商店搞错了

C. 你们买的产品属于淘汰产品，我厂已经不生产了

D. 我厂生产的产品有不少是合格的，你们可以买合格的产品嘛！

E. 我厂接受你们的意见，以后一定注意产品质量

15. 甲、乙、丙、丁四人去商店，每人买了一台电脑，并对电脑的质量做如下预测：

甲："我看，我们四人买的电脑都是合格产品。"

乙："靠不住，现在假冒伪劣产品很多。我看，我们四人买的电脑肯定有不合格产品。"

丙："丁买的电脑肯定合格。"

丁："要是我买的电脑合格，那么你们买的电脑不会有不合格的。"

他们找人对每台电脑做了测试，结果表明他们四人中只有一个人的预测是

错误的。以下哪项符合这种事实？（　　）

A. 甲的电脑合格，其他人的电脑都不合格

B. 乙的电脑合格，其他人的电脑都不合格

C. 丙的电脑合格，其他人的电脑都不合格

D. 丁的电脑合格，其他人的电脑都不合格

E. 甲、乙、丙、丁的电脑都合格

16. 某大学某系共有包括系主任在内的 15 名教授。有关这 15 名教授，以下三个断定中，只有一个是假的：

①有人带研究生。

②有人不带研究生。

③只有系主任不带研究生。

以下哪项是真的？（　　）

A. 15 名教授都带研究生

B. 15 名教授都不带研究生

C. 只有一人带研究生

D. 只有一人不带研究生

E. 无法确定该系带研究生的教授人数

17. 某血液中心对一批义务献血者进行体检。该批献血者中包括所在区的区长。关于体检的结果，4 位体检者有如下猜测：

甲：“所有的人都合格了。”

乙：“区长没合格。”

丙：“肯定有人没合格。”

丁：“不会所有的人都不合格。”

如果上述猜测中只有一项失实，则以下哪项是真的？（　　）

A. 甲猜错了，区长没合格

B. 乙猜错了，区长合格

C. 丙猜错了，但区长合格

D. 丁猜错了，区长不合格

E. 甲猜错了，但区长合格

18. 在一次选举活动中，计票人发现，每一个候选人都有选民投了赞成票。计票人的发现是可靠的，在这一事实基础上，下面五项断定中一定是真实的有几项？（　　）

①有的选民投了所有候选人的赞成票。

②没有候选人得到够当选的赞成票数。

③没有选民投了所有候选人的赞成票。

④所有的候选人都得到够当选的赞成票数。

⑤没有候选人没有得到赞成票。

A. 只有一项　　B. 只有两项

C. 只有三项　　D. 只有四项

E. 共有五项

19. 林园小区有住户发现了白蚁。除非有住户发现白蚁，否则任何小区都不能免费领取高效杀蚁灵。如果上述断定都真，则以下哪项据此不能断定真假？（　　）

①林园小区所有的住户中都发现了白蚁。

②林园小区所有的住户中都没有发现白蚁。

③林园小区有的住户中没有发现白蚁。

④林园小区能免费领取高效杀蚁灵。

⑤尽管有住户发现了白蚁，但林园小区仍不能免费领取高效杀蚁灵。

A. 只有①③④⑤　　B. 只有①②

C. 只有④⑤　　D. 只有①

E. 只有①③

20. 所有持有当代商厦购物优惠卡的顾客，同时持有双安商厦的购物优惠卡。今年国庆，当代商厦和双安商厦同时给持有本商厦购物优惠卡的顾客的半数，赠送了价值100元的购物奖券。结果，上述同时持有两个商厦购物优惠卡的顾客，都收到了这样的购物奖券。如果上述断定是真的，则以下哪项断定也一定为真？（　　）

①所有持有双安商厦购物优惠卡的顾客，也同时持有当代商厦的购物优惠卡。

②今年国庆，没有一个持有上述购物优惠卡的顾客分别收到两个商厦的购物奖券。

③持有双安商厦购物优惠卡的顾客中，至多有一半收到当代商厦的购物奖券。

A. 只有①　　B. 只有②

C. 只有③　　D. 只有①②

E. ①②③

21. 据媒体报道:南方 X 市今夏气温并不高,但中暑的人明显比往年多。医院统计表明,今年中暑的人都是装有空调的中外合资企业职工和在空调恒温中生活的婴儿。M 家庭购买空调的欲望为此大受影响,下列哪一条信息最能促进 M 家庭去买空调?(　　)

A. Z 家庭没有装空调,今夏有一人中暑,送医院急救

B. 近日购买空调有优惠价

C. 在空调室中生活的人,只要注意到室外锻炼,中暑是可以避免的

D. 空调经销商纷纷指责媒体的报道比较片面,有误导作用

E. 立秋后可能出现持续高温

22. 去年 MBA 入学考试的五门课程中,王海天和李素云只有数学成绩相同,其他科目的成绩互有高低,但所有课程的分数都在 60 分以上。在录取时只能比较他们的总成绩了。下列哪项如果为真,能够使你判断出王海天的总成绩高于李素云?(　　)

A. 王海天的最低分是数学,而李素云的最低分是英语

B. 王海天的最高分比李素云的最高分要高

C. 王海天的最低分比李素云的最低分高

D. 王海天的最低分比李素云两门课的成绩都高

E. 王海天的最低分比李素云的平均成绩高

23. 有四个外表看起来没有分别的小球,它们的重量可能有所不同。取一个天平,将甲、乙归为一组,丙、丁归为另一组,分别放在天平的两边,天平是基本平衡的。将乙和丁对调一下,甲、丁一边明显地要比乙、丙一边重得多。可奇怪的是,我们在天平一边放上甲、丙,而另一边刚放上乙,还没有来得及放上丁时,天平就压向了乙一边。请你判断,这四个球由重到轻的顺序是什么?(　　)

A. 丁、乙、甲、丙　　B. 丁、乙、丙、甲

C. 乙、丙、丁、甲　　D. 乙、甲、丁、丙

E. 乙、丁、甲、丙

24. 学生家长："这学期学生的视力普遍下降，这是由于学生书面作业的负担太重。"校长："学生视力下降和书面作业负担没有关系，经我们调查，学生视力下降的原因，是由于他们做作业时的姿势不正确。"以下哪项如果为真，最能削弱校长的辩解？（　　）

A. 学生书面作业的负担过重容易使学生感到疲劳，同时，感到疲劳，学生又不容易保持正确的书写姿势

B. 该校学生的书面作业负担和其他学校相比确实较重

C. 校方在纠正学生姿势以保护视力方面做了一些工作，但力度不够

D. 学生视力下降是个普遍的社会问题，不唯该校然

E. 该校学生的书面作业负担比上学年确有所加重

25. 据报道，一位青年在郊游途中，不慎落入一平均深度只有 0.5 米的小河中，虽挣扎良久，终于被溺身亡。报纸提醒人们旅游时应注意安全，尤其应注意地形环境的安全。以下哪项能最合理地解释报道中的表面性矛盾？（　　）

A. 纯属无稽之谈

B. 该青年不足 0.5 米高

C. 有人陷害这位青年，表面上的意外事故实际上是一起凶杀

D. 青年的神志不清，如精神分裂等

E. 该青年落水点是远远深于小河平均深度的地方

26. 就语言形式而言，"所有的人都有思想"这句话的意思仅仅是：如果是人的话，那么一定有思想，这句话并没断定"人是存在的"。以下哪个语句，最有力地支持了上述断定？（　　）

A. 所有商品都是有价值的

B. 所有不受外力作用的物体都做匀速直线运动

C. 所有的科学都是宗教

D. 所有杨树都是落叶乔木

E. 所有哺乳动物都是脊椎动物

27. 人应对自己的正常行为负责，这种负责甚至包括因行为触犯法律而承受制裁。但是，人不应该对自己不可控制的行为负责。以下哪些判断符合上述含义？（　　）

①人的有些正常行为会导致触犯法律。

②人对自己的正常行为有控制力。

③不可控制的行为不可能触犯法律。

A. 只有①　　B. 只有②

C. 只有③　　D. 只有①②

E. ①②③

28. 对所有的产品都进行了检查，没发现假冒伪劣产品。如果上述断定为假，则以下哪项一定为真？（　　）

①有的产品尚未经检查，但发现了假冒伪劣产品。

②或者有的产品尚未经检查，或者发现了假冒伪劣产品。

③如果对所有的产品都进行了检查，则可发现假冒伪劣产品。

A. 只有①　　B. 只有②

C. 只有③　　D. 只有①②

E. 只有②③

29. 所有物质实体都可见的，而任何可见的东西都没有神秘感。因此，精神世界不是物质实体。以下哪项最可能是上述论证所假设的？（　　）

A. 精神世界是不可见的　　B. 有神秘感的东西都是不可见的

C. 可见的东西都是物质实体　　D. 精神世界有时也是可见的

E. 精神世界具有神秘感

30. 去年 4 月，股市出现了强劲反弹，某证券部通过对该部股民持仓品种的调查发现，大多数经验丰富的股民都买了小盘绩优股，而所有年轻的股民都没买大盘蓝筹股，而所有买了小盘绩优股的股民都没买大盘蓝筹股。如果上述情况为真，则以下哪项关于该证券部股民的调查结果也必定为真？（　　）

①有些年轻的股民是经验丰富的股民。

②有些经验丰富的股民没买大盘蓝筹股。

③年轻的股民都没买小盘绩优股。

A. 只有②　　B. 只有①②

C. 只有②③　　D. 只有①③

E. ①②③

31. 一幢楼的住户中，发现有外来人口未到街道办事处登记。如果这一断定是真的，则在下述三个断定中，不能确定真假的是：（　　）。

①这幢楼中有外来人口居住。

②这幢楼中所有的外来人口都已到街道办事处登记。

③这幢楼中有的外来人口已到街道办事处登记。

A. ①②③　　B. 只有①②

C. 只有③　　D. 只有②

E. ①②③都能确定真假

32. 某大学顾老师在回答有关招生问题时强调:“我们学校招收一部分免费师范生,也招收一部分一般师范生。一般师范生不同于免费师范生,没有免费师范生毕业时可以留在大城市工作,而一般师范生毕业时都可以选择留在大城市工作,任何非免费师范生毕业时都需要自谋职业,没有免费师范生毕业时需要自谋职业。”根据顾老师的陈述,可以得出以下哪项?(　　)

A. 该校需要自谋职业的大学生都可以选择留在大城市工作

B. 该校可以选择留在大城市工作的唯一一类毕业生是一般师范生

C. 不是一般师范生的该校大学生都是免费师范生

D. 该校所有一般师范生都需要自谋职业

E. 该校需要自谋职业的大学生都是一般师范生

33. 随着互联网的发展,人们的购物方式有了新的选择。很多年轻人喜欢在网络上选择自己满意的商品,通过快递送上门,购物足不出户,非常便捷。刘教授据此认为,那些实体商场的竞争力会受到互联网的冲击,在不远的将来,会有更多的网络商店取代实体商店。以下哪项如果为真,最能削弱刘教授的观点?(　　)

A. 网络购物虽然有某些便利,但容易导致个人信息被不法分子利用

B. 有些高档品牌的专卖店,只愿意采取街面实体商店的销售方式

C. 网络商店与快递公司在货物丢失或损坏的赔偿方面经常互相推诿

D. 购买黄金珠宝等贵重物品,往往需要现场挑选,且不适宜网络支付

E. 在通常情况下,网络商店只有在其实体商店的支撑下才能生存

34. 受多元文化和价值观的冲击,甲国居民的离婚率明显上升。最近一项调查表明,甲国的平均婚姻存续时间为 8 年。张先生为此感慨,现在像钻石婚、金婚、白头偕老这样的美丽故事已经很难得,人们淳朴的爱情婚姻观一去不复返了。以下哪项如果为真,最可能表明张先生的理解不确切?(　　)

A. 现在有不少闪婚一族，他们经常在很短的时间里结婚又离婚

B. 婚姻存续时间长并不意味着婚姻的质量高

C. 过去的婚姻主要由父母包办，现在主要是自由恋爱

D. 尽管婚姻存续时间短，但年轻人谈恋爱的时间比以前增加很多

E. 婚姻是爱情的坟墓，美丽感人的故事更多体现在恋爱中

35. 有人说："哺乳动物都是胎生的。"以下哪项最能反驳以上判断？（　　）

A. 也许有的非哺乳动物是胎生的

B. 可能有的非哺乳动物不是胎生的

C. 没有见到过非胎生的哺乳动物

D. 非胎生的动物不大可能是哺乳动物

E. 鸭嘴兽是哺乳动物，但不是胎生的

36. 设"并非无商不奸"为真，则以下哪项一定为真？（　　）

A. 所有的商人都是奸商　　B. 所有的商人都不是奸商

C. 并非有的商人不是奸商　　D. 并非有的商人是奸商

E. 有的商人不是奸商

37. 某人说："我家的每一个成员都是在广州出生的"。如果他说的话事实上是错误的，则下面哪项是正确的？（　　）

A. 他家没有一个成员出生在广州

B. 他家至少有一个成员出生在广州

C. 他不是出生在广州

D. 他家至少有一个成员不是出生在广州

E. 如果他出生在广州，现在他仅是个儿童

38. 某律师事务所共有包括所长在内的 12 名工作人员。有关这 12 人，以下三个断定中只有一个是真的：①有人会使用计算机。②有人不会使用计算机。③所长不会使用计算机。以下哪项正确表示了该律师事务所会使用计算机的人数？（　　）

A. 12 人都会使用计算机　　B. 12 人没人会使用计算机

C. 只有一人不会使用计算机　　D. 只有一人会使用计算机

E. 不能确定

39. 我想说的都是真话，但真话我未必都说。如果上述断定是真的，则以下各项

都可能为真，除了：（　　）

A. 我有时也说假话

B. 我不是想啥说啥

C. 有时说某些善意的假话并不违背我的意愿

D. 我说的都是我想说的话

E. 我说的都是真话

40. 在会计硕士综合考试中，大卫的分数比朱丽低，但比保罗高。欧文的分数比朱丽和保罗低。王平的分数比欧文高，但比朱丽低。如果以上陈述为真，根据以下哪项可推出张明的分数比大卫低？（　　）

A. 大卫的分数和王平的分数一样高

B. 王平的分数和张明的分数一样高

C. 张明的分数比欧文高，但比王平低

D. 张明的分数比朱丽的分数低

E. 王平的分数比张明高，但比保罗低

41. 华山和峨眉山比黄山和泰山都高。如果上述断定是真的，再加上以下哪项，可得出“昆仑山高于黄山”的结论？（　　）

A. 黄山高于泰山

B. 昆仑山高于泰山

C. 峨眉山高于华山

D. 昆仑山高于华山

E. 泰山高于黄山

42. 一些城市，由于作息时间比较统一，加上机动车太多，形成了交通早高峰和晚高峰，市民在高峰时段上下班很辛苦。为了缓解人们上下班的交通压力，某政府顾问提议采取不同时间段上下班制度，即不同单位可以在不同的时间段上下班。以下哪项如果为真，最可能使该顾问的提议无法取得预期效果？（　　）

A. 有些上班时间段与员工的用餐时间冲突，会影响他们生活的乐趣，从而影响他们的工作积极性

B. 许多上班时间段与员工的正常作息时间不协调，他们需要较长一段时间来调整适应，这段时间的工作效率难以保证

C. 许多单位的大部分工作通常需要员工们在一起讨论、集体合作才能完成

D. 该市的机动车数量持续增加，即使不在早晚高峰期，交通拥堵也时有发生

E. 有些单位员工的住处与单位很近，步行即可上下班

43. 统计数字表明，近年来，民用航空飞行的安全性有很大提高。例如，某国2008年每飞行100万次发生恶性事故的次数为0.2次，而1989年为1.4次。从这些年的统计数字看，民用航空恶性事故发生率总体呈下降趋势。由此看出，乘飞机出行越来越安全。以下哪项不能加强上述结论？（　　）

A. 近年来，飞机事故中“死里逃生”的概率比以前提高了

B. 各大航空公司越来越注意对机组人员的安全培训

C. 民用航空的空中交通控制系统更加完善

D. 避免“机鸟互撞”的技术与措施日臻完善

E. 虽然飞机坠毁很可怕，但从统计数字上讲，驾车仍然要危险很多

44. 有医学研究显示，行为痴呆症患者的大脑组织中往往含有过量的铝。同时有化学研究表明，一种硅胶化合物可以吸收铝。陈医生据此认为，可以用这种硅化合物治疗行为痴呆症。以下哪项是陈医生最可能依赖的假设？（　　）

A. 行为痴呆症患者大脑组织的含铝量通常过高，但具体数量不会变化

B. 该硅化合物在吸收铝的过程中不会产生副作用

C. 用来吸收铝的硅化合物的具体数量与行为痴呆症患者的年龄有关

D. 过量的铝是导致行为痴呆症的原因，患者脑组织中的铝不是痴呆症引起的结果

E. 行为痴呆症患者脑组织中的铝含量与病情的严重程度有关

45～46题基于以下题干：

某家长认为，有想象力才能进行创造性劳动，但想象力和知识是天敌。人在获得知识的过程中，想象力会消失。因为知识符合逻辑，而想象力无章可循。换句话说，知识的本质是科学，想象力的特征是荒诞。人的大脑“一山不容二虎”；学龄前，想象力独占鳌头，脑子被想象力占据；上学后，大多数人的想象力被知识“驱逐出境”，他们成为知识渊博但丧失了想象力、终身只能重复前人发现的人。

45. 以下哪项是该家长论证所依赖的假设？（　　）

①科学是不可能荒诞的，荒诞的就不是科学

②想象力和逻辑水火不相容。

③大脑被知识占据后很难重新恢复想象力。

A. 只有①　　　　B. 只有②
C. 只有①②　　　　D. 只有②③
E. ①②③

46. 以下哪项与家长的上述观点矛盾？（　　）
A. 如果希望孩子能够进行创造性劳动，就不要送他们上学
B. 如果获得了足够知识，就不能进行创造性劳动
C. 发现知识的人是有一定想象力的
D. 有些人没有想象力，但能进行创造性劳动
E. 想象力被知识“驱逐出境”是一个逐渐的过程

47. 国外某教授最近指出，长着一张娃娃脸的人意味着他将享有更长的寿命，因为人们的生活状况很容易反映在脸上。从 1990 年春季开始，该教授领导的研究小组对 1 826 对 70 岁以上的双胞胎进行了体能和认知测试，并拍了他们的面部照片。在不知道他们确切年龄的情况下，三名研究助手先对不同年龄组的双胞胎进行年龄评估，结果发现，即使是双胞胎，被猜出的年龄也相差很大。然后，研究小组用若干年时间对这些双胞胎的晚年生活进行了跟踪调查，直至他们去世。调查表明：双胞胎中，外表年龄差异越大，看起来老的那个就越可能先去世。以下哪项如果为真，最能形成对该教授调查结论的反驳？（　　）
A. 如果把调查对象扩大到 40 岁以上的双胞胎，结果可能有所不同
B. 三名研究助手比较年轻，从事该项研究的时间不长
C. 外表年龄是每个人生活环境、生活状况和心态的集中体现，与生命老化关系不大
D. 生命老化的原因在于细胞分裂导致染色体末端不断损耗
E. 看起来越老的人，在心理上一般较为成熟，对于生命有更深刻的理解

48. 由于含糖饮料的卡路里含量高，容易导致肥胖，因此无糖饮料开始流行。经过一段时期的调查，李教授认为：无糖饮料尽管卡路里含量低，但并不意味它不会导致体重增加。因为无糖饮料可能导致人们对于甜食的高度偏爱，这意味着可能食用更多的含糖类食物。而且无糖饮料几乎没什么营养，喝得过多就限制了其他健康饮品的摄入，比如茶和果汁等。以下哪项如果为真，最能支持李教授的观点？（　　）

A. 茶是中国的传统饮料，长期饮用有益健康
B. 有些瘦子也爱喝无糖饮料
C. 有些胖子爱吃甜食
D. 不少胖子向医生报告他们常喝无糖饮料
E. 喝无糖饮料的人很少进行健身运动

49. 3D 立体技术代表了当前电影技术的尖端水准，由于使电影实现了高度可信的空间感，它可能成为未来电影的主流。3D 立体电影中的银幕角色虽然由计算机生成，但是那些包括动作和表情的电脑角色的“表演”，都以真实演员的“表演”为基础，就像数码时代的化妆技术一样。这也引起了某些演员的担心：随着计算机技术的发展，未来计算机生成的图像和动画会替代真人表演。以下哪项如果为真，最能削弱上述演员的担心？（　　）
A. 所有电影的导演只能和真人交流，而不是和电脑交流
B. 任何电影的拍摄都取决于制片人的选择，演员可以跟上时代的发展
C. 3D 立体电影目前的高票房只是人们一时图新鲜的结果，未来尚不可知
D. 掌握 3D 立体技术的动画专业人员不喜欢去电影院看 3D 电影
E. 电影故事只能用演员的心灵、情感来表现，其表现形式与导演的喜好无关

50. 公达律师事务所以为刑事案件的被告进行有效辩护而著称，成功率达 90% 以上。老余是一位以专门为离婚案件的当事人成功辩护而著称的律师。因此，老余不可能是公达律师事务所的成员。以下哪项最为确切地指出了上述论证的漏洞？（　　）
A. 公达律师事务所具有的特征，其成员不一定具有
B. 没有确切指出老余为离婚案件的当事人辩护的成功率
C. 没有确切指出老余为刑事案件的当事人辩护的成功率
D. 没有提供公达律师事务所统计数据的来源
E. 老余具有的特征，其所在工作单位不一定具有

专项训练四

1. 在法西斯当政时的德国，有人说："希特勒并不愚蠢。如果他愚蠢，就不会有那么多的信徒。"后有人告发他说"希特勒愚蠢"，并由此而被处以极刑。以下哪项与上面的告发者所用的手法相似？（　　）

   A. 某人说："我有张飞之粗，而无张飞之细。"有人分析说："他这是掩盖自己粗中有细的特点。"

   B. 某学生说："只有勤奋学习，才能考上重点高中。"另一学生说："他认为他一定能考上重点高中。"

   C. 某酒店老板说："我卖的酒没有掺水。要是我的酒掺了水，能这么好喝吗？"一位稽查人员说："他已承认他的酒掺了水。"

   D. 某人与另一个人约定："如果天不下雨，我就去图书馆。"结果，天没有下雨，他去了图书馆，另一个人就责备他没有信守约定。

   E. 某人说："我们必须加大基础建设的投资，否则大的工程难以上马。"有人反映说："这个同志不赞成上大的项目。"

2. 如果张大侠是作案者，那么在现场肯定能找到他的指纹。在现场确实找到了他的指纹。因此，张大侠无疑是作案者。以下哪项与上述论证的形式最为类似？（　　）

   A. 如果大李当选为办公室主任，那么她肯定要兼任工会主席。大李没有兼任工会主席。因此，大李没有当选为办公室主任

   B. 如果照相机的电池用完了，则闪光灯肯定不工作了。我的照相机闪光灯不工作了。因此，肯定是电池用完了

   C. 徐炳兴是我的舅舅，陈萍是徐炳兴的小外甥女，因此，陈萍是我的妹妹

   D. 所有的证词都可作为证据，除非它是伪证。张小侠的证词是伪证。因此，张小侠的证词不可作为证据

E. 所有存款的利息都要纳税，这笔基金既然存入银行，它的利息当然也要纳税

3. 广告：在化妆品中，只有“灵芝玉液”同时具有防晒、增白、祛斑、抗过敏和护肤的功能，并且也只有“灵芝玉液”有白玉兰香味。如果上述广告是真的，那么以下哪项不可能是真的？（　　）

①由艾丽雅化妆品公司推出的“瑶池秋露”虽然没有白玉兰香味，但同时具有防晒、增白、祛斑、抗过敏和护肤的功能。

②美白护肤露同时具有祛斑和抗过敏的功能。

③大漠空气清新剂具有白玉兰香味。

A. 只有①　　B. 只有②

C. 只有③　　D. 只有①③

E. ①②③都不可能是真的

4. 在评判一个企业的素质时，有人提出：“只要企业能获得利润，就是素质好的企业。”以下各项都是对上述看法的质疑，除了：（　　）。

A. 利润可能是牺牲本企业长远利益的短期效益

B. 利润可能是在竞争中以不正当手段减少其他企业的利益而带来的

C. 东大皮货厂连年效益可观，但领导层中挖出了个贪污集团

D. 一个企业利润暂时上不去，不见得素质就低

E. 一个企业的利润可能来自非法经营

5. 哈利、约翰、吉姆三人一起逛街，走到一家电影院门口，看见买票的人排成很长的队，约翰提议去看这场电影，哈利和吉姆问道：“为什么？”约翰回答说：“你们没有看到买这场电影票的人很多吗？”下面哪项比较准确地表达了约翰的话的意思？（　　）

A. 如果买票的人不多，那么，这场电影就不会好看

B. 只有电影不好看，买票的人才不会多

C. 这场电影好看，是因为买票的人很多

D. 如果这场电影不好看，就不会有很多的人买票

E. 电影好看不好看，与买票人的多少无关

6. 某甲、乙、丙三人讨论“不劳动者不得食”这一原则所包含的意义。

甲：“不劳动者不得食，意味着得食者可以不劳动。”

乙："不劳动者不得食，意味着得食者必须是劳动者。"

丙："不劳动者不得食，意味着得食者可能是劳动者。"

以下哪项结论是正确的？（　　）

A. 甲的意见正确，乙和丙的意见不正确

B. 乙和丙的意见正确，甲的意见不正确

C. 甲和丙的意见正确，乙的意见不正确

D. 乙的意见正确，甲和丙的意见不正确

E. 丙的意见正确，甲和乙的意见不正确

7. 随着环境污染问题越来越严重，科学家不断地发出警告：如果我们不从现在起就重视环境保护，那么人类终有一天将无法在这个地球上生活。以下哪项与科学家的警告是一致的？（　　）

A. 有那么一天，人类将无法在地球上生活

B. 从现在起就重视环境保护，人类就可以在这个地球上继续生活

C. 只有从现在起重视环境保护，人类才不至于在这个地球上无法生活

D. 人类有一天在这个地球上无法生活，那是因为我们没有从现在起重视环境保护

E. 环境污染问题的严重性，必须引起我们的高度重视

8. 不入虎穴，焉得虎子。如果上述断定是真的，则以下哪项必定是真的？（　　）

①除非入虎穴，否则不得虎子。

②若已得虎子，则必定已入虎穴。

③若未得虎子，则必定未入虎穴。

A. 只有①　　　　B. 只有②

C. 只有③　　　　D. 只有①②

E. 只有①③

9. 只有律师萨特参加，泰勒和瓦伦丁才能签订合同。而萨特只在自己的律师事务所参与合同签订工作。只有杨格陪同，泰勒才去萨特的事务所。如果上面的陈述是真实的，下面哪项也必定是真实的？（　　）

A. 杨格不去事务所，泰勒和瓦伦丁无法签订合同

B. 萨特参加，泰勒和瓦伦丁在事务所签订合同

C. 杨格去了事务所，泰勒和瓦伦丁签订合同

D. 泰勒和瓦伦丁没能签订合同，是由于律师萨特没有参加

E. 杨格去了事务所，萨特必须参加合同的签订

10. 以“如果丽达和露丝不去墨西哥，那么尤思去纽约”为前提，再加上下列哪个条件，就可以推出“丽达去墨西哥”的结论？（　　）

A. 尤思去纽约，露丝不去墨西哥

B. 尤思不去纽约，露丝去墨西哥

C. 露丝不去墨西哥

D. 露斯不去墨西哥，尤思不去纽约

E. 尤思不去纽约

11. 如果赵川参加宴会，那么钱华、孙旭和李元将一起参加宴会。如果上述断定是真的，那么，以下哪项也是真的？（　　）

A. 如果赵川没参加宴会，那么钱、孙、李三人中至少有一人没参加宴会

B. 如果赵川没参加宴会，那么钱、孙、李三人都没参加宴会

C. 如果钱、孙、李都参加了宴会，那么赵参加宴会

D. 如果李元没参加宴会，那么钱华和孙旭不会都参加宴会

E. 如果孙旭没参加宴会，那么赵川和李元不会都参加宴会

12. 王颖和唐斌至少有一人去张家界旅游。如果王颖去张家界，那么陈珊一定知道。如果唐斌去张家界，那么祝芳一定同行。事实上陈珊不知道王颖去张家界旅游。如果上述断定是真的，以下哪项一定是真的？（　　）

A. 王颖和唐斌一同去张家界旅游

B. 唐斌和祝芳一同去张家界旅游

C. 王颖和陈珊一同去张家界旅游

D. 陈珊和唐斌一同去张家界旅游

E. 王颖和祝芳一同去张家界旅游

13. 钱不是万能的，但没有钱是万万不能的。以下哪项是上述断定实际包含的意思？（　　）

①有的事有钱也办不成。

②没有有钱办不成的事。

③没有钱总有些事办不成。

④没有钱办不成的事比有钱办不成的事要多。

A. 只有①③④　　B. 只有②

C. 只有①②　　D. 只有①③

E. 只有③④

14. 当且仅当汤姆在法国时,列宾在英国并且詹姆士不在西班牙。当且仅当詹姆士在西班牙时,劳力斯不在电视台露面。当且仅当劳力斯不在电视台露面时,夏洛尔在剧场演出或者露丝参加蒙面舞会。如果夏洛尔在剧场演出,下面哪项一定是真实的?(　　)

A. 汤姆不在法国　　B. 詹姆士不在西班牙

C. 列宾在英国　　D. 劳力斯在电视台露面

E. 露丝参加蒙面舞会

15. 如果锡剧团今晚来村里演出,则全村的人不会都外出。只有村长今晚去县里,才能拿到化肥供应计划。只有拿到化肥供应计划,村里庄稼的夏收才有保证。事实上,锡剧团今晚来村里演出了。如果上述断定都是真的,则下列各项都可能是真的,除了:(　　)。

A. 村长没有拿到化肥计划

B. 村长今晚去了县里

C. 拿到了化肥计划,但村里庄稼的夏收仍没保证

D. 全村人都没外出,但村里庄稼的夏收还是有了保证

E. 村长没有外出

16. 只有小王陪伴,小常才到公园散步。如果小王不去图书馆,那么小李也不去图书馆。从上面的陈述中,可以逻辑地推出以下哪项结论?(　　)

A. 小李在图书馆内,则小常没有去公园散步

B. 小王在图书馆内,则小李也在图书馆内

C. 小王不在图书馆内,则小常在公园里散步

D. 小王在公园内散步,则小常也在公园内散步

E. 小常不在公园散步,则小李在图书馆内

17. 如果张三作案,那么李四一定是主犯;如果张三没作案,那么王五参与作案。又如果李四不是主犯,那么王五没参与作案。由此可推出以下哪项?(　　)

A. 张三没作案　　B. 李四一定是主犯

C. 李四不一定是主犯　　D. 王五参与作案

E. 张三作案

18. 针对作弊屡禁不止的现象,某学院某班承诺,只要全班同学都在承诺书上签字,那么,如果全班有一人作弊,全班同学的考试成绩都以不及格计。校方接受并严格实施了该班的这一承诺。结果班上还是有人作弊,但班长的考试成绩是优秀。以下哪项是上述断定的合乎逻辑的结论?(　　)

A. 班长采取不正当的手段使校方没有严格实施承诺

B. 作弊的就是班长本人

C. 全班多数人没有作弊

D. 全班没有人在承诺书上签字

E. 全班有人没在承诺书上签字

19. 只有公司相应部门的所有员工都考评合格了,该部门的员工才能得到年终奖金;财务部有些员工考评合格了;综合部所有员工都得到了年终奖金;行政部的赵强考评合格了。如果以上陈述为真,则以下哪项可能为真?(　　)

①财务部员工都考评合格了。

②赵强得到了年终奖金。

③综合部有些员工没有考评合格。

④财务部员工没有得到年终奖金。

A. 只有①②　　B. 只有②③

C. 只有①②④　　D. 只有①②③

E. 只有②③④

20. "如果货币的储蓄额和销售回笼额都没增长,那么货币的证券投资额一定增长",以此为前提,若再增加一个前提,可以推出"货币的储蓄额事实上增加了"的结论。以下哪项能作为该增加的前提?(　　)

A. 货币的证券投资额事实上增长了

B. 货币的证券投资额事实上没有增长

C. 货币的销售回笼额事实上没有增长

D. 货币的销售回笼额和证券投资额事实上都没有增长

E. 货币的销售回笼额和证券投资额事实上都增长了

21. 只有她去,你和我才会一起去唱卡拉 OK;而她只到能跳舞的卡拉 OK 唱歌,那些场所都在市中心。只有你参加,她妹妹才会去唱卡拉 OK。如果上述断定为真,则以下哪项也一定为真?(　　)

A. 不和她妹妹一起去唱卡拉 OK

B. 你和我不会一起在市郊的卡拉 OK 唱歌

C. 我不在,你不会和她妹妹一起去唱卡拉 OK

D. 她不在,你不会和她妹妹一起去唱卡拉 OK

E. 她妹妹也只到能跳舞的地方去唱卡拉 OK

22. 要重振女排雄风,关键在于发挥拼搏精神,如果没有拼搏精神,战术技术的训练发挥得再好,也不可能在超级强手面前取得突破性的成功。以下诸项都表达了上述议论的原意,除了:(　　)。

A. 只有发挥拼搏精神,才能取得突破性的成功

B. 除非发挥拼搏精神,否则不能取得突破性的成功

C. 如果取得了突破性的成功,说明一定发挥了拼搏精神

D. 不能设想女排取得了突破性成功但却没有发挥拼搏精神

E. 只要发挥拼搏精神,即使战术技术的发挥较差,也能取得突破性的成功

23. 在美国,企业高级主管和董事们买卖他们手中的本公司股票是很平常的。一般来说,某股票内部卖与买的比率低于 2 : 1 时,股票价格会迅速上升。近几天来,虽然 H 公司的股票一直在下跌,但公司的高级主管和董事们购进的股票却 9 倍于卖出的股票。以上事实最能支持以下哪种预测?(　　)

A. H 公司股票内部买卖的不平衡今后还将增长

B. H 公司股票的内部购买会马上停止

C. H 公司股票的价格会继续下跌,但速度放慢

D. H 公司股票的价格会马上上涨

E. H 公司股票的大部分仍将由其高级主管和董事们持有

24. 假如一个人增加每天吃饭的次数,而且假如所吃食物的量没有显著增加,那么这个人的胆固醇含量显著下降。然而,大多数每日增加就餐次数的人也多吃更多的食物。假如上面的话是正确的,那么下列哪一项最被上文所支持?(　　)

A. 对于大多数人,胆固醇的含量不被每天吃的食物的量所影响

B. 对于大多数人，每顿饭吃的食物的量由吃饭的时间来决定

C. 对于大多数人，增加每天吃饭的次数将导致胆固醇水平的显著下降的说法是不可靠的

D. 对于大多数人，每天吃饭的总量不被每天吃饭的顿数影响

E. 对于大多数人，增加每天吃饭的顿数将导致吃的食物的种类显著变化

25. 需求规律告诉我们：如果某种产品价格上涨，那么对它的需求就会减少；如果价格下跌，那么需求就会增加。但是，1988 年，当大豆色拉油的价格上涨时，对它的需求却大大增加了。如果上述情况属实，以下哪项能最好地解释上述理论和实际的差别？（　　）

A. 因为大豆色拉油味道不错，所以许多人都喜欢它

B. 大豆色拉油便于储存，比较方便

C. 大豆色拉油的制作工艺比较复杂，一般家庭不会做，只得去买

D. 因为制作大豆色拉油的大豆等的零售价格上涨，所以大豆色拉油的价格自然要上涨

E. 因为纯正花生油等其他食用油的零售价比大豆色拉油上涨得更快，所以相对于其他食用油，大豆色拉油的价格还是比较便宜的

26. 当且仅当竞争对手甲退出投标时，对手乙就会报一个较高的价位，我方也才不会在第一轮就被淘汰。当且仅当我方在第一轮竞争中就被淘汰之后，第一轮轮空的强有力对手丙才会在第二轮报价。当且仅当对手丙报价时，才会出现强劲对手丁不战退出的情况，或者出现另一个对手戊报一个高价的情况，或者两种情况都出现。如果已知的信息是丁退出了第二轮竞争，则下面哪项一定是事实？（　　）

A. 我方通过了第一轮的竞争　　B. 竞争对手乙首轮报价过高

C. 竞争对手甲没有退出投标　　D. 竞争对手丙第二轮没报价

E. 竞争对手戊报了一个高价

27. 研究生入学考试结束后，北方大学的几位同学对参加考试的几位同学进行推测：

甲：“如果赵瑛没有考上计算机系，那一定会考上软件学院。”

乙：“汪兵一定会考上机械系。”

丙：“如果刘云没有考上通信工程系，那么，邱丽会考上材料系。”

丁:“赵瑛考不上计算机系,也考不上软件学院。”

戊:“汪兵能考上自动化系。”

已:“邱丽考不上材料系。”

录取结束后发现,两个人的推测与事实不符。根据上述情况,以下哪项必定是正确的?(　　)

A. 赵瑛没有考上计算机系,但是考上了软件学院

B. 汪兵考上了自动化系,但没有考上机械系

C. 刘云考上了通信工程系,赵瑛可能考上了计算机系

D. 赵瑛没有考上软件学院．刘云考上了通信工程系

E. 邱丽考不上材料系,刘云没考上通信工程系

28. 只有具有较高艺术修养的学生,才能考上电影学院。如果这个断定成立,则以下哪项一定为真?(　　)

A. 有较高艺术修养的学生,也可以考上其他大学

B. 电影学院有时也招有较高艺术修养的成年人

C. 王映有较高的艺术修养,所以她考上了电影学院

D. 如果王映考上了电影学院,则她一定有较高的艺术修养

E. 没有较高艺术修养的学生,一定不会去考电影学院

29. 只有坚持社会主义才能救中国。以下诸项都准确地表达了上述断定的含义,除了:(　　)

A. 除非坚持社会主义,否则不能救中国

B. 如果不坚持社会主义,那么就不能救中国

C. 如果救了中国,说明一定坚持了社会主义

D. 坚持社会主义,是救中国的必不可缺的条件

E. 只要坚持社会主义,就一定能救中国

30. 妈妈和儿子点点在为整理房间的事争论着。

妈妈:“你不把房间整理好,就别想去看电影。”

点点:“我早已整理好了,这下我可以去看电影了吧。”

妈妈:“不行,我只是说,如果你不整理好房间,你就不能去看电影。”

根据上文,下面哪一项是错误的?(　　)

A. 妈妈的意思是点点只有整理好房间才能去看电影

B. 妈妈的意思是点点没有整理好房间就不能去看电影

C. 点点认为妈妈的意思是如果他整理好房间就可以去看电影

D. 点点认为妈妈的意思是只有他整理好房间才能去看电影

E. 妈妈的意思是点点即使整理好了房间也不一定能去看电影

31. 随着文化知识越来越重要,人们花在读书上的时间越来越多,文人学子近视患者的比例也越来越高。即便是在城里工人、乡镇农民中,也能看到不少人戴近视眼镜。然而,在中国古代很少发现患有近视的文人学子,更别说普通老百姓了。以下除哪项外,均可以解释上述现象?(　　)

A. 古时候,只有家庭条件好或者有地位的人才读得起书;即便读书,用在读书上的时间也很少,那种头悬梁、锥刺股的读书人更是凤毛麟角

B. 古时交通工具不发达,出行主要靠步行、骑马,足量的运动对于预防近视有一定的作用

C. 古人生活节奏慢,不用担心交通安全,所以即使患了近视,其危害也非常小

D. 古代自然科学不发达,那时学生读的书很少,主要是四书五经,一本《论语》要读好几年

E. 古人书写用的是毛笔,眼睛和字的距离比较远,写的字也相对大些

32. 近日,某集团高层领导研究了发展方向问题。王总经理认为:既要发展纳米技术,也要发展生物医药技术;赵副总经理认为:只有发展智能技术,才能发展生物医药技术;李副总经理认为:如果发展纳米技术和生物医药技术,那么也要发展智能技术。最后经过董事会研究,只有其中一位的意见被采纳。根据以上陈述,以下哪项符合董事会的研究决定?(　　)

A. 发展纳米技术和智能技术,但是不发展生物医药技术

B. 发展生物医药技术和纳米技术,但是不发展智能技术

C. 发展智能技术和生物医药技术,但是不发展纳米技术

D. 发展智能技术,但是不发展纳米技术和生物医药技术

E. 发展生物医药技术、智能技术和纳米技术

33. 在恐龙灭绝 6 500 万年后的今天,地球正面临着又一次物种大规模灭绝的危机。截至 20 世纪末,全球大约有 20%的物种灭绝。现在,大熊猫、西伯利亚虎、北美玳瑁、巴西红木等许多珍稀物种面临着灭绝的危险。有三位学者对

此做了预测。

学者一:“如果大熊猫灭绝,则西伯利亚虎也将灭绝。”

学者二:“如果北美玳瑁灭绝,则巴西红木不会灭绝。”

学者三:“或者北美玳瑁灭绝,或者西伯利亚虎不会灭绝。”

如果三位学者的预测都为真,则以下哪项一定为假?(　　)

A. 大熊猫和北美玳瑁都将灭绝

B. 巴西红木将灭绝,西伯利亚虎不会灭绝

C. 大熊猫和巴西红木都将灭绝

D. 大熊猫将灭绝,巴西红木不会灭绝

E. 巴西红木将灭绝,大熊猫不会灭绝

34. 科学研究中使用的形式语言和日常生活中使用的自然语言有很大的不同。形式语言看起来像天书,远离大众,只有一些专业人士才能理解和运用。但其实这是一种误解,自然语言和形式语言的关系就像肉眼与显微镜的关系。肉眼的视域广阔,可以从整体上把握事物的信息;显微镜可以帮助人们看到事物的细节和精微之处,尽管用它看到的范围小。所以,形式语言和自然语言都是人们交流和理解信息的重要工具,把它们结合起来使用,具有强大的力量。以下哪项如果为真,最能支持上述结论?(　　)

A. 通过显微镜看到的内容可能成为新的“风景”,说明形式语言可以丰富自然语言的表达,我们应重视形式语言

B. 正如显微镜下显示的信息最终还是要通过肉眼观察一样,形式语言表述的内容最终也要通过自然语言来实现,说明自然语言更基础

C. 科学理论如果仅用形式语言表达,很难被普通民众理解;同样,如果仅用自然语言表达,有可能变得冗跃且很难表达准确

D. 科学的发展很大程度上改善了普通民众的日常生活,但人们并没有意识到科学表达的基础——形式语言的重要性

E. 采用哪种语言其实并不重要,关键在于是否表达了真正想表达的思想内容

35. 在一次围棋比赛中,参赛选手陈华不时地挤捏指关节,发出的声响干扰了对手的思考。在比赛封盘间歇时,裁判警告陈华:如果再次在比赛中挤捏指关节并发出声响,将判其违规。对此,陈华反驳说,他挤捏指关节是习惯性动

作，并不是故意的，因此，不应被判违规。以下哪项如果成立，最能支持陈华对裁判的反驳？（　　）

A. 在此次比赛中，对手不时打开、合拢折扇，发出的声响干扰了陈华的思考

B. 在围棋比赛中，只有选手的故意行为，才能成为判罚的根据

C. 在此次比赛中，对手本人并没有对陈华的干扰提出抗议

D. 陈华一向恃才傲物，该裁判对其早有不满

E. 如果陈华为人诚实、从不说谎，那么他就不应该被判违规

36. 只有具有一定文学造诣且具有生物学专业背景的人，才能读懂这篇文章。如果上述命题为真，以下哪项不可能为真？（　　）

A. 小张没有读懂这篇文章，但他的文学造诣是大家所公认的

B. 计算机专业的小王没有读懂这篇文章

C. 从未接触过生物学知识的小李读懂了这篇文章

D. 小周具有生物学专业背景，但他没有读懂这篇文章

E. 生物学博士小赵读懂了这篇文章

37. 某集团公司有四个部门，分别生产冰箱、彩电、电脑和手机。根据前三个季度的数据统计，四个部门经理对 2010 年全年的盈利情况做了如下预测：

冰箱部门经理："今年手机部门会盈利。"

彩电部门经理："如果冰箱部门今年盈利，那么彩电部门就不会盈利。"

电脑部门经理："如果手机部门今年没盈利，那么电脑部门也没盈利。"

手机部门经理："今年冰箱和彩电部门都会盈利。"

全年数据统计完成后，发现上述四个预测只有一个符合事实。

关于该公司各部门的全年盈利情况，以下除哪项外，均可能为真？（　　）

A. 彩电部门盈利，冰箱部门没盈利

B. 冰箱部门盈利，电脑部门没盈利

C. 电脑部门盈利，彩电部门没盈利

D. 冰箱部门和彩电部门都没盈利

E. 冰箱部门和电脑部门都盈利

38. 巴斯德认为，空气中的微生物浓度与环境状况、气流运动和海拔高度有关。他在山上的不同高度分别打开装着煮过的培养液的瓶子，发现海拔越高，培养液被微生物污染的可能性越小。在山顶上，20 个装了培养液的瓶子，只有

1个长出了微生物。普歇另用干草浸液做材料重复了巴斯德的实验，却得出不同的结果：即使在海拔很高的地方，所有装了培养液的瓶子都很快长出了微生物。以下哪项如果为真，最能解释普歇和巴斯德实验所得到的不同结果？（　　）

A. 只要有氧气的刺激，微生物就会从培养液中自发地生长出来

B. 培养液在加热消毒、密封、冷却的过程中会被外界细菌污染

C. 普歇和巴斯德的实验设计都不够严密

D. 干草浸液中含有一种耐高温的枯草杆菌，培养液一旦冷却，枯草杆菌的孢子就会复活，迅速繁殖

E. 普歇和巴斯德都认为，虽然他们用的实验材料不同，但是经过煮沸，细菌都能被有效地杀灭

39. 每逢下雨，街道和人行道就变湿。如果这是正确的，则下面哪个也一定是正确的？（　　）

①如果街道和人行道都是湿的，那么正在下雨。

②如果街道湿了，但人行道没湿，那么没下雨。

③如果没下雨，那么街道和人行道都不会湿。

A. 只有①　　B. 只有②

C. 只有③　　D. 只有①②

E. 只有②③

40. 如果石油供应出现波动导致国际油价上涨，在发达市场国家，如美国，国内油价也会上升，不管这些国家的石油是全部进口还是完全不进口。如果以上关于石油供应波动的论述是正确的，在发达市场国家中，下面哪一种政策最有可能减少由于未预料到的国际油价剧烈上涨而对该国经济的长期影响？（　　）

A. 把每年进口的石油数量保持在一个恒定的水平上

B. 增加该国舰船中油轮的数量

C. 暂停同主要石油生产国的外交关系

D. 通过节能措施减少石油消耗量

E. 减少国内的石油生产

41. 如果将中心位置的机场附近的空域仅限于商业客机和那些装备了雷达的私

人飞机使用，私人飞机流量的绝大部分将被迫使用偏远的机场。这种私人飞机流量的减少将降低在中心位置的机场附近发生空中撞击的危险。第一句中得出的结论依赖于以下哪一个假设？（　　）

A. 对于大多数私人飞机的飞行员来说，使用偏远的机场同中心位置的机场一样方便

B. 大多数偏远的机场没有装备处理商业客机流量的设备

C. 大多数使用中心位置机场的私人飞机没有装备雷达

D. 商业客机比私人飞机有更大的空中相撞的危险

E. 空中撞击危险的减少将最终导致商业客机流量增加

42. 中国人口平均寿命是 72.1 岁，但是出生在海南岛的人平均将活到 77 岁，而在山西出生的人平均将活到 71.3 岁。如果一对从山西来的新婚夫妇在海南岛开始他们的家庭生活，那么他们的孩子预期比他们留在山西将活得更长。以下哪一个论述如果是正确的，将最显著地加强短文中得出的结论？（　　）

A. 随着海南岛人口密度的增加，该省的预期寿命可能会下降

B. 有利于长寿的环境因素在海南有很多，而在山西比较少

C. 所有的迁移到海南的山西人中，有 30%的人活过了 77 岁

D. 过去 10 年中，山西人的平均预期寿命比海南人的上升速度更快

E. 研究表明，那些永久地迁移到山西的海南人的平均预期寿命同那些留在海南的海南人一样

43. 小张约小李第二天去美术馆看画展，小李说："如果明天不下雨，我就去图书馆查阅资料。"第二天，天下起了毛毛细雨，小张以为不去图书馆了，就去小李的宿舍找他，谁知小李仍然去图书馆了。待两人又见面时，小张责怪小李食言，既然天下雨了，为什么还去图书馆！小李却说，他并没有食言，是小张的推论不合逻辑。对于两人的争论，下面哪种说法是正确的？（　　）

A. 小张和小李的这个争论是没有意义的

B. 小张的推论不合逻辑

C. 两人对毛毛细雨的理解不同

D. 由于小李失言，所以引起了这场争论

E. 由于小李的表达不够明确，所以引起了这场争论

44. 如果张明被选进学生会,他一定是三年级学生。上述断定基于以下哪项假设?(　　)

A. 只有张明才能被选进学生会

B. 只有三年级学生才能被选进学生会

C. 某些三年级学生可以不被选进学生会

D. 某些三年级学生必须被选进学生会

E. 张明不拒绝在学生会工作

45. 如果甲和乙的考试都没有及格的话,那么丙就一定不及格了。上述前提再增加以下哪项,就可以推出"甲考试及格了"的结论?(　　)

A. 丙及格了　　B. 乙和丙都及格了

C. 乙和丙都没及格　　D. 丙及格了,而乙没有及格

E. 乙及格了,而丙没有及格

46. 某银行保险柜被撬,巨额现金和债券失窃。警察局经过侦破,拘捕了三名重大嫌疑人:施辛格、赖普顿、安杰士。通过审讯,查明了以下事实:

①保险柜是用专门的作案工具撬开的,使用这种工具必须经过专门的训练。

②如果施辛格作案,那么安杰士也随之作案。

③赖普顿没有受过使用作案工具的专门训练。

④罪犯就是这三人中的一个或一伙。

以下结论,哪项最有可能?(　　)

A. 施辛格是罪犯,赖普顿和安杰士情况不明

B. 施辛格和赖普顿是罪犯,安杰士情况不明

C. 施辛格和安杰士是罪犯,赖普顿情况不明

D. 赖普顿是罪犯,施辛格和安杰士情况不明

E. 施辛格、赖普顿和安杰士都是罪犯

47. 母亲要求儿子从小就努力学外语。儿子说:"我长大又不想当翻译,何必努力学外语。"以下哪项是儿子的回答中所包含的前提?(　　)

A. 当翻译需要学外语　　B. 只有当翻译,才需要学外语

C. 当翻译没什么意思　　D. 不学外语就不能当翻译

E. 学了外语也不见得能当翻译

48. 抚仙湖虫是泥盆纪澄江动物群中特有的一种,属于真节肢动物中比较原始

的类型，成虫体长 10 厘米，有 31 个体节，外骨骼分为头、胸、腹三部分，它的背、腹分节数目不一致。泥盆纪直虾是现代昆虫的祖先，抚仙湖虫化石与直虾类化石类似，这间接表明了抚仙湖虫是昆虫的远祖。研究者还发现，抚仙湖虫的消化道充满泥沙，这表明它是食泥的动物。以下除哪项外，均能支持上述论证？（　　）

A. 昆虫的远祖也有不食泥的生物

B. 泥盆纪直虾的外骨骼分为头、胸、腹三部分

C. 凡是与泥盆纪直虾类似的生物都是昆虫的远祖

D. 昆虫是由真节肢动物中比较原始的生物进化而来的

E. 抚仙湖虫消化道中的泥沙不是在化石形成过程中由外界渗透进去的

49. 某教育专家认为："男孩危机"是指男孩调皮捣蛋、胆小怕事、学习成绩不如女孩好等现象。近些年，这种现象已经成为儿童教育专家关注的一个重要问题。这位专家在列出一系列统计数据后，提出了"今日男孩为什么从小学、中学到大学全面落后于同年龄段的女孩"的疑问，这无疑加剧了无数男生家长的焦虑。该专家通过分析指出，恰恰是家庭和学校不适当的教育方法导致了"男孩危机"现象。以下哪项如果为真，最能对该专家的观点提出质疑？（　　）

A. 家庭对独生子女的过度呵护，在很大程度上限制了男孩发散思维的拓展和冒险性格的养成

B. 现在的男孩比以前的男孩在女孩面前更喜欢表现出"绅士"的一面

C. 男孩在发展潜能方面要优于女孩，大学毕业后他们更容易在事业上有所成就

D. 在家庭、学校教育中，女性充当了主要角色

E. 现代社会游戏泛滥，男孩天性比女孩更喜欢游戏，这耗去了他们大量的精力

50. 教学生有效地使用计算机是很重要的。因此，学校应给学生开设计算机程序设计课。下面哪项如果是正确的，最能削弱上面的论证？（　　）

A. 只有有效使用计算机的人才擅长程序设计

B. 只有精通程序设计的人才能有效地使用计算机

C. 一些能有效使用计算机的人并不会编计算机程序

D. 有些学校教授的编程课比其他学校更有效率

E. 绝大多数能编程的人能有效使用计算机

专项训练五

1. 红星中学的四位老师在高考前对某理科毕业班学生的前景进行推测，他们特别关注班里的两个尖子生。

   张老师："如果余涌能考上清华，那么方宁也能考上清华。"

   李老师："依我看这个班没人能考上清华。"

   王老师："不管方宁能否考上清华，余涌考不上清华。"

   赵老师："我看方宁考不上清华，但余涌能考上清华。"

   高考的结果证明，四位老师中只有一人的推测成立。

   如果上述断定是真的，则以下哪项也一定是真的？（　　）

   A. 李老师的推测成立

   B. 王老师的推测成立

   C. 赵老师的推测成立

   D. 如果方宁考不上清华大学，则张老师的推测成立

   E. 如果方宁考上了清华大学，则张老师的推测成立

2. 只要天上有太阳并且气温在零度以下，街上总是有很多人穿着皮夹克。只要天下着雨并且气温在零度以上，街上总有人穿着雨衣。有时，天上有太阳但却同时下着雨。如果上述断定为真，则以下哪项一定为真？（　　）

   A. 有时街上会有人在皮夹克外面套着雨衣

   B. 如果街上有很多人穿着皮夹克但天没下雨，则天上一定有太阳

   C. 如果气温在零度以下并且街上没多少人穿着皮夹克，则天一定下雨

   D. 如果气温在零度以上并且街上有人穿着雨衣，则天一定下着雨

   E. 如果气温在零度以上但街上没人穿着雨衣，则一定没下雨

3. 某国大选在即，国际政治专家陈研究员预测，选举结果或者是甲党控制政府，或者是乙党控制政府。如果甲党赢得对政府的控制权，该国将出现经济问

题;如果乙党赢得对政府的控制权,该国将陷入军事危机。根据陈研究员的上述预测,可以得出以下哪项?(　　)

A. 该国将出现经济问题,或者将陷入军事危机

B. 如果该国陷入了军事危机,那么乙党赢得了对政府的控制权

C. 如果该国出现经济问题,那么甲党赢得了对政府的控制权

D. 该国可能不会出现经济问题,也不会陷入军事危机

E. 如果该国出现了经济问题并且陷入了军事危机,那么甲党与乙党均赢得了对政府的控制权

4. 关于选派出国人员,甲、乙、丙三人的意见分别是:

甲:“如果不选派小方,那么不选派小王。”

乙:“如果不选派小王,那么选派小方。”

丙:“要么选小方,要么选小王。”

以下诸项中,同时满足甲、乙、丙三人意见的方案是:(　　)。

A. 选小方,不选小王　　B. 选小王,不选小方

C. 两人都选派　　D. 两人都不选派

E. 不存在这样的方案

5. 在某餐馆中,所有的菜或者属于川菜系或者属于粤菜系,张先生点的菜中有川菜,因此张先生点的菜中没有粤菜。以下哪项最能增强上述论证?(　　)

A. 餐馆规定,点粤菜就不能点川菜;反之亦然

B. 餐馆规定,如果点了川菜,可以不点粤菜,但点了粤菜,一定也要点川菜

C. 张先生是四川人,只喜欢川菜

D. 张先生是广东人,但不喜欢粤菜

E. 张先生是四川人,最不喜欢粤菜

6. 某个体户严重违反了经营条例,执法人员向他宣布:“要么罚款,要么停业,二者必居其一。”他说:“我不同意。”如果他坚持自己意见的话,以下哪项断定是他在逻辑上必须同意的?(　　)

A. 罚款但不停业

B. 停业但不罚款

C. 既罚款又停业

D. 既不罚款又不停业

E. 如果既不罚款又不停业办不到的话，就必须接受既罚款又停业

7. 1997年前，一位西方学者预言，只要资本主义的中国香港有利于中国内地，中国香港就能在1997年回归后被允许保持它的资本主义制度；只要中国香港保持繁荣，它就能有利于中国内地；只要中国香港在回归前能保持资本主义制度，就能保持繁荣。从上述预言，可逻辑地得出以下哪项结论？（　　）

A. 如果中国香港不能保持繁荣，回归后就不会被允许保持资本主义制度

B. 如果中国香港在1997年前能保持资本主义制度，那么回归后就会被允许继续保持资本主义制度

C. 中国香港1997年后将继续保持繁荣

D. 如果中国香港回归后不能保持繁荣，则原因不在于其被允许保持资本主义制度

E. 1997年后如果出现世界性的经济危机，中国香港的经济也不会受其影响

8. 甲、乙、丙三人一起参加了物理和化学两门考试。三个人中，只有一个人在考试中发挥正常。考试前：

甲说："如果我在考试中发挥不正常，我将不能通过物理考试。如果我在考试中发挥正常，我将能通过化学考试。"

乙说："如果我在考试中发挥不正常，我将不能通过化学考试。如果我在考试中发挥正常，我将能通过物理考试。"

丙说："如果我在考试中发挥不正常，我将不能通过物理考试。如果我在考试中发挥正常，我将能通过物理考试。"

考试结束后，证明这三个人说的都是真话，并且：发挥正常的人是三人中唯一的一个通过这两门科目中某门考试的人；发挥正常的人也是三人中唯一的一个没有通过另一门考试的人。从上述断定能推出以下哪项结论？（　　）

A. 甲是发挥正常的人

B. 乙是发挥正常的人

C. 丙是发挥正常的人

D. 题干中缺乏足够的条件来确定谁是发挥正常的人

E. 题干中包含互相矛盾的信息

9. 如果佣人出现，他将被发现；如果他被发现，他就会受到询问；他如果受到询问，他将回答问题，他的声音可以被听到。如果未看到佣人也未听到他的声

音,他一定在工作;如果他在工作,他一定会出现,但没有人听到佣人的声音。结合上文,以下哪一项能够成立?(　　)

A. 佣人被问　　B. 佣人不被问

C. 未看见佣人　　D. 看到佣人

E. 以上全不是

10. 某体育学校招收新生,条件是:体育优秀,并且语文或者数学优秀。小李没有被体育学校录取,那是由于:(　　)。

A. 如果小李体育优秀,那么他的语文和数学都不优秀

B. 如果小李的语文不优秀或者数学不优秀,那么他的体育不优秀

C. 小李体育优秀,语文不优秀

D. 小李体育优秀,数学不优秀

E. 小李只有语文和数学优秀,体育才会优秀

11. 某餐馆发生了一起谋杀案,经调查:第一,谋杀或者用的是叉,或者用的是刀,二者必居其一。第二,谋杀时间或者在午夜 12 点,或者在凌晨 4 点。第三,谋杀者或者是甲,或者是乙,二者必居其一。如果以上断定是真的,那么以下哪项也一定是真的?(　　)

①死者不是甲用叉在午夜 12 点谋杀的,因此,死者是乙用刀子在凌晨 4 点谋杀的。

②死者是甲用叉在凌晨 4 点谋杀的,因此,死者不是乙用叉在凌晨 4 点谋杀的。

③谋杀的时间是午夜 12 点,但不是甲用叉子谋杀的,因此,一定是乙用刀子谋杀的。

A. 只有①　　B. 只有②

C. 只有③　　D. ①②③

E. ②③

12. 已知:

①如果小王是工人,那么小张不是医生。

②或者小李是工人,或者小王是工人。

③只要小张不是医生,则小赵是学生。

④或者小赵是学生,或者小周不是经理。

以下哪项如果为真，可得出“小李是工人”的结论？（　　）

A. 小周不是经理　　B. 小王是工人

C. 小赵是学生　　D. 小周是经理

E. 小张不是医生

13. 小张、小王、小刘和小梁同住在一间宿舍里，他们当中有一人在做数学题，一人在读英语，一人在看小说，一人在写论文。已知：

①小张没在读英语，也没在看小说。

②如果小张不在做数学题，那么小梁不在读英语。

③有人说小王或者在做数学题，或者在读英语，但事实并非如此。

④不能说如果小梁不在做数学题，那么他一定在写论文。

⑤小刘既不在看小说，也不在读英语。

根据以上条件，能推出他们四个各自在做什么？（　　）

A. 小张做数学题，小王看小说，小刘写论文，小梁读英语

B. 小张看小说，小王写论文，小刘做数学题，小梁读英语

C. 小张做数学题，小王看小说，小刘读英语，小梁写论文

D. 小张看小说，小王写论文，小刘读英语，小梁做数学题

E. 小张做数学题，小王读英语，小刘看小说，小梁写论文

14. 美国总统林肯说过：“最高明的骗子，可能在某个时刻欺骗所有的人，也可能在所有的时刻欺骗某些人，但不可能在所有的时刻欺骗所有的人。”如果上述断定是真的，那么下述哪项断定必定是假的？（　　）

A. 林肯可能在某个时刻受骗

B. 林肯可能在任何时候都不受骗

C. 骗人的人也可能在某个时刻受骗

D. 不存在某一时刻所有的人都必然不受骗

E. 不存在某一时刻有人可能不受骗

15. 小刘遇见了小吴，发现小吴戒了烟，不由得惊奇地对小吴说：“你真是个意志坚强的人！”小吴忙说：“并非我意志坚强，而是我妻子意志坚强。她对我说：‘要么你要烟，要么你要我。’”以小吴妻子的话再加上以下哪项作为前提，才促使小吴戒了烟？（　　）

①我要妻子。

②我不要烟。

③我既要烟,也要妻子。

A. 只有①

B. 只有①②

C. 只有①③

D. 只有②③

E. 只有①②③

16. 如果飞行员严格遵守操作规程,并且飞机在起飞前经过严格的例行技术检验,那么,飞机就不会失事,除非出现例如劫机这样的特殊意外。这架波音747在金沙岛上空失事。如果上述断定是真的,则以下哪项也一定是真的?( )

A. 如果失事时无特殊意外发生,则飞行员一定没有严格遵守操作规程,并且飞机在起飞前没有经过严格的例行技术检验

B. 如果失事时有特殊意外发生,则飞行员一定严格遵守了操作规程,并且飞机在起飞前经过了严格的例行技术检验

C. 如果飞行员没有严格遵守操作规程,并且飞机起飞前没有经过严格的例行技术检验,则失事时一定没有特殊意外发生

D. 如果失事时没有特殊意外发生,则可得出结论:只要飞机失事的原因是飞行员没有严格遵守操作规程,那么飞机在起飞前一定经过了严格的例行技术检验

E. 如果失事时没有特殊意外发生,则可得出结论:只要飞机失事的原因不是飞机在起飞前没有经过严格的例行技术检验,那么一定是飞行员没有严格遵守操作规程

17. 在讨论一项提案时,会议的主持者说:"每一位与会者,要么支持A提案,要么支持B提案,绝不允许含糊其辞,模棱两可。"从主持者的话中,不可能推出的结论是:( )

A. 如果支持A提案,那么就不支持B提案

B. 或者支持A提案,或者支持B提案,二者必居其一

C. 在A提案和B提案中,能并且只能支持一个提案

D. 或者支持A提案,或者不支持B提案

E. 在A提案和B提案中,不能两个提案都支持

18～19 题基于以下题干：

中国围棋队在比赛时抽烟的选手，抽的或者是红塔山，或者是阿诗玛。

18. 如果上述断定为真，下述哪项一定是真的？（　　）

①一名比赛时不抽红塔山烟的中国围棋队选手，一定抽阿诗玛烟。

②没有中国围棋队选手比赛时抽外烟。

③所有中国围棋队队员比赛时都抽烟。

A. 只有①　　B. 只有②

C. 只有③　　D. 只有①③

E. ①②③

19. 基于上述题干，再增加两个条件：

①任一比赛时抽红塔山烟的中国围棋队选手同时手持折扇。

②NEC 快棋赛中没有中国围棋队的选手手持折扇。

那么，可推出以下哪项结论？（　　）

A. NEC 快棋赛中，每一名中国围棋队选手都抽阿诗玛烟

B. NEC 快棋赛中，有些中国围棋队选手比赛时抽红塔山烟

C. NEC 快棋赛中，每一名中国围棋队选手比赛时都不抽烟

D. NEC 快棋赛中，有些中国围棋队选手比赛时抽阿诗玛烟

E. NEC 快棋赛中，中国围棋队选手比赛时如果抽烟，那么一定抽阿诗玛烟

20. 如果有谁没有读过此份报告，那么或者是他对报告的主题不感兴趣，或者是他对报告的结论持反对态度。如果上述断定是真的，则以下哪项也一定是真的？（　　）

①一个读过此份报告的人，一定既对报告的主题感兴趣，也对报告的结论持赞成态度。

②一个对报告的主题感兴趣，并且对报告的结论持赞成态度的人，一定读过此份报告。

③一个对报告的主题不感兴趣，并且对报告的结论持反对态度的人，一定没有读过此份报告。

A. 只有①　　B. 只有②

C. 只有③　　D. 只有①③

E. ①②③

21. 如果这项改革措施不受干部们欢迎,我们就应该进行修改。如果它不受工人们欢迎,我们就应该采用一项新的改革措施。并且这项措施必定是,要么不受干部们的欢迎,要么不受工人们的欢迎。如果以上陈述为真,以下哪项也一定正确?( )

A. 我们应当修改这项改革措施,当且仅当这样做不会降低该措施在工人中的声望时

B. 我们应该在干部或者工人中间努力推广这项改革措施

C. 如果修改这项改革措施不会影响到它在干部们中受欢迎的程度,我们就应该立即进行修改

D. 如果这项改革措施受到了工人们的欢迎,我们就应该采取一项新的改革措施

E. 如果这项改革措施受到了干部们的欢迎,我们就应该采取一项新的改革措施

22. 篮球队教练规定,如果一号队员上场,而且三号队员没有上场,那么,五号与七号队员中至少要有一人上场。如果教练的规定被贯彻执行了,则一号队员没有上场的充分条件是:( )。

A. 三号队员上场,五号、七号队员没上场

B. 三号队员没上场,五号、七号队员上场

C. 三号、五号、七号队员都没上场

D. 三号、五号、七号队员都上场了

E. 三号、五号队员上场,七号队员没上场

23. 不可能所有的中国香港人都会讲普通话。以下哪项判断的含义与上述判断最为接近?( )

A. 可能所有的中国香港人都会讲普通话

B. 可能所有的中国香港人都不会讲普通话

C. 必然所有的中国香港人都不会讲普通话

D. 必然有的中国香港人不会讲普通话

E. 必然有的中国香港人会讲普通话

24. 并非小张既高又胖。如果上述断定是真的,那么,下述哪项必定是真的?( )

A. 小张高但不胖　　B. 小张胖但不高

C. 小张既不高也不胖　　D. 如果小张高，那么他一定不胖

E. 如果小张不高，他一定胖

25. 只有甲队体力强、技术高、配合好，才能战胜乙队。如果以上论述是真的，那么甲队不能战胜乙队的前提是以下哪项？（　　）

A. 甲队体力不强、技术不高，并且配合不好

B. 甲队体力不强、技术不高，或者配合不好

C. 乙队体力强、技术高并且配合好

D. 甲队体力不强，或技术不高，或配合不好

E. 甲队体力不强，或者技术不高，并且配合不好

26. 某班要和另一班进行足球赛，关于上场队员有如下要求：

A 是队长，必须上场。B 和 C 配合默契，两人要么一起上场，要么一起不上场。只有 D 上场，E 才能上场。如果 C 不上场，那么 E 上场。D 正在生病，不能上场。如果以上条件都是真的，那么以下哪项是正确的结论？（　　）

A. B、D、C 不上场　　B. A、B、C 上场

C. D、C、E 不上场　　D. A、B、E 上场

E. E、A、C 上场

27. 小王请小李、小夏、小田、小林、小黄到家里做客。而这五位被邀请作客的人有着以下关系：

①要么小林来，要么小田来。

②如果小黄不来，那么小夏来。

③如果小李不来，那么小林也不来。

④如果小李来，那么小黄就不来。

现在小林来了，那么：（　　）。

A. 小李和小夏来，其他人不来

B. 小李、小夏和小田来，其他的人不来

C. 小黄和小夏来，其他人不来

D. 小李来，其他人不来

E. 小夏和小黄来，其他的人不来

28. 如果所有的大学生都会跳舞，并且黎明是大学生，则黎明会跳舞。从上述前

提出发，若加上前提“黎明不会跳舞，但黎明是大学生”之后，我们仍不能逻辑地确定下列哪些陈述的真假？（　　）

①并非所有的大学生都会跳舞。

②有的大学生会跳舞。

③所有的大学生都不会跳舞。

④有的大学生不会跳舞。

⑤所有的大学生都会跳舞。

A. 只有②　　B. 只有③

C. 只有②③　　D. 只有①②③

E. 只有①②③④⑤

29. 或者甲和乙一起作案，或者丙作案。如果丙作案，那么乙也会参加。如果上述断定是真的，那么以下哪项是它的逻辑结果？（　　）

A. 甲一定作案　　B. 乙一定作案

C. 丙一定作案　　D. 一定是甲和乙一起作案

E. 丙一定不会作案

30. 如果你犯了法，你就会受到法律的制裁；如果你受到法律的制裁，别人就会看不起你；如果别人看不起你，你就无法受到尊重；而只有受到尊重，你才能过得舒心。从上述叙述中，可以推出下列哪个结论？（　　）

A. 你不犯法，日子就会过得舒心

B. 你犯了法，日子就不会过得舒心

C. 你日子过得不舒心，证明你犯了法

D. 你日子过得舒心，表明你看得起别人

E. 如果别人看得起你，你日子就能舒心

31～32 题基于以下题干：

如果“新龙门”餐馆在同一天供应红焖羊肉和什锦火锅，那么也一定供应烤乳猪。该餐馆星期二不供应烤乳猪。贾女士只有当供应红焖羊肉时才去“新龙门”餐馆吃饭。

31. 如果上述断定是真的，那么以下哪项也一定是真的？（　　）

A. 星期二贾女士不会去“新龙门”餐馆吃饭

B. 贾女士不会在同一天在“新龙门”既吃红焖羊肉又吃什锦火锅

C.“新龙门”在星期二不供应什锦火锅

D.“新龙门”只在星期二不供应红焖羊肉

E. 如果“新龙门”在星期二供应红焖羊肉，那么这天它一定不供应什锦火锅

32. 如果题干的断定是真的，并且事实上贾女士星期二去“新龙门”餐馆吃了饭，则以下哪项一定是真的？（　　）

A.“新龙门”在贾女士吃饭的那天没有供应什锦火锅

B.“新龙门”在贾女士吃饭的那天没有供应红焖羊肉

C.“新龙门”在贾女士吃饭的那天供应了烤乳猪

D.“新龙门”在贾女士吃饭的那天既供应了红焖羊肉，又供应了什锦火锅

E.“新龙门”在贾女士吃饭的那天既没有供应红焖羊肉，又没有供应什锦火锅

33～34 题基于以下题干：

市政府计划对全市的地铁进行全面改造，通过较大幅度地提高客运量，缓解沿线包括高速公路上机动车的拥堵。市政府同时又计划增收沿线两条主要高速公路的机动车过路费，用以贴补上述改造的费用。这样做的理由是，机动车主是上述改造的直接受益者，应当承担部分开支。

33. 以下哪项相关规定如果为真，最能质疑上述计划？（　　）

A. 政府无权支配全部高速公路机动车过路费收入

B. 地铁乘客同样是上述改造的受益者，但并不承担开支

C. 机动车有不同的档次，但收取的过路费区别不大

D. 为躲避多交过路费，机动车会绕开收费站，增加普通公路的流量

E. 高速公路上机动车拥堵现象不如普通公路严重

34. 以下哪项相关断定如果为真，最有助于论证上述计划的合理性？（　　）

A. 上述计划通过了市民听证会的审议

B. 在相邻的大、中城市中，该市的交通拥堵状况最为严重

C. 增收过路费的数额，经过专家的严格论证

D. 市政府有足够的财力完成上述改造

E. 改造后，相当数量的地铁乘客都有私人机动车

35. 在期货市场上，粗粮可以在收获前就“出售”。如果预测歉收，粮价就上升；如果预测丰收，粮价就下跌。目前粮食作物正面临严重干旱，今晨气象学家

预测，一场足以解除旱情的大面积降雨将在傍晚开始。因此，近期期货市场上的粮价会大幅度下跌。以下哪项如果为真，最能削弱上述论证？（　　）

A. 气象学家气候预测的准确性并不稳定

B. 气象学家同时提醒做好防涝准备，防备这场大面积降雨延续过长

C. 农业学家预测，一种严重的虫害将在本季粮食作物的成熟期出现

D. 和期货市场上的某些商品相比，粮食价格的波动幅度较小

E. 干旱不是对粮食作物生长的最严重威胁

36. 以优惠价出售日常家用小商品的零售商通常有上千雇员，其中大多数只能领取最低工资。随着国家法定的最低工资额的提高，零售商的人力成本也随之大幅度提高。但是，零售商的利润非但没有降低，反而提高了。以下哪项如果为真，最有助于解释上述看来矛盾的现象？（　　）

A. 上述零售商的基本顾客，是领取最低工资的人

B. 人力成本只占零售商的经营成本的一半

C. 在国家提高最低工资额的法令实施后，除了人力成本以外，其他零售经营成本也有所提高

D. 零售商的雇员一部分来自农村，他们基本都拿最低工资

E. 在国家提高最低工资额的法令实施后，零售商降低了某些高薪雇员的工资

37. 马医生发现，在进行手术前喝高浓度加蜂蜜的热参茶可以使他手术时主刀更稳、用时更短、效果更好。因此，他认为，要么是参，要么是蜂蜜，其含有的某些化学成分能帮助他更快、更好地进行手术。以下哪项如果为真，能削弱马医生的上述结论？（　　）

①马医生在喝高浓度加蜂蜜的热柠檬茶后的手术效果比喝高浓度加蜂蜜的热参茶还要好。

②马医生在喝热白开水之后的手术效果与喝高浓度加蜂蜜的热参茶一样好。

③洪医生主刀的手术效果比马医生好，而前者没有手术前喝高浓度加蜂蜜热参茶的习惯。

A. 只有①　　B. 只有②

C. 只有③　　D. 只有①和②

E. 只有③和②

38～39 题基于以下题干：

宏达山钢铁公司由 5 个子公司组成。去年，其子公司火龙公司试行与利润挂钩的工资制度，其他子公司则维持原有的工资制度。结果，火龙公司的劳动生产率比其他子公司的平均劳动生产率高出 13%。因此，在宏达山钢铁公司实行与利润挂钩的工资制度有利于提高该公司的劳动生产率。

38. 以下哪项最可能是上述论证所假设的？（　　）

A. 火龙公司分别与其他各子公司相比，原来的劳动生产率基本相同

B. 火龙公司与其他各子公司分别相比，原来的利润率基本相同

C. 火龙公司的职工数量和其他子公司的平均职工数量基本相同

D. 火龙公司原来的劳动生产率与其他子公司相比不是最高的

E. 火龙公司原来的劳动生产率和其他各子公司原来的平均劳动生产率基本相同

39. 以下哪项如果为真，最能削弱上述论证？（　　）

A. 实行了与利润挂钩的分配制度后，火龙公司从其他子公司挖走了不少人才

B. 宏达山钢铁公司去年从国外购进的先进技术装备，主要用于火龙公司

C. 火龙公司是 3 年前组建的，而其他子公司都有 10 年以上的历史

D. 红塔钢铁公司去年也实行了与利润挂钩的工资制度，但劳动生产率没有明显提高

E. 宏达山公司的子公司金龙公司去年没有实行与利润挂钩的工资制度，但它的劳动生产率比火龙公司略高

40. 市场上推出了一种新型的电脑键盘。这种新型键盘具有传统键盘所没有的“三最”特点，即最常用的键设计在最靠近最灵活手指的部位。新型键盘能大大提高键入速度，并减少错误率。因此，用新型键盘替换传统键盘能迅速地提高相关部门的工作效率。以下哪项如果为真，最能削弱上述论证？（　　）

A. 有的键盘使用者最灵活的手指和平常人不同

B. 传统键盘中最常用的键并非设计在离最灵活手指最远的部位

C. 越能高效率地使用传统键盘，短期内越不易熟练地使用新型键盘

D. 新型键盘的价格高于传统键盘的价格

E. 无论使用何种键盘,键入速度和错误率都因人而异

41. 面试是招聘的一个不可取代的环节。因为通过面试,可以了解应聘者的个性。那些个性不适合的应聘者将被淘汰。以下哪项是上述论证最可能假设的?(　　)

A. 应聘者的个性很难通过招聘的其他环节展示

B. 个性是确定录用应聘者的最主要因素

C. 只有经验丰富的招聘者才能通过面试准确把握应聘者的个性

D. 在招聘各环节中,面试比其他环节更重要

E. 面试的唯一目的是了解应聘者的个性

42. 人应对自己的正常行为负责,这种负责甚至包括因行为触犯法律而承受制裁。但是,人不应该对自己不可控制的行为负责。以下哪项结论能从上述断定推出?(　　)

①人的有些正常行为会导致触犯法律。

②人对自己的正常行为有控制力。

③不可控制的行为不可能触犯法律。

A. 只有①　　B. 只有②

C. 只有③　　D. 只有①和②

E. ①②③

43. 也许令许多经常不刷牙的人感到意外的是,这种不良习惯已使他们成为易患口腔癌的高危人群。为了帮助这部分人能在早期发现口腔癌,市卫生部门发行了一本小册子,教人们如何使用一些简单的家用照明工具,如台灯、手电等,进行每周一次的口腔自检。以下哪项如果为真,最能对小册子的效果提出质疑?(　　)

A. 有些口腔疾病的病症靠自检难以发现

B. 预防口腔癌的方案因人而异

C. 经常刷牙的人也可能患口腔癌

D. 口腔自检的可靠性不如在医院所做的专门检查

E. 经常不刷牙的人不大可能做每周一次的口腔自检

44. 户籍改革的要点是放宽对外来人口的限制。G 市在对待户籍改革上面临两

难:一方面,市政府懂得吸引外来人口对城市化进程的意义;另一方面,又担心人口激增的压力。在决策班子里形成了“开放”和“保守”两派意见。以下各项如果为真,都只能支持上述某一派的意见,除了:(　　)。

A. 城市与农村户口分离的户籍制度,不适应目前社会主义市场经济的需要

B. G 市存在严重的交通堵塞、环境污染等问题,其城市人口的合理容量有限

C. G 市近几年的犯罪案件增加,案犯中来自农村的打工人员比例增高

D. 近年来,G 市的许多工程的建设者多数是来自农村的农民工,其子女的就学成为市教育部门面临的难题

E. 由于计划生育政策和生育观的转变,近年来 G 市的幼儿园、小学乃至中学的班级数量递减

45. 一名花匠正在配制插花。可供配制的花共有苍兰、玫瑰、百合、牡丹、海棠和秋菊 6 个品种。一件合格的插花必须至少由两种花组成,同时须满足以下条件:如果有苍兰或海棠,则不能有秋菊;如果有牡丹,则必须有秋菊;如果有玫瑰,则必须有海棠。

以下各项所列的两种花都可以单独或与其他花搭配,组成一件合格的插花,除了:(　　)。

A. 苍兰和玫瑰　　B. 苍兰和海棠

C. 玫瑰和百合　　D. 玫瑰和牡丹

E. 百合和秋菊

46. 一桩投毒谋杀案,作案者要么是甲,要么是乙,两者必有其一;所用毒药或者是毒鼠强,或者是乐果,两者至少其一。如果上述断定为真,则以下哪项推断一定成立?(　　)

①该投毒案不是甲投毒鼠强所为。因此,一定是乙投乐果所为。

②在该案侦破中,发现甲投了毒鼠强。因此,案中的毒药不一定是乐果。

③该投毒案的作案者不是甲,并且所投的毒药也不是毒鼠强。因此,一定是乙投乐果所为。

A. 只有①　　B. 只有②

C. 只有③　　D. 只有①和③

E. ①②③

47. 一个产品要畅销,产品的质量和经销商的诚信缺一不可。以下各项都符合

题干的断定,除了:(　　)。

A. 一个产品滞销,说明它或者质量不好,或者经销商缺乏诚信

B. 一个产品,只有质量高并且由诚信者经销,才能畅销

C. 一个产品畅销,说明它质量高并有诚信经销商

D. 一个产品,除非有高的质量和诚信的经销商,否则不能畅销

E. 一个质量好并且由诚信者经销的产品不一定畅销

48. 一方面确保法律面前人人平等,同时又允许有人触犯法律而不受制裁,这是不可能的。以下哪项最符合题干的断定?(　　)

A. 或者允许有人凌驾于法律之上,或者任何人触犯法律都要受到制裁,这是必然的。

B. 任何人触犯法律都要受到制裁,这是必然的

C. 有人凌驾于法律之上,触犯法律而不受制裁,这是可能的

D. 如果不允许有人触犯法律可以不受制裁,那么法律面前人人平等是可能的

E. 一方面允许有人凌驾于法律之上,同时又声称任何人触犯法律都要受到制裁,这是可能的

49～50 题基于以下题干:

某校的一项抽样调查显示,该校经常泡网吧的学生中,家庭经济条件优越的占 80%,学习成绩下降的也占 80%。因此,家庭条件优越是学生泡网吧的重要原因,泡网吧是学习成绩下降的重要原因。

49. 以下哪项如果为真,最能削弱上述论证?(　　)

A. 该校位于高档住宅区,学生九成以上家庭条件优越

B. 经过清理整顿,该校周边网吧管理规范了

C. 有的家庭条件优越的学生并不泡网吧

D. 家庭条件优越的学生家长并不赞成学生泡网吧

E. 被抽样调查的学生只占全校学生的 30%

50. 以下哪项如果为真,最能加强上述论证?(　　)

A. 该校是市重点学校,学生的成绩普遍高于普通学校

B. 该校狠抓教学质量,上学期半数以上学生的成绩都有明显的提高

C. 被抽样调查的学生多数能如实填写问卷

D. 该校经常做这种形式的问卷调查

E. 该项调查的结果已见报，受到了市教育局的重视

专项训练六

1. 郭靖图便宜花 50 元买的旅游鞋，不到一个月就断裂了；不久，他按几乎市价的一半买了件皮夹克，却发现是仿羊皮的。于是他得出结论，便宜无好货。郭靖得出结论的思维方法，与下面哪一项最为类似？（　　）

   A. 李京是语文教师，他仔细地阅改了每一篇作文，得出结论，全班同学的文字表达能力普遍有提高

   B. 王江检验一批产品，第一件合格，第二件是次品，于是得出结论，这批产品不全合格

   C. 美国挑战者号航天飞机失事的原因或是设备故障，或是操作失误，联邦调查局已经找到了操作失误的证据，因此得出结论，可以排除设备故障的原因

   D. 吴琼邻居家的小男孩，头发有两个旋，脾气很犟；吴琼的小侄子，头发也有两个旋，脾气也很犟。吴琼因此得出结论，头发上有两个旋的孩子，脾气很犟

   E. 吴琼认为头发上有两个旋的孩子脾气很犟，因此得出结论，自己的孩子脾气不犟是因为头发上只有一个旋

2. 法国著名作家雨果在一次讲演中说道："我们都是瞎子。吝啬的人是瞎子，他只看见金子看不见财富。挥霍的人是瞎子，他只看见开端看不见结局。卖弄风情的女人是瞎子，她看不见自己脸上的皱纹。有学问的人是瞎子，他看不见自己的无知。诚实的人是瞎子，他看不见坏蛋。坏蛋是瞎子，他看不见上帝。上帝也是瞎子，他在创造世界的时候，没有看到魔鬼也跟着混进来了。我也是瞎子，我只知道说啊说啊，没有看到你们全都是聋子。"雨果在讲演中所使用的是"简单枚举法"，下述哪段议论的论证手法与上面的不同？（　　）

   A. 麻雀会飞，乌鸦会飞，大雁会飞，喜鹊会飞，天鹅、秃鹫、海鸥等也会飞，所

以，所有的鸟都会飞

B. 我们摩擦冻僵的双手，手便暖和起来；我们敲击石块，石块会发出火光；我们用锤子不断地锤击铁块，铁块也能热到发红；古人还通过钻木取火。所以，任何两个物体的摩擦都能生热

C. 在我们班上，我不会讲德语，你不会讲德语，红霞不会讲德语，阳光也不会讲德语，所以我们班没有人会讲德语

D. 外科医生在给病人做手术时可以看X光片，律师在为被告辩护时可以查看辩护书，建筑师在盖房子时可以对照设计图，教师备课时可以看各种参考书，为什么独独不允许学生在考试时看教科书及其相关的材料？

E. 人们早已知道，某些生物的活动是按时间的变化（昼夜交替或四季变更）来进行的，具有时间上的周期性节律，如鸡叫三遍天亮，青蛙冬眠春晓，大雁春来秋往，牵牛花破晓开放，等等。人们由此作出概括：凡生物的活动都受生物钟支配，具有时间上的周期性节律

3. 越来越多的有说服力的统计数据表明，具有某种性格特征的人易患高血压，而另一种性格特征的人易患心脏病，如此等等。因此，随着对性格特征的进一步分类了解，通过主动修正行为和调整性格特征以达到防治疾病的可能性将大大提高。以下哪项最能反驳上述观点？（　　）

A. 一个人可能会患有与各种不同性格特征均有关系的多种疾病

B. 某种性格与其相关的疾病可能由相同的生理因素导致

C. 某一种性格特征与某一种疾病的联系可能只是数据上的巧合，并不具有一般性意义

D. 人们往往是在病情已难以好转的情况下，才愿意修正自己的行为，但已为时太晚

E. 用心理手段医治与性格特征相关的疾病的研究，导致心理疗法遭到淘汰

4. 有人认为鸡蛋黄的黄色跟鸡所吃的绿色植物性饲料有关，为了验证这个结论，下面哪种实验方法最可靠？（　　）

A. 选择一优良品种的蛋鸡进行实验

B. 化验比较植物性饲料和非植物性饲料的营养成分

C. 选择品种等级完全相同的蛋鸡，一半喂食植物性饲料，一半喂食非植物性饲料

D. 对同一批蛋鸡逐渐增加(或减少)植物性饲料的比例

E. 选出不同品种的蛋鸡,喂同样的植物性饲料

5. 一位社会学家对两组青少年作了研究。第一组成员每周看暴力内容的影视的时间平均不少于 10 小时;第二组则不多于 2 小时。结果发现第一组成员中举止粗鲁者所占的比例要远高于第二组。因此,此项研究认为,多看暴力内容的影视容易导致青少年举止粗鲁。以下哪项如果为真,将对上述研究的结论提出质疑?(　　)

A. 第一组中有的成员的行为并不粗鲁

B. 第二组中有的成员的行为比第一组有的成员粗鲁

C. 第二组中很多成员的行为很文明

D. 第一组中有的成员的文明行为是父母从小教育的结果,这使得他们能抵制暴力影视的不良影响

E. 第一组成员中很多成员的粗鲁举止是从小养成的,这使得他们特别爱看暴力影视

6. 世界卫生组织在全球范围内进行了一项有关献血对健康影响的跟踪调查。调查对象分为三组。第一组对象中均有两次以上的献血记录,其中最多的达数十次;第二组中的对象均仅有一次献血记录;第三组对象均从未献过血。调查结果显示,被调查对象中癌症和心脏病的发病率,第一组分别为 0.3%和 0.5%,第二组分别为 0.7%和 0.9%,第三组分别为 1.2%和 2.7%。一些专家依此得出结论,献血有利于减少患癌症和心脏病的风险。这两种病已经不仅在发达国家而且也在发展中国家成为威胁中老人生命的主要杀手。因此,献血利己利人,一举两得。以下哪项如果为真,将削弱以上结论?(　　)

①60 岁以上的调查对象,在第一组中占 60%,在第二组中占 70%,在第三组中占 80%。

②献血者在献血前要经过严格的体检,一般具有较好的体质。

③调查对象的人数,第一组为 1 700 人,第二组为 3 000 人,第三组为 7 000 人。

A. 只有①　　B. 只有②

C. 只有③　　D. 只有①②

E. ①②③

7. 在一项实验中,实验对象的一半作为实验组,食用了大量的味精,而作为对照组的另一半没有吃这种味精。结果,实验组的认知能力比对照组差得多。这一不利结果是由于这种味精的一种主要成分——谷氨基酸造成的。以下哪项如果为真,则最有助于证明味精中某些成分造成这一实验结果的结论?(　　)

A. 大多数味精消费者不像实验中的人那样食用大量的味精

B. 上述结论中所提到的谷氨基酸在所有蛋白质中都有,为了保证营养必须摄入一定量这种谷氨基酸

C. 实验组中人们所食用的味精数量是在政府食品条例规定的安全用量之内的

D. 第二次实验时,只给一组食用大量味精作为实验组,而不设不食用味精的对照组

E. 两组实验对象是在实验前按其认知能力均等划分的

8. 在经历了全球范围的股市暴跌的冲击以后,T 国政府宣称,所经历的这场股市暴跌的冲击,是由于最近国内一些企业过快的非国有化造成的。以下哪项如果事实上是可操作的,最有利于评价 T 政府的上述宣称?(　　)

A. 在宏观和微观两个层面上,对 T 国一些企业最近的非国有化进程的正面影响和负面影响进行对比

B. 把 T 国受这场股市暴跌的冲击程度,和那些经济情况和 T 国类似,但最近没有实行企业非国有化的国家所受到的冲击程度进行对比

C. 把 T 国受这场股市暴跌的冲击程度,和那些经济情况和 T 国有很大差异,但最近同样实行了企业非国有化的国家所受到的冲击程度进行对比

D. 计算出在这场股市风波中 T 国的个体企业的平均亏损值

E. 运用经济计量方法预测 T 国的下一次股市风波的时间

9. 许多孕妇都出现了维生素缺乏的症状,但这通常不是由于人对维生素有更高的需求。为了评价上述结论的确切程度,以下哪项操作最为重要?(　　)

A. 对某个缺乏维生素的孕妇的日常饮食进行检测,确定其中维生素的含量

B. 对某个不缺乏维生素的孕妇的日常饮食进行检测,确定其中维生素的含量

C. 对孕妇的科学食谱进行研究,以确定有利于孕妇摄入足量维生素的最佳

食谱

D. 对日常饮食中维生素足量的一个孕妇和一个非孕妇进行检测，并分别确定她们是否缺乏维生素

E. 对日常饮食中维生素不足量的一个孕妇和另一个非孕妇进行检测，并分别确定她们是否缺乏维生素

10. 小猫或小猴出生后即将其一只眼睛蒙住，两周后，此眼便会失去正常视力，眼罩解开后亦如此。这说明出生初期对正常视力发育至关重要。以下哪项如果为真，则最能支持以上论证？（　　）

A. 成人蒙住一只眼睛两周后，另一只眼睛视力依然正常

B. 新生的小动物通常视力都不好

C. 两个月大的动物比起新生小动物蒙眼两周所产生的影响要小

D. 当小孩戴墨镜时，视力受影响

E. 视力可通过学习获得，而不是靠遗传

11. 地球和月球相比，有许多共同的属性，如它们都属于太阳系星体、都是球形的、都有自转和公转等。既然地球上有生物存在，因此，月球上也很可能有生物存在。以下哪项如果为真，则最能削弱上述推论的可靠性？（　　）

A. 地球和月球的大小相差不大

B. 月球上同一地点温度变化极大，白天可以上升到 100℃，晚上又降至零下 160℃

C. 月球距地球很近，不可能有生物存在

D. 地球和月球的生成时间不同

E. 地球和月球的旋转速度不同

12. 最近进行的一项调查表明，师大附中的学生对滚轴溜冰的着迷程度远远超过其他任何游戏，同时调查发现经常玩滚轴溜冰的学生的平均学习成绩相对其他学生更好一些。看来，玩滚轴溜冰可以提高学生的学习成绩。以下哪项如果为真，最能削弱上面的推论？（　　）

A. 师大附中与学生家长订了协议，如果孩子的学习成绩的名次没有排在前 20 名，双方共同禁止学生玩滚轴溜冰

B. 玩滚轴溜冰能够锻炼身体，保证学习效率的提高

C. 玩滚轴溜冰的同学受到了学校有效的指导，其中一部分同学才不至于因

此荒废学业

D. 玩滚轴溜冰有助于智力开发，从而提高学习成绩

E. 玩滚轴溜冰很难，能够锻炼学生克服困难做好一件事情的毅力，这对学习是有帮助的

13. 学校的教授中有一些是足球迷。学校预算委员会的成员们一致要把学校的足球场改建为科贸写字楼，以改善学校收入状况。所有的足球迷都反对将学校的足球场改建成科贸写字楼。如果以上各句陈述均为真，则下列哪项也必为真？（　　）

A. 学校所有的教授都是学校预算委员会的成员

B. 学校有的教授不是学校预算委员会的成员

C. 学校预算委员会有的成员是足球迷

D. 并不是所有的学校预算委员会的成员都是学校的教授

E. 有的足球迷是学校预算委员会的成员

14. 所有重点大学的学生都是聪明的学生，有些聪明的学生喜欢逃学，小杨不喜欢逃学，所以，小杨不是重点大学的学生。以下除哪项外，均与上述推理的形式类似？（　　）

A. 所有经济学家都懂经济学，有些懂经济学的爱投资企业，你不爱投资企业；所以，你不是经济学家

B. 所有的鹅都吃青菜，有些吃青菜的也吃鱼，兔子不吃鱼，所以，兔子不是鹅

C. 所有的人都是爱美的，有些爱美的还研究科学，亚里士多德不是普通人，所以，亚里士多德不研究科学

D. 所有被高校录取的学生都是超过录取分数线的，有些超过录取分数线的是大龄考生，小张不是大龄考生；所以小张没有被高校录取

E. 所有想当外交官的都需要学外语，有些学外语的重视人际交往，小王不重视人际交往，所以小王不想当外交官

15. 第一机械厂的有些管理人员取得了 MBA 学位。因此，有些工科背景的大学毕业生取得了 MBA 学位。以下哪项如果为真，则最能保证上述论证的成立？（　　）

A. 有些管理人员是工科背景的大学毕业生

B. 有些取得 MBA 学位的管理人员不是工科背景的大学毕业生

C. 第一机械厂所有的管理人员都是工科背景的大学毕业生

D. 第一机械厂的有些管理人员还没有取得 MBA 学位

E. 第一机械厂所有的工科背景的大学毕业生都是管理人员

16. 有一位改革人士说,凡是效益好的国有企业,都拥有充足的自有资金。而那些效益不好的国有企业,都是债务负担过重,甚至没有自有资金。他建议给每一个国有企业补足自有资金,那么就不会再有亏损的国有企业了。这位改革人士明显地犯了一个逻辑错误。以下选项中,哪个与该错误相类似?(　　)

A. 如果患肺炎,那么就会发烧;张某没有患肺炎,所以,他没有发烧

B. 一位律师为被告辩护说:"你们看他有如此美丽温柔的妻子和活泼可爱的女儿,他会铤而走险地去抢劫银行吗?"

C. 你的观点已被证明是错误的,那你还有什么资格发言!

D. 因为地面湿,所以天下雨了

E. 你说谎,所以你的话不可信;因为你的话不可信,所以你说谎

17～18 题基于以下题干:

林教授是湖北人,考试时,他只把满分给湖北籍学生。例如,上学期他教的班中只有张红和李娜得了满分,她们都是湖北人

17. 以下哪项最可能用来指出上述论证的逻辑漏洞?(　　)

A. 定义模糊　　　　B. 循环论证

C. 自相矛盾　　　　D. 倒置因果

E. 以偏概全

18. 为了检验上述论证的有效性,最可能提出以下哪个问题?(　　)

A. 林教授和张红、李娜之间有没有特殊的私人关系

B. 林教授为什么更愿意把满分给湖北籍的学生

C. 林教授给满分的学生中是否有非湖北籍的学生

D. 张红和李娜的卷面内容和她们的得分是否相符

E. 林教授一般工作表现如何

19. 去年,某国从第三世界国际基金会得到了 25 亿美元的贷款,它的国民生产总值增长了 5%;今年,该国向第三世界国际基金会提出 2 倍于去年的贷款

要求，它的领导人并因此期待今年的国民生产总值将增加10%。但专家们认为，即使上述贷款要求得到满足，该国领导人的期待也很可能落空。以下哪项如果是真的，将支持专家们的意见？（　　）

①去年该国5%的GNP增长率主要得益于农业大丰收，而这又主要是难得的风调雨顺所致。

②该国的经济还未强大到足以吸收每年30亿美元的外来资金。

③该国不具有足够的重工业基础以支持每年6%以上GNP增长率。

A. 只有①　　B. 只有②

C. 只有①②　　D. 只有②③

E. ①②③

20～21题基于以下题干：

在美国，以前教师、银行职员和秘书都是由男士担任的；后来，随着女士渐渐成为这些职业的主要成员，这些职业的社会地位和收入趋向低落。因此，如果现在美国主要由男士担任的职业如会计、律师和医师也变为主要由女士担任，那么，这些职业的社会地位和收入也将低落。

20. 以下哪项是上述论证使用的方法？（　　）

A. 通过归谬对某一现象的合理性提出质疑

B. 通过反例驳斥一般性的结论

C. 通过类比由过去预测未来

D. 诉诸普通的信念和价值观

E. 诉诸对论敌的个人攻击

21. 以下哪项如果是真的，最能有力地驳斥上述结论？（　　）

A. 在美国，教师、银行职员和秘书社会地位和收入下降的同时，会计、律师和医师维持着高的收入和社会地位

B. 在美国，当大量的男士从事起原来只有女士担任的职业如空姐时，这些职业的社会地位和收入趋向于提高

C. 在美国，最近对教师和秘书的需求极大提高，而对银行职员的需求保持不变

D. 如果在就业问题上对妇女的歧视继续下去的话，那么，在美国，律师、医师和会计主要由妇女担任不可能成为事实

E. 在美国，在就业问题上决定妇女收入水平和社会地位的经济与社会力量，较以前已经有了极大的变化

22. 艾森豪威尔的烟瘾很大，烟斗几乎不离手。某天，他宣布戒烟，立刻引起轰动。记者们向他提出了戒烟能否成功的问题，艾森豪威尔回答说："我决不第二次戒烟。"下面各项都可能是艾森豪威尔讲话的含义，除了：（　　）。

A. 在这次戒烟以前，我从没有戒过烟

B. 我曾经戒过烟，但失败了

C. 如果这次戒烟失败，我就不再戒烟

D. 我相信这次戒烟一定成功

E. 我具有戒烟所需要的足够的意志和决断力

23～24 题基于以下题干：

林教授在接受《体育报》记者的采访时说："近年来进入大学学习的运动员对学习的兴趣普遍比以前强多了。我教的班级中，运动员学生对于各门基础课几乎一堂不落，这在几年前几乎是不可思议的。"

23. 林教授的结论基于以下哪项假设？（　　）

A. 林教授教的运动员学生之所以对基础课产生兴趣，是由于林教授的学术地位和学术水平较前几年有了极大的提高

B. 近年入校的运动员学生与前几年的比起来有较好的文化基础

C. 对待基础课的态度是衡量是否有学习兴趣的重要标准

D. 在学习上不能按一般的标准来要求运动员学生

E. 对学生来说，有学习兴趣是最重要的，是学有进取的前提

24. 以下哪项如果是真的，会削弱林教授的推断？（　　）

A. 运动员学生占全体学生的 3%

B. 林教授教的运动员学生占全校运动员学生的 10%

C. 国家每年从优秀运动员中选送 5%进入大学学习

D. 运动员学生中田径运动员占 50%

E. 林教授教的运动员学生占其所教学生总数的 5%

25. 只有钓鱼技术高超的人才能加入钓鱼协会。所有钓鱼协会的人都戴着太阳帽。有的退休老同志是钓鱼协会成员。某街道的人都不会钓鱼。如果以上命题成立，那么下列各命题都能从中推出，除了：（　　）

A. 有的退休老同志戴着太阳帽

B. 该街道的人都不是钓鱼协会成员

C. 该街道有的人戴太阳帽

D. 有的退休老同志钓鱼技术高超

E. 有些戴着太阳帽的人是钓鱼协会的成员

26～27 题基于以下题干:

在某校家属区中,所有的小保姆都加入了工会,有些清洁工是安徽人,有些小保姆是安徽人,所有工会会员都入了医疗保险,没有清洁工人入医疗保险。

26. 除了以下哪项,其余各项关于该校家属区中人员的断言都能从上述前提推出?( )

A. 所有小保姆都入了医疗保险　　B. 有些安徽人入了医疗保险

C. 有些安徽人没入医疗保险　　D. 有些小保姆兼当清洁工

E. 没有清洁工加入工会

27. 以下哪个人是上述前提所断定的一个反例?( )

A. 一个男性清洁工

B. 一个没入医疗保险的小保姆

C. 一个没入医疗保险的清洁工

D. 一个人入了医疗保险,但并非是小保姆

E. 一个人入了医疗保险,但并非是清洁工

28. 有些新雇员进厂就当了机关干部。在该厂的改选中,所有技术骨干职工都支持李阳当选厂长,所有的机关干部都反对李阳当选厂长。如果上述断定是真的,以下哪项关于该厂的断定必定是真的?( )

A. 所有新雇员都是技术骨干

B. 有些技术骨干职工是机关干部

C. 有些新雇员不是技术骨干

D. 并非所有技术骨干职工都是新雇员

E. 某些机关干部是技术骨干

29. 有些戒指是闪光的,所有用金子做成的东西都是闪光的。因此,有些戒指是用金子做成的。以下哪个推理与题干中的推理在结构和所犯逻辑错误上最

为类似？（　　）

A. 有些有神论者是佛教徒。所有的科学家都不是佛教徒。所以，有些有神论者不是科学家

B. 某些教授喜欢烹饪。佩甫是教授。因此，佩甫喜欢烹饪

C. 有些南方人爱吃辣椒。所有的南方人都习惯吃大米，因此，有些习惯吃大米的人爱吃辣椒

D. 有些进口货是假货，所有国内组装的 APR 空调机的半成品都是进口货。因此，有些 APR 空调机半成品是假货

E. 有些研究生也拥有了私人汽车，所有的大款都有私人汽车。因此，有些研究生也是大款

30～31 基于以下题干：

某住宅小区的居民中，大多数中老年教员都办了人寿保险，所有买了四居室以上住房的居民都办了财产保险。而所有办了人寿保险的都没办理财产保险。

30. 如果上述断定是真的，以下哪项关于该小区居民的断定必定是真的？（　　）

①有中老年教员买了四居室以上的新房。

②有中老年教员没办理财产保险。

③买了四居室以上住房的居民都没办理人寿保险。

A. ①②③　　B. 只有①②

C. 只有②③　　D. 只有①③

E. 只有②

31. 如果在题干的断定中再增加以下断定："所有的中老年教员都办理了人寿保险"，并假设这些断定都是真的，那么，以下哪项必定是假的？（　　）

A. 在买了四居室以上住房的居民中有中老年教员

B. 并非所有办理人寿保险的都是中老年教员

C. 某些中老年教员没买四居室以上的住房

D. 所有的中老年教员都没办理财产保险

E. 某些办理了人寿保险的没买四居室以上的住房

32～33 题基于以下题干：

所有安徽来京打工人员，都办理了暂住证；所有办理了暂住证的人员，都获得了就业许可证；有些安徽来京打工人员当上了门卫；有些业余武术学校的学员也当上了门卫；所有的业余武术学校的学员都未获得就业许可证。

32. 如果上述断定都是真的，则除了以下哪项，其余的断定也必定是真的？（　　）

A. 所有安徽来京打工人员都获得了就业许可证

B. 没有一个业余武术学校的学员办理了暂住证

C. 有些安徽来京打工人员是业余武术学校的学员

D. 有些门卫没有就业许可证

E. 有些门卫有就业许可证

33. 以下哪个人的身份，不可能符合上述题干所作的断定？（　　）

A. 一个获得了就业许可证的人，但并非是业余武术学校的学员

B. 一个获得了就业许可证的人，但没有办理暂住证

C. 一个办理了暂住证的人，但并非是安徽来京打工人员

D. 一个办理了暂住证的业余武术学校的学员

E. 一个门卫，他既没有办理暂住证，又不是业余武术学校的学员

34. 今年，所有向甲公司求职的人同时也向乙公司求职。甲、乙两公司都同意给予其中半数的求职者每人一个职位。因此，所有的求职者都找到了一份工作。上述推论基于以下哪项假设？（　　）

A. 所有求职者既能胜任甲公司的工作，又能胜任乙公司的工作

B. 所有的求职者愿意接受甲、乙公司的职位

C. 不存在一个求职者同时从甲、乙两公司处谋到了职位

D. 没有任何一个求职者向第三家企业谋职

E. 没有任何一个求职者以前在甲公司或乙公司工作过

35. 甲：什么是生命？

乙：生命是有机体的新陈代谢。

甲：什么是有机体？

乙：有机体是生命的个体。

以下哪项与上述对话最类似？（　　）

A. 甲：什么是真理？

乙：真理是符合实际的认识。

甲：什么是认识？

乙：认识是人脑对外界的反映。

B. 甲：什么是逻辑学？

乙：逻辑学是研究思维形式结构规律的科学。

甲：什么是思维形式结构的规律？

乙：思维形式结构的规律就是逻辑规律。

C. 甲：什么是家庭？

乙：家庭是以婚姻、血缘或收养关系为基础的一种社会群体。

甲：什么是社会群体？

乙：社会群体是在一定社会关系基础上建立起来的社会单位。

D. 甲：什么是命题？

乙：命题就是用语句表达的判断。

甲：什么是判断？

乙：判断是对事物有所断定的思维形式。

E. 甲：什么是人？

乙：人是有思想的动物。

甲：什么是动物？

乙：动物是生物的一部分。

36. 大会主席宣布："此方案没有异议，大家都赞同，通过。"如果以上不是事实，下面哪项必为事实？（　　）

A. 大家都不赞同方案　　B. 有少数人不赞同方案

C. 有些人赞同，有些人反对　　D. 至少有人是赞同方案的

E. 至少有人是反对方案的

37. 改革开放以后的中国社会，白领阶层以其得体入时的穿着、斯文潇洒的举止，在城市中逐渐形成一种新时尚。张金力穿着十分得体，举止也很斯文，一定是白领阶层中的一员。下列哪项陈述最准确地指出了上述判断在逻辑上的缺陷？（　　）

A. 有些白领阶层的人穿着也很普通，举止并不潇洒

B. 有些穿着得体、举止斯文的人并非从事令人羡慕的白领工作

C. 穿着举止是人的爱好、习惯，也与工作性质有一定关系

D. 张金力的穿着举止受社会时尚的影响很大

E. 白领阶层的工作性质决定了他们应当穿着得体、举止斯文

38. 所有阿拉斯加原住民都是穿黑衣服的；所有沙巴州原住民都是穿白衣服的；没有穿白衣服又穿黑衣服的人；H 是穿白衣服的；基于以上事实，下列哪个判断必为真？（　　）

A. H 是沙巴州原住民

B. H 不是阿拉斯加原住民

C. H 不是沙巴州原住民

D. H 是阿拉斯加原住民

E. H 既不是沙巴州原住民，也不是阿拉斯加原住民

39. 在中国西北有这样两个村落：赵村所有的人都是白天祭祀祖先，李庄所有的人都是晚上才祭祀祖先，我们确信没有既在白天也在晚上祭祀祖先的人。我们也知道李明是晚上祭祀祖先的人。依据以上信息，能断定以下哪项是对李明身份正确的判断？（　　）

A. 李明若不是李庄的，就是赵村的

B. 李明若是赵村的，就不是李庄的

C. 李明若不是赵村的，就是李庄的

D. 李明不是赵村的人

E. 可以断定，李明是李庄人

40. 某些理发师留胡子。因此，某些留胡子的人穿白衣服。下述哪项如果为真，足以佐证上述论断的正确性？（　　）

A. 某些理发师不喜欢穿白衣服

B. 某些穿白衣服的理发师不留胡子

C. 所有理发师都穿白衣服

D. 某些理发师不喜欢留胡子

E. 所有穿白衣服的人都是理发师

41. 某校长在校庆大会上讲话时说：“我们有许多已毕业同学以自己的努力在各自领域中取得了优异成绩。他们有的已成为科学家、将军、市长、大企业家，我们学校以他们为骄傲。毋庸置疑，我们已毕业同学中有许多女生……”如

果该校长讲话中的断定都是真的，则以下哪项必定是真的？（　　）

A. 取得优异成绩的全部是女同学

B. 取得优异成绩的至少有女同学

C. 取得优异成绩的女同学多于男同学

D. 取得优异成绩的男同学多于女同学

E. 取得优异成绩的可能没有女同学

42. 有些无锡人不爱吃辣椒。因此，有些爱吃甜食的人不爱吃辣椒。以下哪项，最能保证上述论证的成立？（　　）

A. 有些无锡人爱吃辣椒

B. 有些爱吃甜食的无锡人爱吃辣椒

C. 所有的无锡人都爱吃甜食

D. 有些无锡人不爱吃辣椒也不爱吃甜食

E. 所有爱吃甜食的人都是无锡人

43. 正是因为有了第二味觉，哺乳动物才能够边吃边呼吸。很明显，边吃边呼吸对保持哺乳动物高效率的新陈代谢是必要的。以下哪种哺乳动物的发现，最能削弱以上的断言？（　　）

A. 有高效率的新陈代谢和边吃边呼吸的能力的哺乳动物

B. 有低效率的新陈代谢和边吃边呼吸的能力的哺乳动物

C. 有低效率的新陈代谢但没有边吃边呼吸能力的哺乳动物

D. 有高效率的新陈代谢但没有第二味觉的哺乳动物

E. 有低效率的新陈代谢和第二味觉的哺乳动物

44. “如果张红是教师，那么她一定学过心理学。”上述判断是从下面哪个判断中推论出来的？（　　）

A. 一个好教师应该学习心理学

B. 只有学过心理学的才可以作教师

C. 有些教师真的不懂心理学

D. 心理学知识有助于提高教学效果

E. 张红曾经说过她非常喜欢心理学

45. 如果王晓波被选进村计划生育委员会，他一定是结了婚的。上述断定基于以下哪项假设？（　　）

A. 某些已婚者不可以被选进村计划生育委员会

B. 只有已婚者才能被选进村计划生育委员会

C. 某些已婚者必须被选进村计划生育委员会

D. 某些已婚者可以不被选进村计划生育委员会

E. 王晓波不拒绝在村计划生育委员会中工作

46. 如果缺乏奋斗精神，就不可能有较大的成就。李阳有很强的奋斗精神，因此，他一定能成功。下述哪项为真，则上文推论可靠？（　　）

A. 李阳的奋斗精神异乎寻常

B. 不奋斗，成功只是水中之月

C. 成功者都有一番奋斗的经历

D. 奋斗精神是成功的唯一要素

E. 成功者的奋斗是成功的前提

47. 如果某人答应作为矛盾双方的调解人，那么，他就必须放弃事后袒护任何一方的权利。因为在调解之后再袒护一方，等于说明先前的公正是伪装的。下列哪项是以上论述最强调的？（　　）

A. 调解人不能有自己对争议双方矛盾的任何看法

B. 如果不能保持公正的姿态，就不能做一个好的调解人

C. 调解人要完全附和矛盾双方的意见，左右逢源

D. 如果调解人把自己的偏见公开化，争论时可以袒护一方

E. 为了不使争论公开化，调解人应当伪装公正

48. 如果“鱼和熊掌不可兼得”是不可改变的事实，则以下哪项也一定是事实？（　　）

A. 鱼可得但熊掌不可得

B. 熊掌可得但鱼不可得

C. 鱼和熊掌皆不可得

D. 如果鱼不可得，则熊掌可得

E. 如果鱼可得，则熊掌不可得

49. “常在河边走，哪有不湿鞋”。从事财会工作的，都免不了有或多或少的经济问题，特别是在当前商品经济大潮下，更是如此。以下哪项如果是真的，最有力地否定了上述断定？（　　）

A. 某投资信托公司的会计，经管财务 30 年，拒受贿赂，一尘不染，多次受到表彰

B. 随着法制的健全，经济犯罪必将受到严厉的打击

C. 由于加强了两个文明建设，广大财会人员的思想觉悟有了明显的提高

D. 以上断定宣扬的是一种“人不为己，天诛地灭”的剥削阶级世界观

E.“慎独”是中国的传统美德，这种传统美德，必将发扬光大

50. 只有在适当的温度下，鸡蛋才能孵出小鸡来。现在，鸡蛋已经孵出了小鸡，可见温度是适当的。下述推理结构哪个与上述推理在形式上是相同的？（　　）

A. 如果物体间发生摩擦，那么物体就会生热。物体间已经发生了摩擦，所以物体必然要生热

B. 只有年满 18 周岁的公民，才有选举权。赵某已有选举权，他一定年满 18 周岁了

C. 公民都有劳动的权利。张明是公民，因此，他有劳动的权利

D. 我国《刑法》规定：致人重伤的处 3 上以上 7 年以下的有期徒刑。被告已致人重伤，因此，他应处 3 年以上 7 年以下的有期徒刑

E. 只有侵害的对象是公共财物的行为，才构成贪污罪，张某侵害的对象不是公共财产，因此，他的行为不构成贪污罪

综合训练

综合训练一

1. 在S国，所有的学生都可以选择就读该国的公立学校。调查显示：49%的公立学校有1%～25%的学生考上重点大学，38%的公立学校有26%～50%的学生考上重点大学，13%的公立学校有51%～75%的学生考上重点大学。与此相对照，48%的私立学校有26%～50%的学生考上重点大学，34%的私立学校有51%～75%的学生考上重点大学。这说明，该国高收入家庭的子女考上重点大学的概率高于普通收入家庭的子女。以下哪项如果为真，最能反驳上述论证？（　　）

   A. 上述调查是由S国的一个公益性教育网站发起，得到了一些学校师生的积极支持

   B. 不同学校的教学条件差异性很大，教学效果也不相同

   C. 高收入家庭有足够的经济实力为其子女提供最好的教学资源，博览群书、开阔视野

   D. 公立学校里特高级教师所占的比例高于私立学校

   E. 高收入家庭的子女一般就读于公立学校，普通收入家庭的子女多就读于私立学校

2. 沿海城市都受到了台风“海燕”的影响，泉州市也受到了台风“海燕”的影响，所以，泉州市是一个沿海城市。以下哪项的推理和上文中的最相似？（　　）

   A. 班干部都参加了奥运志愿服务，小刘没有参加奥运志愿服务，所以，小刘不是班干部

   B. 高一(二)班排名前10的都考上了大学，小赵考上了大学，所以，小赵在高一(二)班排名前5

   C. 90后的学生都喜欢上网打游戏，S也喜欢上网打游戏，所以，S是90后的学生

D. 在大城市生活的人都遇到过堵车，小刘还没有遇到过堵车，所以，小刘并非生活在大城市

E. 在超市购买商品的顾客都能得到公园门票，我想得到公园门票，所以，我一定要去超市购物

3. 蔡明、陈红、赵丽、王强、钱梅五人去看电影。他们买了五张同排连坐票，其中只有一个座位最靠近走廊。

(1)王强想坐在最靠走廊的座位上。

(2)赵丽想跟蔡明紧挨着。

(3)陈红不想跟赵丽紧挨着。

(4)钱梅想跟赵丽紧挨着，但不想跟王强或蔡明紧挨着。

以下哪项排序符合上述五人的意愿？(　　)

A. 蔡明，钱梅，赵丽，陈红，王强　　B. 王强，陈红，钱梅，赵丽，蔡明

C. 蔡明，钱梅，陈红，赵丽，王强　　D. 蔡明，陈红，钱梅，赵丽，王强

E. 王强，赵丽，钱梅，蔡明，陈红

4. 只有糖化血红蛋白指标控制在 6 以下，尿中的微量白蛋白才能控制在 20mg/L～200mg/L 范围内。以下各项都符合题干的条件，除了：(　　)。

A. 如果尿中的微量白蛋白控制在 20mg/L～200mg/L 范围内，则糖化血红蛋白指标控制在 6 以下

B. 不可能糖化血红蛋白指标控制在 6 以下但尿中的微量白蛋白没有控制在 20mg/L～200mg/L 范围内

C. 除非糖化血红蛋白指标控制在 6 以下，否则尿中的微量白蛋白没有控制在 20mg/L～200mg/L 范围内

D. 或者糖化血红蛋白指标控制在 6 以下，或者尿中的微量白蛋白没有控制在 20mg/L～200mg/L 范围内

E. 不可能尿中的微量白蛋白控制在 20mg/L～200mg/L 范围内但糖化血红蛋白指标没有控制在 6 以下

5. 概念 A 与概念 B 之间有交叉关系，当且仅当：(1)存在对象 x，x 既属于 A 又属于 B；(2)存在对象 y，y 属于 A 但不属于 B；(3)存在对象 z，z 属于 B 但不属于 A。根据上述定义，以下哪项中加点的两个概念之间有交叉关系？(　　)。

A. 图书按载体分主要有纸质书、电子书等;按内容分主要有工科书和文科书等

B.《逃离德黑兰》除了是 2013 年奥斯卡最佳影片的有力争夺者外,它在技术类奖项的争夺中也将有所斩获

C. 阿里巴巴的董事长为了研判行业发展趋势,召开了董事会

D. 在氨水中加入碳酸氢钠,漂白效果就会更好

E. 投资品包括股票、基金、债券和期货等

6. 如果所有的城市继续扩张,并且自然植被继续被砍伐或烧毁,那么百山祖冷杉将会灭绝。从这个前提出发,需加上下面哪一组前提,才能逻辑地推出“有的城市停止扩张”?(　　)

A. 自然植被不再被烧毁与砍伐,且百山祖冷杉将会灭绝

B. 百山祖冷杉将会灭绝,且自然植被继续被烧毁或砍伐

C. 百山祖冷杉不会灭绝,但自然植被继续被烧毁或砍伐

D. 百山祖冷杉不会灭绝,且所有的城市继续扩张

E. 百山祖冷杉不会灭绝,且自然植被不再被烧毁与砍伐

7. 某公司人力资源管理部人士指出:由于本公司管理岗位有限,在本次选拔考试中不可能所有的业绩优秀者都被提拔。基于以下哪项可以得出该人士的上述结论?(　　)

A. 在本次选拔考试中,可能有业绩优秀者被提拔

B. 在本次选拔考试中,可能有业绩优秀者不被提拔

C. 在本次选拔考试中,必然有业绩优秀者不被提拔

E. 在本次选拔考试中,可能有业绩优秀者被提拔,也可能有业绩优秀者不被提拔

8. 天通苑小区有住户家中发现了美洲大蠊。除非小区中有住户家中发现美洲大蠊,否则任何小区都不能免费领取杀蠊药毒力岛。回龙观小区可以免费领取杀蠊药毒力岛。如果上述断定都真,那么以下哪项据此不能断定真假?(　　)

Ⅰ. 天通苑小区有的住户家中没有发现美洲大蠊。

Ⅱ. 天通苑小区能免费领取杀蠊药毒力岛。

Ⅲ. 回龙观小区的住户家中都发现了美洲大蠊。

A. 仅仅Ⅰ

B. 仅仅Ⅱ

C. 仅仅Ⅲ

D. 仅仅Ⅱ和Ⅲ

E. Ⅰ、Ⅱ和Ⅲ

9. 一项研究将一组有严重失眠的人与另一组未曾失眠的人进行比较，结果发现，有严重失眠的人出现了感觉障碍和肌肉痉挛，例如，皮肤过敏或不停地“跳眼”症状。研究人员的这一结果有力地支持了这样一个假设：失眠会导致周围神经系统功能障碍。以下哪项如果为真，最能质疑上述假设？（　　）

A. 感觉障碍或肌肉痉挛是一般人常有的周围神经系统功能障碍

B. 常人偶尔也会严重失眠

C. 该项研究并非由权威人士组织实施

D. 周围神经系统功能障碍的人常患有严重的失眠

E. 参与研究的两组人员的性别与年龄构成并不完全相同

10～11 题基于以下题干：

年初，为了合理安排员工的休假与值班时间，某公司决定在 2013 年春节后的 2 月 1 日至 2 月 10 日期间，四位员工王位、郑婷、吴迪、周统每人都需要连续值班四天。

关于这四人值班时间，已知：

(1)王位和郑婷仅有三天同时值班。

(2)郑婷和吴迪仅有三天同时值班。

(3)王位和周统不曾在同一天值班。

(4)仅有 2 人在 2 月 4 日同时值班。

(5)至少有 1 人在 2 月 10 日值班。

10. 根据以上信息，有 3 人同时值班的日期是下列哪一项？（　　）

A. 1～3 日

B. 2～4 日

C. 3～5 日

D. 4～6 日

E. 5～7 日

11. 根据以上信息，王位值班的日期是下列哪一项？（　　）

A. 1～4 日

B. 3～6 日

C. 4～7 日

D. 5～8 日

E. 7～10 日

12. 充分地利用矿物能源是一个国家乃至全球环境的利益所在，但是，除非用以消除那些在它们的同类能源中效率最低的产品和拟议中的政府标准的实施，否则不可能出现较大的改进。

反对：有关能源使用的决定最好留给市场交易来完成。

下面哪项如果正确，能最直接地削弱上面的反对意见？（　　）

A. 期望社会能一下子就做出必要的改变来获得最大能量效率的想法是不现实的

B. 有些产品，例如汽车，利用能源的效率较高，那些购买和使用这些产品的人，通过和其他同类产品相比就会意识到任何一个能量利用率异常低的地方

C. 每当一种新型的产生能量的方式，例如一种新的燃料被引进时，一些支持系统，例如燃料分配系统就必须被创建或改建

D. 当能量的价格上升时，消费者会倾向于新的提高能量利用率的方法，例如给他们的房子加上绝热层

E. 一种产品的购买者，例如房东购买器具时通常是基于产品的价格购买产品，因为产品的购买者不是要为产品消耗的能量付费的人

13. 长期以来床上抽烟是家庭火灾的主要原因，尽管在过去 20 年中，抽烟的人数显著下降，但是死于家庭火灾的人数并没有相应下降。下面的陈述，如果在过去的 20 年中正确，除了哪一项之外都有助于解决上述论述中的明显的分歧？（　　）

A. 与其他类型的家庭火灾相比，床上抽烟引起的家庭火灾在它们被扑灭之前，通常造成的破坏相对较小

B. 由床上抽烟引起的火灾通常发生在房主入睡以后

C. 在床上抽烟的人倾向是抽烟抽得多的人，他们与那些不在床上抽烟的人相比更不可能把烟戒掉

D. 死于厨房发生的家庭火灾的人数在增长

E. 人口密度在增加，结果一次家庭火灾所造成的死亡人数比 20 年前的多

14. 任何一个人的身体感染了 X 病毒，一周以后就会产生抵抗这种病毒的抗体。这些抗体的数量在接下来的一年左右时间内都会增长。现在，有一测试可靠地指出了一个人的身体内存在有多少个抗体。如果属实的话，这个测试

可在一个人感染上某种病毒的第一年内被用来估计那个人已经感染上这种病毒多长时间了,估计误差在一个月之内。下面哪一个结论能被上面的论述最有力地支持?(　　)

A. 抗体的数量一直增加到它们能够击败病毒为止

B. 离开了对抗体的测试,就没有办法确定一个人是否感染上了 X 病毒

C. 抗体仅为那些不能被其他任何身体防御系统所抵抗的病毒感染产生

D. 如果一个人无限期地被 X 病毒感染,那么这个人的身体内可以出现的抗体的数量就是无限的

E. 任何一个感染了 X 病毒的人,如果用抗体测试法对他进行测试,将在一段时间内发现不了他有被感染的迹象

15. 当通货膨胀的比率超过盈利最大的投资收益率时,这两个比率的差值就是任何一个投资下降的最小百分比。如果在这种情况下,某一个特定投资价值的下降超过了那个百分比,那么以下哪项为真最能合乎逻辑地完成上面的论述?(　　)

A. 通货膨胀的比率已经上升

B. 正被谈论的那个投资的利润率在下降

C. 正被谈论的那个投资的利润率没有现有的盈利最大的投资收益率高

D. 现有的最有利可图的投资的利润率在下降

E. 存在这么一种可能性,那就是特定的投资恰巧是最有利润的投资

16. 所有的男演员都是精力充沛的人,所有精力充沛的人都是性格外向的人,但是仍然有一些害羞的人是男演员。如果上面的陈述正确,下面除了哪一项之外也都是正确的?(　　)

A. 有些害羞的人是性格外向的人

B. 有些害羞的性格外向者不是男演员

C. 有些精力充沛的男演员是害羞的人

D. 并非所有性格不外向的人都是男演员

E. 有些性格外向的人是害羞的人

17. 除非谈判马上开始,否则有争议的双方将有一方会违反停火协议,当且仅当别的国家迫使双方进行谈判时,才会举行谈判。当且仅当别的国家在谈判进行的整个过程中给双方都施加压力时,它们才会达成一个协议。但是直

到强行执行停火的国际部队表明它们具有反击来自任何一方进攻的能力，从而能压制住双方重新交战的一个主要诱因时，双方才会举行谈判。如果上面的陈述是正确的，并且双方之间的谈判确实不久就要开始，在谈判开始时，下面除了哪一项之外也都是正确的？（　　）

A. 双方中的任何一方都没有违反停火协议

B. 强行执行停火的国际部队表明他们可以反击来自任何一方的侵略

C. 使双方恢复战争行动的主要诱因已被压制

D. 其他国家对有争议的双方都施加了压力

E. 会谈达成的协议部分依赖于其他国家的行动

18. 政治家：除非我们国家重新分配财富，否则我们将不能减轻经济上的不公平，而我们现有的体制将不可避免地导致无法容忍的经济不公。如果这种不公平变得无法容忍，那么那些遭受不公平待遇的人就会诉诸暴力迫使社会改革。我们国家的职责是做任何必要的事情来缓和这种形势，这种形势若不能得到缓和，就会引起企图产生社会改革的暴力事件。上面的陈述从逻辑上能使政治家得出下面哪一个结论？（　　）

A. 社会变革的需要从来不能使诉诸武力的补偿办法合理化

B. 我们国家的责任是重新分配财富

C. 政治家必须基于政治上的方便，而不是基于抽象的道德原理来做出他们的决定

D. 除非经济上的不公导致了不能容忍的社会状态，否则就不需要纠正它

E. 创建经济公正的环境所需要的所有条件就是要重新分配财富

19. 参议员要在大会上演讲，那么他或她必定是一个民主党员，一个是参议员的民主党员不能够在大会上演讲。下面哪一个结论能从上面陈述中正确地得出来？（　　）

A. 除参议员们之外没有人在会议上演讲

B. 没有民主党员在会议上演讲

C. 只有民主党员在会议上演讲

D. 没有参议员在会议上演讲

E. 一些民主党参议员在会议上演讲

20. 绝大多数慷慨的父母是好父母，但是一些自私自利的父母也是好父母。然

而，所有好父母都有一个特征：他们都是好的听众。如果上面段落里的所有陈述是正确的，下面哪一个也必然正确？（　　）

A. 所有是好的听众的父母是好父母

B. 一些是好的听众的父母不是好父母

C. 绝大多数是好的听众的父母是慷慨大方的

D. 一些是好的听众的父母是自私自利的

E. 自私自利的父母中是好的听众的人数比慷慨的父母中的少

21. 在对使用五大湖中两个湖的10处沙滩的8 000多人的调查研究中，多伦多大学的生态学家们发现，游泳的人中呼吸道疾病和胃肠疾病的患病率达69.6%，而没有游泳的人这两类病的患病率为29.5%。从上述数据能最恰当地得出如下哪一结论？（　　）

A. 人们容易低估在这些湖中游泳的危害

B. 在这两个湖中任意一个湖中游泳，呼吸道和胃肠疾病的患病率比在其他湖中游泳的患病率高

C. 除呼吸道、胃肠疾病之外的疾病不太可能与在这两个湖中的一个湖中游泳有关

D. 在这些湖中游泳与呼吸道、胃肠疾病之间的联系为这二者之间的因果关系提供了证据

E. 在这些湖中游泳的一大部分人对游泳可能引起的疾病有免疫力

22. 最近一年，加利福尼亚生产的橘子产量只是佛罗里达橘子产量的76%。然而，把柑橘类作物(包括橘子)的产量进行比较，则同年加利福尼亚的产量比佛罗里达的产量高出23%。如果上面的信息是正确的，则可以正确地得出下面哪一项关于上述佛罗里达和加利福尼亚的柑橘类作物在提到的这一年年产量的结论？（　　）

A. 佛罗里达的气候只适合于种植橘子

B. 佛罗里达生产的橘子比加利福尼亚生产的橘子个大

C. 加利福尼亚的橘子产量大于其他柑橘类产量

D. 加利福尼亚非橘子的柑橘类作物占柑橘类作物的比例高于佛罗里达的该比例

E. 加利福尼亚比佛罗里达有更多的土地可以用于农业

23. 一项研究把一群有慢性抑郁症的人与另一群在其他方面一致，但没有抑郁症的人进行了对比，发现抑郁群体中明显有更多的免疫系统失调。根据研究人员的说法，这些结果强有力地支持了精神状况会影响身体对传染病的抵抗能力的观点。下面哪项如果正确，向研究人员对他们的发现的解释提出了最严重的质疑？（　　）

A. 这些研究人员的观点并不比民间故事和文学中的一个熟悉的主题创作文学多做了什么事情

B. 有慢性抑郁症的人在防止接触传染病方面绝不比其他人粗心

C. 免疫系统失调导致许多有这种问题的人患上慢性抑郁症

D. 以前没有抑郁症的人可能非常迅速地变得抑郁

E. 很频繁地发生传染病可能来源于过多的接触而非免疫系统的失调

24. 在美国，遭遇汽车事故的乘客所受的伤害通常比在欧洲严重，在那里法律要求使用一种不同种类的安全带。很明显，美国需要采用更严厉的安全带设计标准来更好地保护汽车司机。下面每项如果正确，都削弱了该论证，除了：（　　）

A. 欧洲人比美国人更可能系安全带

B. 和美国司机不同，欧洲司机接受培训学习如何在发生事故时最好地做出反应以使对自己和乘客的伤害最小

C. 针对欧洲市场生产的汽车比针对美国市场生产的汽车倾向于有更健全的结构

D. 美国的汽车乘客比欧洲的乘客在统计上有更高的可能性卷入事故

E. 最近已经开始要求采用欧洲安全带的州中，乘客遭受汽车事故而受伤害的平均严重的程度没有减少

25. 某公司历来以多数职员高工作效率而著称，一项对该公司的工作效率调查表明，90%的低工作效率者都有夜间泡吧的习惯，因此，夜间泡吧过多消耗体力是引起少数职员低工作效率的重要原因。以下哪项如果是真的，将严重削弱上述论证？（　　）

A. 科学研究尚不能清楚揭示夜生活和白天工作的内在联系

B. 该公司的泡吧者主要集中在中高层职员中

C. 该公司的泡吧者近年来有上升的趋势

D. 该公司职员中只有近 1/10 的职员没有夜间泡吧的习惯

E. 该公司泡吧者中近 60%患有不同程度的失眠症

26. 甲被指控犯罪,乙是此项起诉的主要证人,关于这个案件,有如下断定:

①基于乙提供的有关证词,就可以宣布甲有罪。

②乙的证词说明他自己实际上也参与了甲的犯罪活动。

③甲被指控犯罪活动只可能系一人所为。

如果以上断定都是真的,则以下哪项最有可能是审判的结果?( )

A. 甲和乙都被宣判在乙作证的案件中有罪。

B. 除了在甲已被指控的案件中,甲和乙还被宣判在其他案件中有罪

C. 甲被宣判为有罪,而乙被宣判为无罪

D. 甲被宣判为无罪

E. 甲将提出证据反驳乙

27. 有人再三声称倾倒核废物不会对附近的居民造成威胁,如果这种说法正确,那么不能把核垃圾场设在人口密集的地区就显得毫无道理,但是要把核废物倒在人口稀少的地区的方针表明,这项政策的负责者们至少在安全方面还是有些担忧的。下面哪项如果正确,最能严重地削弱上述论述?( )

A. 如果发生事故,除了人口稀少的地区外,疏散方案不可能得以顺利实施

B. 如果发生事故,人口稀少地区的受害人数肯定比人口稠密地区的少

C. 在人口稀少的地区倾倒核废物所带来的经济和政治问题,要比人口稠密地区的少

D. 化学废物也有危险,所以应该把它倒在远离人口稠密的地区

E. 如果人们不能确保核废物是安全无疑的,那么就应当把它们放置在对公众造成最小威胁的地方

28. 计算机有望代替老师的想法是:学生们对所教科目的理解在于他们所知道的事实和规则,老师的工作就是使事实和规则明确化,并通过做练习或者教授的方法把它们传授给学生,如果大脑确实是那样运行的话,老师可以把事实和规则输入计算机,计算机就可以作为教练或教官代替老师。但是既然理解并不仅在于知道事实和规则,而且在于对事实和规则所包含的整体概念的掌握。所以计算机有望最终代替老师的想法是从根本上说方向是错误的。下面哪项如果正确,最能削弱作者关于计算机不能最终代替老师的结

论？（　　）

A. 计算机在事实和规则方面对学生的训练和老师是一样的

B. 老师的工作就是使学生们理解具体事实和规则所包含的全部概念

C. 计算机编程有可能使计算机教授学生如何理解具体事实和规则所包含的整体概念

D. 因为它不会犯人类的错误，所以计算机在传递事实和规则方面比老师强

E. 学生们通过做练习和训练不可理解事实与规则所内含的概念

29. 如果学校的财务部门没有人上班，我们的支票就不能入账。我们的支票不能入账，因此学校的财务部门没有人上班。请在下列各项中选出与上句推理结构最为类似的一句。（　　）

A. 如果太阳神队主场是在雨中与对手激战，就一定会赢。现在太阳神队主场输了，看来一定不是在雨中进行的比赛

B. 如果太阳晒得很厉害，李明就不会去游泳。今天太阳晒得果然厉害，因此可以断定，李明一定没有去游泳

C. 所有的学生都可以参加这一次的决赛，除非没有通过资格赛的测试

D. 倘若是妈妈做的菜，菜里一定会放红辣椒。菜里面果然有红辣椒，看来是妈妈做的菜

E. 如果没有特殊原因，公司一般不批准职员们的事假申请。公司批准了职员小鹏的事假申请，看来其中一定有一些特殊的原因

30. 某宿舍住着若干个研究生。其中，一个是大连人，两个是北方人，一个是云南人，两个人这学期只选修了逻辑哲学，三个人这学期选修了古典音乐欣赏。假设以上的介绍涉及了这寝室中所有的人，那么，这寝室中最少可能是几个人？最多可能是几个人？（　　）

A. 最少可能是 3 人，最多可能是 8 人

B. 最少可能是 5 人，最多可能是 8 人

C. 最少可能是 5 人，最多可能是 9 人

D. 最少可能是 3 人，最多可能是 9 人

E. 无法确定

综合训练二

1. 设计一个科学项目的正确方法是先确定它的目标，然后计划完成这个项目的最佳方案。美国空间站项目就没有遵循这个模式，当冷战结束时，这个项目就失去了它最初的目标，因此另一个目标，即进行一些有限重力试验很快就被移植到这个项目中，尽管也可以选择其他的方法来做这样的实验。因此，这就充分地表明不应该建设那个空间站。上面论述中的推理是有缺陷的，因为上述论述（　　）。

   A. 只是抨击了那个主张的建议者，而没有驳斥那个主张

   B. 预先假定了它要开始证明的内容

   C. 指责那些设计者们没有预测到某一事件的发生，即使事实上那个事件是不可预测的

   D. 包含有能导致自相矛盾的陈述

   E. 仅列举了一个缺点存在的证据，就作出这个缺点是致命的结论

2. 哲学家：18 世纪的关于运动是绝对的论文断言一个物体在一段时间内的位置的变化可以不参考其他任何位置而测得。然而，一位颇受尊敬的物理学家声称，这篇论文是不连贯的。既然一篇不连贯的论文不能被认为是对现实的描述，那么运动也不可能是绝对的。上面论证使用了下面哪一个论证技巧？（　　）

   A. 企图用技术术语来说服别人

   B. 使用实验结果来证明定义上的变化是合理的

   C. 依赖于某个专家的权威来支持一个前提

   D. 从实验条件下观察到某种情况，推出该物在原则上也是这个情况

   E. 从某个东西在空间中的一个区域是正确的总结出这个东西在空间所有的区域都正确

3. 为什么是政府而不是企业或大学为超级计算机网络的实现出资？这是因为仅仅对超级计算机网络庞大的数据管理能力来说，就有一系列被抨击的问题。没有任何一个企业或大学具有购买整个网络的机器的能力，并且没有一个企业或大学在不存在配套建设整个网络的机制下为网络的某一个部分投资。下面哪一项揭示了上面论述的一个缺点？（　　）

A. 它没有提供一个能解决建设网络所遇到的困境的方法

B. 它没有证明创建一个超级计算机网络作为国际网络是不可能的

C. 它没有说明如果是政府而不是企业或大学提供建设网络的费用时，谁将来维护该网络

D. 它毫无理由地认为如果政府提供网络，将会增加这个国家在科学上的杰出贡献

E. 它忽视了企业或大学或它们两者可以合作建设网络的可能性

4. 临床验证通常被用来对医药上的创新进行系统测试，把临床验证延伸到外科手术方法中去的建议，是不应该被执行的。问题在于外科手术方法在一个很重要的方面与医药不同，对症下药的疗效仅依赖于药的成分，而外科手术方法甚至是最适宜的外科手术方法的疗效很明显与使用这种方法的外科医生的技术相联系。上述论述的推理是有缺陷的，因为该论述：（　　）。

A. 没有考虑到新的外科手术方法可能被发现实际上比以前最好的治疗方法更有害

B. 忽视了这种可能性，即被质疑的建议被蓄意地设计成粗糙的形式，目的是为了诱出能用于改进该建议的批评

C. 假设一个外科医生的技术在他整个职业生涯中都是保持不变的

D. 对某一个存在的疑点，在没有引用任何科学证据的情况下，对它进行描述

E. 在不承认某一建议具有较高的可信度的前提下，否认了这个武断地提出的具有较高可信度的建议

5. 主流经济学认为，制造商仅仅根据消费者的需要和愿望来决定生产的产品的种类以及产品的形式，然而，每个看电视的人都知道，大多数的生产商都能操纵甚至创造消费者的需求。既然连主流经济学家也要看电视，那么他们在提出这个理论时的动机一定不是在追求真理时应有的公正无私的动机。制造商操纵和创造消费者需求的声明在上述论证中所起的作用是下面哪一项？

(　　)

A. 它是结论所依赖的一个声明之一

B. 它是上述论证的结论

C. 它陈述了驳斥的立场

D. 它陈述了一个可能反对上述论证的理由

E. 它提供了补充的背景信息

6. 所有高功率赛车引擎都装有随机燃料喷嘴。普通生产线制造的汽车的引擎通常不装随机燃料喷嘴。客运汽车都是普通生产线制造的。下面哪项可以由上述断定推出？(　　)

A. 客运汽车通常不装随机燃料喷嘴

B. 随机燃料喷嘴只有在高功率的赛车上才能发现

C. 汽车制造商不在客运汽车上装随机燃料喷嘴，是因为他们怕发生事故

D. 客车的买主通常不购买随机燃料喷嘴，是因为太昂贵

E. 某些客运汽车同时也是高功率赛车

7. 根据最近一项跨文化的研究，已婚人口通常比离婚且没有再婚的人寿命长。这一事实表明与离婚相关的压力对健康有不利影响。下面哪项如果正确，指出了上述论述的一处缺陷？(　　)

A. 人的寿命因国家而异，即使文化相似的国家也是这样

B. 离婚时，人总会表现出一种压力

C. 即使是已婚的人，寿命也是随着年龄的不同而不同

D. 许多压力都对健康有不利影响

E. 从未结过婚的成年人的寿命比同龄的已婚人的寿命短

8. 随着市场经济的发展，我国的一些城市出现了这样一种现象：许多工种由外来人员去做，而本地却有大量的待业人员。假设各城市的就业条件是一样的，则以下各项都可能是造成这种现象的原因，除了：(　　)。

A. 外地的劳动力价格比较低廉

B. 本地人对工种比较挑剔

C. 外来劳动力大多是其他城市的待业人员

D. 外来劳动力比较吃苦耐劳

E. 本地人对劳动报酬要求很高

9. 慢性背痛通常是由成疝的或退化的脊椎骨引起的,在大多数情况下,脊椎骨在慢性疼痛形成之前就已受损。实际上,30 岁以上的人中有 1/5 的人的脊椎成疝或退化,但并不显示任何慢性症状。在这种情况下如果后来发生慢性疼痛,一般是由于缺乏锻炼致使腹部和脊部的肌肉退化引起的。上述陈述如果正确,能最强有力地支持下面哪一点?(　　)

A. 30 岁以上的人,有 4/5 的人可以确信他们不会患慢性背痛

B. 经常锻炼腹部和脊部的人可以确信不会患慢性背痛

C. 病人们在他们的脊椎骨第一次成疝或退化时,很少会遭受到甚至是轻微的和短暂的背痛

D. 医生可以准确地预测哪些没有患慢性背痛的人将来会患慢性背痛

E. 存在一个能有效延缓或防止起源于目前无症状的成疝的或退化的脊椎骨疼痛出现的策略

10. 有一个控制农业杂草的新办法,它不是试图合成那种能杀死特殊野草而对谷物无害的除草剂,而是使用对所有植物都有效的除草剂,同时运用特别的基因工程来使谷物对除草剂具有免疫能力。下面哪项如果正确,是以上提出的新办法实施的最严重障碍?(　　)

A. 对某些特定种类杂草有效的除草剂,施用后两年内会阻碍某些作物的生长

B. 最新研究表明,进行基因重组并非想象的那样可以使农作物中的营养成分有所提高

C. 大部分只能除掉少数特定杂草的除草剂含有的有效成分对家禽、家畜及野生动物有害

D. 这种万能除草剂已经上市,但它的万能作用使得人们认为它不适合作为农业控制杂草的方法

E. 虽然基因重组已使单个的谷物植株免受万能除草剂的影响,但这些作物产出的种子却由于万能除草剂的影响而不发芽

11. 私营行业试图通过提供高薪吸引有技能的研究科学家。结果,大多数受雇于私营行业的研究科学家赚的钱比技能相仿的在政府部门工作的研究科学家多出 50%。所以,除非政府雇佣的研究科学家更多地被公众的职责感而不是被他们的个人利益所驱使,否则政府就有可能使它的最有技能的科学

家流失到私人行业，因为这些科学家中没有人会在私营部门找不到工作。下面哪一点是上述论述依赖的假设？（　　）

A. 政府部门的研究科学家的科研贡献没有在私营部门工作的研究科学家的易于被承认

B. 目前，在政府部门工作的研究科学家中，没有人赚的钱比受雇于私营部门的薪水最高的研究科学家赚的钱多

C. 政府部门雇佣的卓越技能研究科学家的人数没有雇佣研究科学家的私营部门中任何一个大公司雇佣的多

D. 政府不给它的研究科学家提供非常好的工作条件或超过他们由于较低的薪水而得到补偿的额外福利

E. 受雇于私营部门的研究科学家工作的时间普遍比受雇于政府部门的研究科学家的长

12. 某研究人员发现虾中含有丰富的镁，镁对心脏活动具有重要的调节作用，能很好地保护心血管系统，它可减少血液中胆固醇含量，防止动脉硬化，同时还能扩张冠状动脉，有利于预防高血压及心肌梗死。但是许多市民吃虾后产生严重不适反应，甚至出现生命危险。以下哪项如果为真，最能解释题干中看似矛盾的现象？（　　）

A. 对虾过敏者食用虾会出现很多不适的症状

B. 变质的虾中含有一种对人体有害的细菌，受感染者先是身体不适，随后病情恶化

C. 绝大多数市民每天都会吃维生素 C，虾与维生素 C 在体内相遇会产生致命的三氧化二砷

D. 体质虚弱的人不宜食用海鲜，否则会出现腹泻、呕吐、头痛、昏厥等症状

E. 日本福岛核泄漏污染了大片的海域，那里出产的虾含有重金属及放射性元素

13. 第四中学高三第一次模拟考试前，老师们对这次考试的前四名作了如下预测：数学老师：只有赵虎第四，刘红才能第三；语文老师：除非刘红不是第一，否则李珊不是第二；化学老师：李珊不是第二；物理老师：赵虎第四。

最终的统计表明，只有一位老师的预测符合事实，王强在这次模拟考试中的排名是（　　）。

A. 第一　　B. 第二　　C. 第三　　D. 第四

E. 在赵虎之前

14. 研究表明，食品添加剂对于诱发高血压、心脏病、直肠癌和糖尿病有重要的作用。但是，目前食品包装袋上没有把食品添加剂的含量和其他配料成分一起列出。因此，国家应该规定在食品包装袋上明确列出食品添加剂的含量，这对于保护民众健康具有重大意义。以下哪项如果为真，将最有力地削弱上述结论？（　　）

A. 绝大多数消费者购买食品时并不注意包装袋上关于食品配方成分的说明

B. 不但食品添加剂，而且高脂肪食品对于诱发心脏病、直肠癌和糖尿病有重要作用

C. 常吃含食品添加剂的食物并不能一定导致心脏病、直肠癌和糖尿病

D. 含食品添加剂的食物，一般蛋白质的含量不够丰富，保质期限很长

E. 目前采用正式袋包装袋的食品占整个食品消费的总量还不到 35%

15. 表情在人类的沟通中起重要的作用，近年来，全世界掀起了学习读心术与微表情的热潮。如果一种表情是完全有效的，那么，其基本微表情的每一种可能的组合都能够表达有独立意义和可以理解的信号。但是，如果人类的视觉系统接收视觉信号的功能有问题，那么，并非基本微表情每一种可能的组合都能够成为有独立意义和可以理解的信号。如果上述断定为真，则以下哪项一定是真的？（　　）

A. 如果人类的视觉系统接收视觉信号的功能正常，那么一种表情的基本微表情的每一种可能的组合都能够成为有独立意义和可以理解的信号

B. 如果人类的视觉系统接收视觉信号的功能有问题，那么表情就不可能完全有效

C. 表情的有效性导致了人类沟通的实用性

D. 人体的视觉系统是人类沟通中最重要的部分

E. 如果基本微表情的每一种可能的组合都能够成为有意义和可以理解的信号，则该表情完全有效

16. 美国总统富兰克林·D. 罗斯福虽然领导美国扭转了第二次世界大战的局面，但他的身体状况使其恐怕不宜继续担任总统的职务，因此他选择无可争

议的哈里·杜鲁门作为他一九四四年竞选的伙伴。为使上述论证成立，以下哪项是必须假设的？（　　）

Ⅰ. 有良好的身体条件就能胜任总统的职务。

Ⅱ. 只有身体状况不宜继续担任总统的职务时，总统才会选择无可争议的人作为竞选伙伴。

Ⅲ. 富兰克林·D. 罗斯福身患小儿麻痹症，自己根本无法站立起来。

A. 仅仅Ⅰ　　B. 仅仅Ⅱ　　C. 仅仅Ⅲ　　D. 仅仅Ⅰ和Ⅱ

E. Ⅰ、Ⅱ和Ⅲ

17. 夏令营的成员之间建立了深厚的友谊，中秋节一些人给另外一些人寄送了礼物。已知：

(1)李红已经收到有的成员寄送的礼物，但是他尚未给任何人寄送礼物。

(2)给李红寄送礼物的人均收到王菲寄送的礼物。

(3)赵莉给夏令营所有成员都寄送了礼物。

(4)收到王菲寄送的礼物的人也收到了陈昊寄送的礼物。

根据以上陈述，可以得出以下哪项结论？（　　）

A. 陈昊给赵莉寄送过礼物　　B. 王菲给李红寄送过礼物

C. 王菲给陈昊寄送过礼物　　D. 陈昊给李红寄送过礼物

E. 王菲没有给李红寄送过礼物

18. 所有的物质都有质量，星云有质量，所以星云是物质。以下哪项与上述推理结构最为相似？（　　）

A. 所有物质都有质量，铜是物质，所以，铜有质量

B. 教授是博士，研究员不是教授，所以研究员不是博士

C. 所有的鸟都不是飞鱼，金枪鱼是鸟，所以金枪鱼不是飞鱼

D. 所有的鸟都是动物，人是动物，所以，人是鸟

E. 所有的物质都有质量，反物质不是物质，所以反物质没有质量

19. 田先生认为，绝大部分笔记本电脑运行速度缓慢的原因不是CPU性能太差，也不是内存容量太小，而是硬盘速度太慢。给老旧的笔记本电脑换装固态硬盘可以大幅度提升使用者的游戏体验。以下哪项如果为真，最可能质疑田先生的观点？（　　）

A. 一些笔记电脑使用者的使用习惯不好，使得许多运行程序占据大量内

存，导致电脑运行速度缓慢

B. 销售固态硬盘的利润远高于销售传统笔记本电脑硬盘

C. 固态硬盘很贵，给老旧笔记本换装硬盘费用不低

D. 使用者的游戏体验很大程度上取决于笔记本的显卡，而老旧笔记本电脑的显卡较差

E. 少部分老旧笔记本电脑的 CPU 性能很差，内存也小

20. 统计显示，在汽车事故中，装有安全气囊汽车的比例高于未装安全气囊的汽车。因此在汽车中安装安全气囊，并不能使车主更安全。以下哪项最为恰当地指出了上述论证的漏洞？（　　）

A. 不加说明地假设：任何装有安全气囊汽车都有可能遭遇汽车事故

B. 忽视了这种可能性：未装安全气囊的车主更注意谨慎驾驶

C. 不当地假设：在任何汽车事故中，安全气囊都会自动打开

D. 不当的把发生汽车事故的可能程度，等同于车主在事故中受伤害的严重程度

E. 忽视了这种可能性：装有安全气囊的汽车所占的比例越来越大

21. 在一次模拟考试中，李莉的分数比胡雪高；张珊的分数比邓超高；邓超的分数比陈诚低；胡雪和陈诚的分数相同。如果上述断定为真，以下哪项也一定为真？（　　）

A. 胡雪比邓超低　　B. 张珊比李莉高

C. 张珊比陈诚高　　D. 李莉比邓超高

E. 胡雪比张珊低

22. 张飞和李柏今年都报考了 MBA，关于他们的考试有如下四个断言：

(1)他们两人至少有一个考上。

(2)张飞并不必然考上。

(3)李柏确实考上了。

(4)并非张飞可能没考上。

最后录取结果表明：这四个断言中有两个是真的，两个是假的。下面哪一个结果可以从上述条件推出？（　　）

A. 张飞考上了，李柏没考上　　B. 张飞和李柏都考上了

C. 张飞和李柏都没考上　　D. 李柏考上了，张飞没考上

E. 不能确定

23. 学生:“作为一个研究员所必须具备的才能是什么?”

博导:“研究员要有独立自主创新的才能,如果不能独立自主创新,也必须有模仿改造的本领。”如果博导的断定是真的,那么以下哪项不能是真的?(　　)

A. 研究员不能独立自主创新

B. 研究员可能没有模仿改造的本领

C. 研究员如果有模仿改造的能力,那么不一定总能独立自主创新

D. 研究员可能既没有独立自主创新的才能,又没有模仿改造的本领

E. 研究员如果没有模仿改造的本领,就必须有独立自主创新的才能

24. 某大学宿舍住了四位大学生,他们分别是江苏人、湖北人、四川人和吉林人。他们选的专业方向分别是国际经济与贸易、金融市场学和西方经济学。其中:

(1)吉林人单独选金融市场学。

(2)四川人没选国际经济与贸易。

(3)江苏人和另外某人同选一种专业方向。

(4)湖北人不和江苏人同选一种专业方向。

(5)每个人只选一种专业方向。

从以上条件可以推出江苏人所选的专业方向是:(　　)。

A. 国际经济与贸易

B. 金融市场学

C. 西方经济学

D. 和四川人不选同一专业方向

E. 无法确定

25. 所有灵异现象都是无法用科学解释的,而任何无法用科学解释的东西都有神秘感。因此,星云大爆炸不是灵异现象。以下哪项最可能是上述论证所假设的?(　　)

A. 星云大爆炸是可以用科学解释的

B. 有神秘感的东西都是可以用科学解释的

C. 无法用科学解释的东西不是灵异现象

D. 星云大爆炸有时也是无法用科学解释的

E. 星云大爆炸都没有神秘感

26. 在某城市的中心有这样两个小区，莲花小区所有的人都有易初莲花超市的购物卡，华源小区所有的人都有永辉超市的购物卡，没有同时拥有两个超市购物卡的人。李明有永辉超市的购物卡。依据以上信息，能断定以下哪项是对李明身份的正确判断？（　　）

A. 李明是莲花小区的人　　B. 李明不是莲花小区的人

C. 李明是华源小区的人　　D. 李明不是华源小区的人

E. 李明既不是莲花小区的人，也不是华源小区的人

27. 某高铁线为了增加效益，吸引更多的乘客，决定有条件地将票价下调，条件是：享受优惠票价者必须至少提前十天订票。该公司的这一决策是有失周全的，因为该高铁线乘客很多是公司白领出差，他们本来是可以支付全额票价，现在却支付了优惠票价，从而减少了高铁公司的收入。以下哪项如果为真，能够最有力地削弱上述论证？（　　）

A. 统计数据表明，在该高铁线的乘客中，公司白领出差者占乘客总数的50%左右

B. 在该高铁线乘客中，公司白领出差者，无论在绝对量还是在相对比上，都有下降的趋势

C. 公司白领出差者中很多是回头客，有些是常年的固定客户

D. 公司白领出差者并非全都不在乎票价的高低

E. 公司白领出差者一般是周五安排下周的出差事宜，包括订票

28. 某单位组织职工游览北京园博会。所有参观闽南园的职工都未能参观忆江南。凡参观闽南园的职工都未能参观重庆园。有些参观北京园的职工参观了忆江南，有些参观北京园的职工参观了重庆园，有些参观北京园的职工参观了闽南园。如果以上陈述为真，下面哪项关于该单位职工的陈述必然为真？（　　）

A. 有些参观了重庆园的职工未能参观忆江南

B. 有些参观了忆江南的职工既没参观重庆园，也没有参观北京园

C. 有些参观了北京园的职工既没有参观忆江南，也没有参观重庆园

D. 所有参观北京园的职工或参观了忆江南，或参观了重庆园，或参观了闽南园

E. 所有参观重庆园的职工都未参观忆江南

29～30 题基于以下题干：

三个法语翻译者张林、赵强、李珊和三位英语翻译者王超、肖杰、刘帅参加会议。可供选择的会议有金融专场、商贸专场、科技专场和能源专场。已经知道：

(1)每人只能去一个会议。

(2)凡是有法语翻译者去的会议，就必须有英语翻泽者去。

(3)凡是有英语翻译者去的会议，就必须有法语翻译者去。

(4)王超去金融专场或者商贸专场，赵强去能源专场。

29. 如果肖杰去科技专场，则以下哪项一定为真？(　　)

A. 刘帅去能源专场

B. 张林去科技专场

C. 李珊去金融专场

D. 王超去商贸专场

E. 刘帅去商贸专场

30. 如果题干的断定为真，则去商贸专场的人中不可能同时包含哪两位？(　　)

A. 张林和李珊

B. 李珊和刘帅

C. 肖杰和刘帅

D. 张林和肖杰

E. 李珊和肖杰

综合训练三

1. 充分地利用矿物能源是一个国家乃至全球环境的利益所在，但是，除非用以消除那些在它们的同类能源中效率最低的产品和拟议中的政府标准的实施，否则不可能出现较大的改进。

   反对：有关能源使用的决定最好留给市场交易来完成。

   下面哪项如果正确，能最直接地削弱上面的反对意见？（　　）

   A. 期望社会能一下子就做出必要的改变来获得最大能量效率的想法是不现实的

   B. 有些产品，例如汽车，利用能源的效率较高，那些购买和使用这些产品的人，通过和其他同类产品相比就会意识到任何一个能量利用率异常低的地方

   C. 每当一种新型的产生能量的方式，例如一种新的燃料被引进时，一些支持系统，例如燃料分配系统就必须被创建或改建

   D. 当能量的价格上升时，消费者会倾向于新的提高能量利用率的方法，例如给他们的房子加上绝热层

   E. 一种产品的购买者，例如房东购买器具时通常是基于产品的价格购买产品，因为产品的购买者不是要为产品消耗的能量付费的人

2. 所有莫尔碧骑士组成的军队在当时的欧洲是不可战胜的，翼雅王是莫尔碧骑士之一，所以翼雅王在当时的欧洲是不可战胜的。以下哪项论证，和题干中的论证最为相似？（　　）

   A. 任何一个人都不可能掌握当今世界的所有知识，地心说不是当今世界的知识，因此，有些人可以掌握地心说

   B. 所有参展的兰花在这次博览会上被订购一空，李阳花大价钱买了一盆花，由此可见，李阳买的必定是兰花

C. 没有人能够一天读完鲁迅的所有作品，没有人能够一天读完《阿Q正传》，因此，《阿Q正传》是鲁迅的作品之一

D. 护栏边的绿地属于小区的所有人，我是小区的人，因此，护栏边的绿地属于我

E. 所有人都要对他的错误行为负责，小梁没有对他的这次行为负责，所以小梁的这次行为没有错误

3. 一方面确保教育面前人人平等，同时又允许有人接受最优秀的教育但是其他人却没有这样的机会，这是不可能的。以下哪项最符合题干的断定？（　　）

A. 或者教育面前存在不平等现象，或者不允许有人独享最优秀的教育，这是必然的

B. 任何人能享受到的优秀教育其他人也有机会享受到，这是必然的

C. 教育面前存在不公平现象，同时又允许有人接受最优秀的教育但是其他人却没有这样的机会，这是可能的

D. 如果不允许有人独享最优秀的教育，那么教育面前人人平等是可能的

E. 一方面教育面前存在不公平现象，同时不允许有人独享最优秀的教育，这是可能的

4. 年初，某小区发现有业主未到物业中心办理停车位续约缴费手续。如果上述断定为真，则以下哪项不能确定真假？（　　）

Ⅰ. 该小区所有业主都未到物业中心办理停车位续约缴费手续。

Ⅱ. 该小区所有业主都到物业中心办理了停车位续约缴费手续。

Ⅲ. 该小区有的业主到物业中心办理了停车位续约缴费手续。

Ⅳ. 该小区的业主王伟到物业中心办理了停车位续约缴费手续。

A. Ⅰ、Ⅱ、Ⅲ和Ⅳ　　B. 仅仅Ⅰ、Ⅲ和Ⅳ

C. 仅仅Ⅰ和Ⅲ　　D. 仅仅Ⅰ和Ⅳ

E. 仅仅Ⅱ和Ⅲ

5. 某商学院院长在校庆大会上讲话时说：“我们有一半以上的毕业生通过自己的努力已在各自领域中获得了优异成绩。他们有的是成功的企业家，我们的学校以他们为骄傲。毋庸置疑，我们已毕业同学中有60%以上成为商界精英……”如果该校长讲话中的断定都是真的，那么以下哪项必定是真的？（　　）。

A. 取得优异成绩的全部是商界精英
B. 取得优异成绩的至少有商界精英
C. 取得优异成绩的男同学多于商界精英
D. 取得优异成绩的商界精英多于男同学
E. 取得优异成绩的可能没有商界精英

6. 所有湖北籍考生都参加过数学竞赛;所有参加过数学竞赛的考生,都获得了名牌大学推免候选资格;有些湖北籍考生成了舞蹈协会的会员;有些音乐学院的学生也成了舞蹈协会的会员;所有的音乐学院的学生都未获得名牌大学推免候选资格。如果上述断定都是真的,那么除了以下哪项,其余的断定也必定是真的?(   )
A. 所有湖北籍考生都获得了名牌大学推免候选资格
B. 没有一个音乐学院的学生参加过数学竞赛
C. 有些湖北籍考生是音乐学院的学生
D. 有些舞蹈协会的会员没有获得名牌大学推免候选资格
E. 有些舞蹈协会的会员获得了名牌大学推免候选资格

7. 肺癌是一个非常致命的疾病,平均累积5年生存率在发达国家为13%~21%,在发展中国家为7%~10%,估计全球平均累积5年生存率为11%。据世界卫生组织的调查报告显示,70%的肺癌患者有吸烟史。这说明吸烟会增加人们患肺癌的危险。以下哪项如果为真,最能支持题干中的论证?(   )
A. 全世界的居民中,有吸烟史的人占30% 以上
B. 全世界的居民中,有吸烟史的人占30% 以下
C. 全世界的居民中,无吸烟史的人占70% 以下
D. 全世界的居民中,无吸烟史的人占30% 以下
E. 全世界的居民中,有吸烟史的人占70% 以上

8~12 题基于以下题干:

在某部落社会中,每个人都属于某个家族,每个家族的每个人只属以下五“行”之一,这五“行”是:金、木、水、火、土。这个社会中的婚姻关系遵守以下法则:

(1)属同一“行”的男女可以成婚。

(2)属木的男子可以娶属水和属火的女子。

(3)属木的女子可以嫁属火和属土的男子。

(4)属火的男子可以娶属土的女子。

(5)儿子与父亲的“行”属相同。

(6)女儿与母亲的“行”属相同。

8. 属以下哪些“行”的男子可能娶属土的女子？（　　）

A. 火或水　B. 木或火　C. 土或水　D. 火或土

E. 木或土

9. 属土的妇女的儿子所属的“行”可能是下列哪一项？（　　）

A. 火或土　B. 土或水　C. 金或木　D. 木或水

F. 水或火

10. 如果某男子属的“行”是木，他妹妹属的“行”可能是下列哪一项？（　　）

A. 木、土或火　B. 木、水或金

C. 木、金或火　D. 木、水或火

E. 木、土或水

11. 属水的男子的女儿可能和属以下哪些“行”的男子结婚？（　　）

A. 水或火　B. 木或金　C. 水或木　D. 木或土

F. 水或土

12. 属土的男人的妻子的父亲所属的“行”可能是下列哪一项？（　　）

A. 金、木或火　B. 金、木或土

C. 木、水或火　D. 水、火或土

E. 木、火或土

13. 肥胖型糖尿病对那些很少运动的人是危险的。为了能在早期发觉这些人的肥胖型糖尿病，一些城市的公共卫生官员向所有的该市居民散发了一份小册子，上面描述了如何进行每周手足穴位的自我检查以发现血液中“糖”的浓度。以下哪项如果为真，最好地批评了把这份小册子作为一种达到公共卫生官员的目标的方法？（　　）

A. 许多肥胖病患者产生了不能在每周自我检查中被发觉的症状

B. 一旦肥胖型糖尿病被发现后，治疗的有效性因人而异

C. 这份小册子被散发给所有的该市居民，包括那些经常运动的人

D. 肥胖型糖尿病在成年人中比在儿童中更为普遍

E. 很少运动的人不大可能每周对他们的手足穴位进行检查

14. 巴鲁人用经过训练的黄鼠狼在田野上长途追击野鸡。某研究小组为研究黄鼠狼的活动方向和判断野鸡群的活动范围,将无线电传导器放置在一只黄鼠狼身上进行追踪。野鸡为了觅食,其活动范围通常很广。因此,黄鼠狼追击野鸡的活动范围通常也很大。然而两周以来,无线电传导器不断传回的信号显示,黄鼠狼仅在距离放出地不超过 3 千米的范围内活动。以下哪项如果为真,最有助于解释上述黄鼠狼的行为?(　　)

A. 黄鼠狼放出地的北边河流纵横,汹涌异常

B. 距离黄鼠狼放出地 2 千米的范围内有一养鸡场,成为黄鼠狼袭击的目标

C. 由于受训黄鼠狼的捕杀,放出地广阔田野的野鸡几乎灭绝了

D. 无线电传导信号仅能在有限的范围内传导

E. 无线电传导器的安装并未削弱黄鼠狼的活动能力

15. 甲、乙、丙三个考生分别来自江苏、湖北和广东,其中一个考 MBA、一个考 MPA、一个考 MPAcc。已知:(1)甲不是考 MBA 的,乙不是考 MPA 的;(2)考 MBA 的不是来自湖北;(3)考 MPAcc 的来自江苏;(4)乙不是来自广东。以上条件成立,以下哪一项为真?(　　)

A. 甲考 MPAcc,乙考 MPA,丙考 MBA

B. 甲考 MPA,乙考 MPAcc,丙考 MBA

C. 甲考 MBA,乙考 MPA,丙考 MPAcc

D. 甲考 MPAcc,乙考 MBA,丙考 MPA

E. 甲考 MBA,乙考 MPAcc,丙考 MPA

16. 从国外引进的大片《机械公敌》显然是今年最好的科幻高清影片,这部电影是由著名导演、演员、摄影师、特效制作团队和服装设计师参与的一部国际化大制作的电影票。票房收入的明显领先说明观看该部影片的人数远多于进口的美国大片《重返地球》的人数,尽管《重返地球》也是精心制作的进口科幻高清影片。为使上述论证成立,以下哪项是必须假设的?(　　)

Ⅰ. 进口影片《机械公敌》和美国影片《重返地球》的票价基本相同。

Ⅱ. 观众数量是评价电影质量的标准。

Ⅲ. 导演、演员、摄影师、特效制作团队和服装设计师的阵容是评价电影质量

的标准。

A. 仅仅Ⅰ　　B. 仅仅Ⅱ

C. Ⅲ　　D. 仅仅Ⅰ和 Ⅱ

E. Ⅰ、Ⅱ和Ⅲ

17. 三位股民老王、老赵、老李对 A、B 两只股票价格走势分别做了如下预测：

老王：如果股票 B 不上涨，那么股票 A 不上涨。

老赵：除非股票 A 不上涨，否则股票 B 不上涨。

老李：股票 A 上涨当且仅当股票 B 上涨。

若三个人的预测都为真，则以下哪项符合他们的预测？（　　）

A. 股票 A 上涨，股票 B 不上涨

B. 股票 A 不上涨，股票 B 上涨

C. 股票 A 和股票 B 均上涨

D. 股票 A 和股票 B 均不上涨

E. 股票 A 与股票 B 至少有一个上涨

18. 有些营销策划师是大学法学系的毕业生。因此，有些大学法学系的毕业生是对市场营销很敏锐的人。以下哪项如果为真，能够保证上述论证的成立？（　　）

A. 有些营销策划师专攻经济学的某一领域，对市场营销没有太多的研究

B. 有些对市场营销很敏锐的营销策划师不是大学法学系毕业的

C. 所有对市场营销很敏锐的人都是营销策划师

D. 有些营销策划师不是大学法学系的毕业生，而是学经济学的

E. 所有的营销策划师都是对市场营销很敏锐的人

19. 人们喜欢听对自己说“您今天的气色真好”“您是一位敢于担当的人”，而不喜欢听“你不修边幅”“你太武断了”这样的话。但是，一些人听到方言腔对自己说“您今天的气色真好”“您是一位敢于担当的人” 也觉得不舒服。这说明，人们对话语的好恶，不仅取决于其含义，而且在于其发音。以下哪项如果为真，能加强上述论述？（　　）

Ⅰ. 一些不喜欢方言腔的人听到用方言腔对自己说“您今天的气色真好”“您是一位敢于担当的人”不觉得不舒服。

Ⅱ. 一些喜欢方言腔的人听到用方言腔说自己“你不修边幅”并不觉得不舒

服。

Ⅲ. 一些不喜欢方言腔的人听到用方言腔对自己说"你不修边幅"觉得不舒服。

A. 仅仅Ⅰ　　B. 仅仅Ⅱ

C. 仅仅Ⅲ　　D. 仅仅Ⅰ和Ⅲ

E. Ⅰ、Ⅱ和Ⅲ

20. 某公司有四个办公室,编号依次为1、2、3、4。每一个办公室中恰好有一台计算机和一台打印机。这8台机器中的每一台都是在2011、2012、2013这三年中的某一年购买的,且满足下列条件:

(1)每一个办公室中的计算机不是比打印机购买得早就是和打印机在同一年购买。

(2)2号办公室的计算机和1号办公室的打印机是在同一年购买的。

(3)3号办公室的计算机和4号办公室的打印机是在同一年购买的。

(4)2号办公室的计算机和3号办公室的计算机不是在同一年购买的。

(5)1号办公室的计算机和3号办公室的打印机是在2012年购买的。

若4号办公室的计算机是在2012年购买的,则下面哪一句话一定正确?(　　)

A. 1号办公室的打印机是在2012年购买的

B. 1号办公室的打印机是在2013年购买的

C. 2号办公室的计算机是在2012年购买的

D. 3号办公室的计算机是在2011年购买的

E. 以上的判断都不正确

21. 在亚足联2013年9月公布的最新亚洲足球俱乐部排行榜中,广州恒大超越长期排名榜首的沙特豪门阿尔希拉尔跃居第一位,是排名前四十位的俱乐部中唯一一支中国球队。要使中国足球队真正能跻身世界强队之列,至少必须解决两个关键问题。一是提高队员基本体能,二是讲究科学训练。不切实解决这两点,即使临战时拼搏精神发挥得再好,也不可能取得突破性的进展。下列各项都表达了上述议论的原意,除了:(　　)。

A. 除非提高队员的基本体能和讲究科学训练,否则不能取得突破性进展

B. 只有提高队员的基本体能和讲究科学训练,才能取得突破性进展

C. 如果取得了突破性进展，说明一定提高了队员的基本体能并且讲究了科学训练

D. 只要提高了队员的基本体能和讲究了科学训练，就能取得突破性进展

E. 如果不能提高队员的基本体能，即使讲究了科学训练，也不可能取得突破性进展

22. 企业家的责任感是可以运用现代手段精确量化的。衡量一个国家经济文化政策是否成功，要看该国企业家的责任感平均指数是否增加。P 国 5 年前推出的经济文化政策明显使得国有企业中的企业家责任感平均指数在增加，因此，这项政策是成功的。以下哪项如果为真，最能削弱上述论证？（　　）

A. 上述经济文化政策并没有增加 P 国所有企业家的责任感

B. P 国国有企业家只占全部企业家很小的比例

C. 上述改革措施在使得国有企业中的企业家责任感增加的同时，减少了 P 国全体企业家的责任感总量

D. 上述改革措施在使得国有企业中的企业家责任感增加的同时，减少了民营企业家的责任感总量

E. 上述经济文化政策已经引起 P 国人民的广泛争议

23. 中国青年旅行社向北京、天津、石家庄等地旅游者推出了“探寻大美中国”的旅行活动。其中有些人游览了桂林山水，而有些人游览了乐山大佛，所有游览了乐山大佛的人都游览了桂林山水，而所有没有游览桂林山水的人都是天津人。上述陈述最能支持以下哪项结论？（　　）

A. 有些天津人没有游览乐山大佛

B. 有些天津人游览了桂林山水

C. 所有的天津人都游览了乐山大佛

D. 有些天津人游览了乐山大佛

E. 有些游览桂林山水的人没有游览乐山大佛

24. 在巴基斯坦发现了 4.7 亿年前完整的早期鲸鱼化石，其踝骨具有明显偶蹄类动物的特征。尽管双腿不足以支撑身体的重量，但科学家们认为，其长长的趾骨可以帮助其游泳，而趾骨上的蹄可以使它们爬上海岸。巴基斯坦鲸有边缘呈锯齿状的牙齿，用于切割肉类。科学家据此认为，它的祖先是恐龙绝灭后不久生活在陆地上的像熊一样的肉食性动物。以下哪项如果为真，

都能支持上述科学家的观点，除了：(　　)。

A. 巴基斯坦鲸的四只脚上有用于行走的蹄子，但它们的脚很大，可以起到蹼的作用

B. 新发现的巴基斯坦鲸化石表明，它们有肉食的牙齿，长得有点像狗

C. 狼和狐狸等陆地动物的耳朵部位有几块奇特的骨头，形状与鲸类动物独有的相同部位的骨头非常相像

D. 现代鱼类的鱼鳍在陆地上不足以支撑其身体的重量，在水中可以让鱼自由地游泳

E. 由巴基斯坦鲸进化而来的洛德鲸仍能在陆地上行走，但它的身体更加呈流线型，还有一个适于游泳的大而富有弹性的尾巴

25. 某旅行社推出北京、南京、杭州"三地九日游"自选计划，每个城市都有二日游、三日游、四日游三种路线。甲、乙、丙拟赴上述三地进行 9 日游，每个人都选择了各自的旅游计划。后来发现，每个城市他们三人都选择了不同的路线：甲赴北京的计划天数与乙赴南京的计划天数相同，甲赴杭州的计划是三日游，乙赴杭州的计划是四日游。根据以上陈述，可以得出以下哪项？(　　)

A. 甲计划北京二日游，乙计划南京二日游

B. 乙计划北京三日游，丙计划南京四日游

C. 丙计划北京四日游，乙计划南京三日游

D. 丙计划北京三日游，甲计划南京四日游

E. 甲计划北京二日游，乙计划南京三日游

26. 每个人都具有一些独一无二的"身份特征"，利用"身份特征"可以准确地识别人们的身份。世界上任意两个人的指纹都是不同的，因此，可以在小区门口安装"业主指纹识别"门禁系统，将那些外来流窜作案的窃贼拒之门外，以保护小区业主的财产安全。为了对上述论证做出评价，回答以下哪个问题最不重要？(　　)

A. 在小区门口安装"业主指纹识别"门禁系统是否在技术上成熟？

B. 是否存在其他的安全隐患危及小区业主的财产安全？

C. "业主指纹识别"门禁系统是否能鉴别市场上销售的橡皮仿真指纹？

D. 业主是否同意花一是笔钱在小区门口安装"业主指纹识别"门禁系统？

E. 在小区偷盗财物的是否都是外来的流窜作案者？

27. 去年某市的房价全年上涨了 47 %，而今年到 8 月为止房价才上涨了 11%，由此我们可以得出这样的结论：该市的房价上涨速度正呈下降趋势，明年的房价上涨速度将会更慢。以下哪项如果为真，将严重削弱上述结论？（　　）

A. 去年该市房价大幅度上升主要是因为外地投资客的投资购房

B. 在农村城镇化的过程中，房价上涨是正常现象

C. 购房者普遍预期房价只涨不跌，买房就能挣钱，对于高房价越来越适应了

D. 政府将会新建大批限价房，把抑制房价过快上涨作为宏观控制的主要目标之一

E. 一般上半年房产交易惨淡，下半年购房需求会出现井喷，呈现“金九银十”的现象

28. 在王教授 2016 年招收的七名研究生中，有一个哈尔滨人，两个北方人，一个昆明人，两个推免生（即其他导师推荐免试入学的优秀学生），三个全额奖学金获得者。假设上述介绍包含全部七名研究生。以下各项关于王教授 2016 年招收的研究生的断定都与题干不矛盾，除了：（　　）。

A. 两个推免生都是全额奖学金获得者

B. 全额奖学金获得者不都是南方人

C. 推免生都是南方人

D. 哈尔滨人是推免生

E. 昆明人不是全额奖学金获得者

29～30 题基于以下题干：

8 个优秀本科生查国生、党晓燕、李小璐、孟心蕊、牛岚、孙明明、王子轩、左一曼正在争取获得某大学研究生推免资格。按规定只有一个人能获得该推免资格。谁获得该推免资格，由学校评委投票决定。评委分成不同的投票小组。已知：

（1）如果党晓燕获得的票数比王子轩多，那么孟心蕊将获取该推免资格。

（2）如果左一曼获得的票数比李小璐多，或者孟心蕊获得的票数比牛岚多，那么孙明明将获取该推免资格。

(3)如果李小璐获得的票数比左一曼多,同时王子轩获得的票数比党晓燕多,那么查国生将获取该推免资格。

29. 如果孙明明获得了该推免资格,那么下面哪个结论一定是正确的?(　　)

A. 李小璐获得的票数比左一曼多

B. 左一曼获得的票数比李小璐多

C. 党晓燕获得的票数不比王子轩多

D. 孟心蕊获得的票数比牛岚多

E. 王子轩获得的票数比党晓燕多

30. 如果王子轩获得的票数比党晓燕多,但查国生并没有获取该推免资格,那么下面哪一个结论必然正确?(　　)

A. 孟心蕊获得了该推免资格

B. 孙明明获得了该推免资格

C. 孟心蕊获得的票数比牛岚多

D. 李小璐获得的票数不比左一曼多

E. 左一曼获得的票数不比孟心蕊多

综合训练四

1. 苏格拉底曾经说过，一个人如果没有骨肉，那么这个人的想法、愿望都无法实现。但是，骨肉是人存在的前提，而不是说只有骨肉能决定一个人的本质，也不能说只有骨肉才是人行动的理由。与之相反的是，骨肉是靠灵魂支配的。只有灵魂才是人成其为人的原因和理由，只有拥有了灵魂的骨肉才是活着的骨肉。以下哪项结论能从上述陈述中推出？（　　）

   A. 没有骨肉，人也能存在

   B. 没有灵魂的骨肉不是活着的骨肉

   C. 只有骨肉才是人行动的理由

   D. 如果同时有骨肉和灵魂，这个人的想法和愿望就能实现

   E. 灵魂与骨肉没有任何关联

2. 如果面粉价格继续上涨，佳食面包店的面包成本必将大幅度增加。在这种情况下，佳食面包店将会考虑以扩大饮料的经营来弥补面包销售利润的下降。但是，佳食面包店只有保证面包销售利润不下降，才可避免整体收益明显减少。以下哪项陈述可以从上文逻辑地得出？（　　）

   A. 如果佳食面包店的整体收益减少，它购买面粉的成本将继续增加

   B. 如果佳食面包店的整体收益减少，要么扩大饮料的经营，要么减少面包的销售

   C. 如果面粉的价格继续上涨，佳食面包店的整体收益将明显减少

   D. 即使佳食面包店的整体收益不减少，购买面粉的成本也不会降低

   E. 要么购买面粉的成本将继续增加，要么佳食面包店的面包销售量将增加

3. 所有景观房都可以看到山水景致，但是李文秉家看不到山水景致，因此，李文秉家不是景观房。以下哪项和上述论证方式最为类似？（　　）

   A. 善良的人都会得到村民的尊重，乐善好施的成公得到了村民的尊重，因

此，成公是善良的人

B. 东墩市场的蔬菜都非常便宜，这篮蔬菜不是在东墩市场买的，因此，这篮蔬菜不便宜

C. 九天公司的员工都会说英语，林英瑞是九天公司的员工，因此，林英瑞会说英语

D. 达到基本条件的人都可以申请小额贷款，孙雯没有申请小额贷款，因此，孙雯没有达到基本条件

E. 进入复试的考生笔试成绩都在 160 分以上，王离芬的笔试成绩没有达到 160 分，因此，王离芬没有进入复试

4. 顾典雅、陈德凯、席建芳、宋雨晴四人报考研究生的学校各不相同（四个学校是复旦大学、北京大学、西安大学、南京大学）。已知：

(1)顾典雅比报考北京大学的考生年龄大。

(2)席建芳比陈德凯年龄小。

(3)报考南京大学的考生比报考复旦大学的考生年龄大。

(4)报考西安大学的考生比报考北京大学的考生年龄小。

(5)报考南京大学的考生不是宋雨晴就是席建芳。

根据以上条件可知下列哪一项是正确的？（　　）

A. 四人报考的大学都无法确定

B. 四人报考的大学能确定两个

C. 席建芳可能是报考北京大学的考生

D. 四人报考的大学只能确定一个

E. 四人报考的大学都可以确定

5. 英国科学家在 2010 年 11 月 11 日出版的《自然》杂志上撰文指出，他们在苏格兰的岩石中发现了一种可能生活在约 12 亿年前的细菌化石，这表明，地球上的氧气浓度增加到人类进化所需的程度这一重大事件发生在 12 亿年前，比科学家以前认为的要早 4 亿年。新研究有望让科学家重新理解地球大气以及依靠其为生的生命演化的时间表。以下哪项是科学家上述发现所假设的？（　　）

A. 先前认为，人类进化发生在大约 8 亿年前

B. 这种细菌在大约 12 亿年前就开始在化学反应中使用氧气，以便获取能量

维持生存

C. 氧气浓度的增加标志着统治地球的生物已经由简单有机物转变为复杂的多细胞有机物

D. 只有大气中的氧气浓度增加到一个关键点，某些细菌才能生存

E. 如果没有细菌，也就不可能存在人类这样的高级生命

6. 总经理：除非不提拔小李，否则不提拔小孙。

董事长：我有不同意见。

以下哪项符合董事长的意思？（　　）

A. 小李和小孙都不提拔

B. 提拔小李，不提拔小孙

C. 不提拔小李，提拔小孙

D. 小李和小孙都提拔

E. 要么不提拔小李，要么不提拔小孙

7. 从“阿喀琉斯基猴”身上，研究者发现了许多类人猿的特征。比如，它脚后跟的一块骨头短而宽。此外，“阿喀琉斯基猴”的眼眶较小，科学家据此推测它与早期类人猿的祖先一样，是在白天活动的。以下哪项如果为真，最能支持上述科学家的推测？（　　）

A. 短而宽的后脚骨使得这种灵长类动物善于在树丛中跳跃捕食

B. 动物的视力与眼眶大小不存在严格的比例关系

C. 最早的类人猿与其他灵长类动物分开的时间，至少在 5 500 万年以前

D. 以夜间活动为主的动物，一般眼眶较大

E. 对“阿喀琉斯基猴”的基因测序表明，它和类人猿是近亲

8. 某市报业集团经营遇到困难，向某咨询公司求助。咨询公司派出张博士调查了目前该市报纸的发行时段：早上有晨报、上午有日报、下午有晚报，都不是为夜间准备的报纸。张博士建议他们办一份《都市夜报》，占领这块市场。以下哪项如果为真，能够恰当地指出张博士分析中存在的问题？（　　）

A. 报纸的发行时段和读者阅读时间可能是不同的

B. 酒吧或影剧院的灯光都很昏暗，无法读报

C. 许多人睡前有读书的习惯，而读报的比较少

D. 晚上人们一般习惯于看电视节目，很少读报

E. 售报亭到夜间就关门了，《都市夜报》发行困难

9. 许多企业深受目光短浅之害，他们太关注立竿见影的结果和短期目标，以至

于无法高瞻远瞩，往往使企业陷于被动甚至导致破产。因此，企业领导层的决策和行动应该以长期目标为主，不需过分关注短期目标。以下哪项如果为真，将最有力地削弱上述论证？（　　）

A. 短期目标对员工的激励效果比长期目标更好

B. 长期目标有较大的不确定性，短期目标易于控制

C. 长期目标的实现有赖于一个个短期目标的成功

D. 企业的短期目标和长期目标对于企业的发展都重要

E. 企业的发展受到企业外部环境等诸多因素的影响

10～11 题基于以下题干：

以下是某市体委对该市业余体育运动爱好者一项调查中若干结论：所有的桥牌爱好者都爱好围棋，有的围棋爱好者爱好武术，所有的武术爱好者都不爱好健身操，有的桥牌爱好者同时爱好健身操。

10. 如果上述结论都是真实的，则以下哪项不可能为真？（　　）

A. 所有的围棋爱好者也都爱好桥牌

B. 有的桥牌爱好者爱好武术

C. 健身操爱好者都爱好围棋

D. 有的桥牌爱好者不爱好健身操

E. 围棋爱好者都爱好健身操

11. 如果在题干中再增加一个结论：每个围棋爱好者爱好武术或健身操，则以下哪个人的业余体育爱好和题干断定的条件矛盾？（　　）

A. 一个桥牌爱好者，既不爱好武术，也不爱好健身操

B. 一个健身操爱好者，既不爱好围棋，也不爱好桥牌

C. 一个武术爱好者，爱好围棋，但不爱好桥牌

D. 一个武术爱好者，既不爱好围棋，也不爱好桥牌

E. 一个围棋爱好者，爱好武术，但不爱好桥牌

12. 统计数字正确揭示，整个 20 世纪，全球范围内火山爆发的次数逐年缓慢上升，只有在两次世界大战期间，火山爆发的次数明显下降。科学家同样正确地揭示，整个 20 世纪，全球火山的活动性处于一个几乎不变的水平上，这和 19 世纪的情况形成了鲜明的对比。如果上述断定是真的，则以下哪项也一定是真的？（　　）

①如果 20 世纪不发生两次世界大战，全球范围内火山爆发的次数将无例外地呈逐年缓慢上升的趋势。

②火山自身的活动性，并不是造成火山爆发的唯一原因。

③19 世纪全球火山爆发比 20 世纪要频繁。

A. 只有① B. 只有② C. 只有③ D. ①②③

E. 只有①②

13. 任何方法都有缺陷，在母语非英语的外国留学生中，如何公正合理地选拔合格的考生？对于美国这样的一个每年吸收大量外国留学生的国家来说，目前实行的托福考试恐怕是所有带有缺陷的方法中最好的方法了。以下各项关于托福考试及其考生的断定都符合上述议论的含义，除了：（　　）。

A. 大多数考生的实际水平与他们的考分是基本相符的

B. 存在低考分的考生，他们有较高的实际水平

C. 高分低能或低分高能现象的产生，是实施考试中操作失误所致

D. 存在高分的考生，他们有较高的实际水平

E. 对美国来说，目前恐怕没有比托福考试更能使人满意的方法来测试外国考生

14. 最高法院再也来不及处理那些它同意审理的数目庞大的案件了，最高法院每年计划听取 160 个小时口头申诉，然而明年有 108 个小时被今年剩下的案子占据了。当然不能要求最高法院再增加本已令它难以负荷的时间了，解决这个问题的最合理的长远方法便是让法院不用听取许多案件的口头申诉而直接做出裁决。通过这种办法，最高法院便会大大地增加它每年处理的案件数目。下面哪项如果正确，最能反驳上面提出的解决办法的可行性？（　　）

A. 最高法院每年花在听取口头申诉上的时间只是它审理案件所需要时间的一小部分

B. 最高法院不能在程序上避免听取去年留下来案件的口头申诉

C. 大多数权威人士都认为 160 小时的口头申诉是法院每年处理的最大数目

D. 即使现在，最高法院对一小部分案件没有听取口头申诉就做出了裁决

E. 在很多案件里，把口头申诉拖延一整年对当事人来说所需费用是极其高

昂的

15. 对许多环境学家来说，植物的灭绝(随之而来的是各种农作物不断增长的基因的一致性)是环境问题中最严重的一个问题，必须采取行动来阻止野生可食植物及不再耕作的可食植物的减少。否则，基因多样性的缺乏可能引起农作物的一大部分在一夜之间被毁掉。例如，在1970年，南方的叶菌病毁坏了大约20%的美国玉米作物，在该病所到之处只剩下很少的几种玉米未受影响。从上段话中可推出下面哪一选项？(　　)

A. 某种植物疾病的易感染性是由基因决定的

B. 美国种植的80%的玉米对南方叶菌病有抵抗力

C. 野生可食植物的灭绝几乎总是可以追溯到毁灭性的植物疾病(这一原因)

D. 植物培养者致力于研究可抵抗植物疾病的植物

E. 玉米是唯一受到南方叶菌病威胁的粮食作物

16. 安慰药是一种化学性质为惰性的物质，更多地用来给予病人精神上的安慰而非治疗病人身体的紊乱。给病人用这种药是期望给病人灌输对其康复前景的积极态度。在某些情况下，安慰药确实起到了改善病人病情的效果。一位著名医药研究专家在最近讨论安慰药的应用及效果时，给了内科医生一些不寻常的赞扬，说内科医生就是最终的安慰药。该研究学家通过将内科医生比作安慰药试图暗示：(　　)。

A. 不管诊断结果如何，内科医生应该总是保持乐观并将乐观的态度传递给他的病人

B. 有些病人的健康仅仅由于他们知道医生在给他们治疗而有所好转

C. 很多病人患的实际上是想象病，这些病人最好的医治是安慰药

D. 医生可以少开一些药物而取得同样的疗效

E. 很难确定医生的行为对病人的状况如果有效果的话，是有什么样的效果

17. 近三年来，某市零售业的年利润一直稳定在8 000万元左右。据估算，扣除物价上涨的因素，这个数字近几年不会因为新的零售网点的出现而扩大，因此，随着超市的兴旺，原先最受欢迎的百货店的收入会随之减少。以下哪项如果是真的，最能动摇上述论证？(　　)

A. 超市个别商品的售价一般要比百货店贵，部分顾客觉得上超市不合算

B. 该市相当一批百货店改为超市

C. 超市虽逐年增多,但绝对数量仍不及百货店多

D. 由于超市的兴起,人们用于超市和百货店以外的消费明显减少

E. 一些百货店正在改变经营策略,树立新的形象,提高服务质量

18. 某高校每学年都要在教师中评选“教书育人”优胜奖,今年评完奖后李铭和王丽两位教师有一段对话:

李铭:“这学年没有中青年教师获得‘教书育人’优胜奖。”

王丽:“这就是说这学年没人获得‘教书育人’优胜奖。”

李铭:“不,事实上有几位老教师获得‘教书育人’优胜奖。”

王丽的回答可能假设了以下所有的断定,除了:(　　)。

A.“教书育人”优胜奖只发给中青年教师

B. 只有中青年教师能申请“教书育人”优胜奖

C. 所有的中青年教师申请者要比老年教师申请者更为合格

D. 这学年“教书育人”优胜奖申请者中,中青年教师多于老年教师

E. 中青年教师和老年教师获得相等数额的“教书育人”优胜奖

19. 如果所有的黑人都喜欢田径运动,并且麦克是黑人,则麦克喜欢田径运动。从上述前提出发,若加上前提“麦克不喜欢田径运动,但麦克是黑人”之后,我们仍不能确定以下哪些陈述的真假?(　　)

①并非所有的黑人都喜欢田径运动。

②有的黑人喜欢田径运动。

③所有的黑人都不喜欢田径运动。

④有的黑人不喜欢田径运动。

⑤所有的黑人都喜欢田径运动。

A. 只有②　　　　B. 只有③

C. 只有②③　　　　D. 只有①②③

E. ①②③④⑤

20. 实验证明:茄红素具有防止细胞癌变的作用。近年来W公司提炼出茄红素,将其制成片剂,希望让酗酒者服用以预防饮酒过多引发的癌症。初步的试验发现,经常服用W公司的茄红素片剂的酗酒者反而比不常服用W公司的茄红素片剂的酗酒者更易于患癌症。以下哪项最能解释上述矛盾?(　　)

Ⅰ. 癌症的病因是综合的，对预防药物的选择和由此产生的作用也因人而异。

Ⅱ. 酒精与 W 公司的茄红素片剂发生长时间作用后反而使其成为致癌物质。

Ⅲ. W 公司生产的茄红素片剂不稳定，易于受其他物质影响而分解变性，从而与身体发生不良反应而致癌；自然茄红素性质稳定，不会致癌。

A. 只有Ⅰ和Ⅱ　　B. 只有Ⅰ和Ⅲ

C. 只有Ⅱ和Ⅲ　　D. Ⅰ、Ⅱ、Ⅲ

E. Ⅰ、Ⅱ、Ⅲ都不是

21. 3 年来，在河南信阳息县淮河河滩，连续发掘出 3 艘独木舟。其中，2010 年息县城郊乡徐庄村张庄组的淮河河滩下发现第一艘独木舟，被证实为目前我国考古发现最早、最大的独木舟之一。该艘独木舟长 9.3 米，最宽处 0.8 米，高 0.6 米。根据碳—14 测定，这些独木舟的选材竟和云南热带地区所产的木头一样。这说明，3 000多年前的古代，河南的气候和现在热带的气候很相似。淮河中下游两岸气候温暖湿润，林木高大茂密，动植物种类繁多。以下哪项如果为真，最能支持以上论证？（　　）

A. 这些独木舟的原料不可能从遥远的云南原始森林运来，只能就地取材

B. 这些独木舟在水中浸泡了上千年，十分沉重

C. 刻舟求剑故事的发生地，就是包括当今河南许昌以南在内的楚地

D. 独木舟舟体两头呈尖状，由一根完整的原木凿成，保存较为完整

E. 在淮河流域的原始森林中，今天仍然生长着一些热带植物

22. 1979 年，在非洲摩西地区发现有一只大象在觅食时进入赖登山的一个山洞。不久，其他的大象也开始进入洞穴，以后几年进入山洞集聚成为整个大象群的常规活动。1979 年之前，摩西地区没有发现大象进入山洞，山洞内没有大象的踪迹。到 2006 年，整个大象群在洞穴内或附近渡过其大部分的冬季。由此可见，大象能够接受和传授新的行为，而这并不是由遗传基因所决定的。以下哪项是上述论述的假设？（　　）

A. 大象的基因突变可以发生在相对短的时间跨度，如数十年

B. 大象群在数十年出现的新的行为不是由遗传基因预先决定的

C. 大象新的行为模式易于成为固定的方式，一般都会延续几代

D. 大象的群体行为不受遗传影响，而是大象群内个体间互相模仿的结果

E. 某一新的行为模式只有在一定数量的动物群内成为固定的模式，才可以推断出发生了基因突变

23. 火车上有六位乘客坐在一起聊天。他们的名字分别为甲、乙、丙、丁、戊和己，分别来自河北、山东、江西、安徽、海南和辽宁(名字顺序与籍贯顺序不一定一致)。其中，甲和河北人是推销员；戊和海南人是工人；丙和山东人是司机；乙和己曾经当过兵，而山东人从没当过兵；安徽人比甲年龄大；辽宁人比丙年龄大；乙同河北人下周要到江西去旅行；丙同安徽人下周要到北京去度假。根据以上信息，以下哪项为真？(　　)

A. 安徽人当过兵　　B. 辽宁人是推销员

C. 海南人是丁　　D. 己是山东人

E. 河北人是戊

24. 除非在某个岗位上以固定薪资工作 2 年以上，否则他没有继续加薪的机会。已知：

(1)明年小赵不可能不加薪。

(2)今年小李则不必然不加薪。

以下哪项与上述断定最为接近？(　　)

A. 小李今年可能加薪，小赵今年必然不加薪

B. 小李今年可能加薪，小赵明年必然不加薪

C. 小李今年不可能加薪，小赵今年必然不加薪

D. 小李今年不可能加薪，小赵明年必然不加薪

E. 小李今年可能加薪，小赵今年必然加薪

25. 土卫二是太阳系中迄今观测到存在地质喷发活动的 3 个星体之一，也是天体生物学最重要的研究对象之一。德国科学家借助卡西尼号土星探测器上的分析仪器发现，土卫二喷射出的微粒中含有钠盐。据此可以推测，土卫二上存在液态水，甚至可能 存在“地下海”。以下哪项如果为真，最能支持上述推测？(　　)

A. 只有存在“地下海”，才可能存在地质喷发活动

B. 在土卫二上液态水不可能单独存在，只能以“地下海”的方式存在

C. 如果没有地质喷发活动，就不可能发现钠盐

D. 土星探测器上的分析仪器得出的数据是确切可信的

E. 只有存在液态水，才可能存在钠盐微粒

26. 丈夫和妻子讨论孩子上哪所小学为好。丈夫称：根据当地教育局最新的教学质量评估报告，青山小学教学质量不高。妻子却认为：此项报告未必客观准确，因为撰写报告的人中有来自绿小小学的人员，而绿小小学在青山小学附近，两所学校有生源竞争的利害关系，因此青山小学的教学质量其实是较高的。以下哪项最能弱化妻子的推理？（　　）

A. 撰写评估报告的人中也有来自青山小学的人员

B. 对青山小学盲目信任，主观认为质量评估报告不可信

C. 用有偏见的论据论证“教学质量评估报告是错误的”

D. 并没有提供确切的论据，只是猜测评估报告有问题

E. 没有证明青山小学和绿小小学教学质量有显著差异

27. 赵家村的农田比马家村少得多，但赵家村的单位生产成本近年来明显比马家村低。马家村的人通过调查发现：赵家村停止使用昂贵的化肥，转而采用轮作和每年两次施用粪肥的方法。不久，马家村也采用了同样的措施，很快，马家村获得很好的效果。以下哪项最可能是上文所作的假设？（　　）

A. 马家村有足够的粪肥来源可以用于农田施用

B. 马家村比赵家村更善于促进农作物生长的田间管理

C. 马家村经常调查赵家村的农业生产情况，学习降低生产成本的经验

D. 马家村用处理过的污水软泥代替化肥，但对生产成本的影响不大

E. 赵家村和马家村都减少使用昂贵的农药，降低了生产成本

28～30 题基于以下题干

孔宇、梅虎、徐蕾、赵光宇、李彦、黄蕾 6 人报旅游团，他们要选择自己的旅游城市，其中两人选择三亚，两人选择桂林，还有两人选择西双版纳。有关他们具体选择旅游城市的情况还需满足以下条件：

(1)每位报旅游团的人只能选择一个旅游城市。

(2)如果孔宇选择三亚，那么赵光宇和梅虎选择桂林；如果孔宇不选择三亚，那么赵光宇和梅虎不选择桂林。

(3)如果黄蕾不选择西双版纳，那么李彦选择桂林。

(4)如果徐蕾选择桂林，那么赵光宇不选择桂林。

(5)徐蕾和李彦至少有一人不选择桂林。

28. 如果徐蕾选择桂林,那么可以得出以下哪项?( )

A. 黄蕾选择西双版纳
B. 梅虎选择三亚
C. 梅虎选择西双版纳
D. 李彦选择西双版纳
E. 赵光宇和李彦都选择三亚

29. 根据题干信息,以下哪项可能为真?( )

A. 赵光宇和黄蕾选择桂林
B. 李彦和梅虎选择三亚
C. 孔宇和梅虎选择三亚
D. 黄蕾和徐蕾选择桂林
E. 黄蕾和孔宇选择三亚

30. 如果赵光宇和孔宇选择相同的旅游城市,且梅虎选择桂林,那么可以得出以下哪项?( )

A. 李彦选择西双版纳
B. 赵光宇选择桂林
C. 孔宇选择三亚
D. 徐蕾选择三亚
E. 黄蕾选择桂林

综合训练五

1. 张小珍:“在我国,90%的人所认识的人中都有失业者,这真是令人震惊的事实。”

   王大为:“我不认为你所说的现象有令人震惊之处。其实,就5%这样可接受的失业率来说,每20个人中就有1个人失业。在这种情况下,如果一个人所认识的人超过50个,那么,其中就有可能1人或更多的失业者。”根据王大为的论断能得出以下哪个结论?(　　)

   A. 90%的人都认识失业者的事实并不表明失业率高到不可被接受

   B. 超过5%的失业率是一个社会所不能接受的

   C. 如果我国失业率不低于5%,那么就不可能有90%的人所认识的人中都包括失业者

   D. 在我国,90%的人所认识的人不超过50个

   E. 我国目前的失业率不可能高于5%

2. 大多数工人的专业知识和技能都会逐渐过时,而从掌握到过时所需要的时间目前由于新的生产工艺(AMT)的出现而被缩短。考虑到AMT的更新速度,一般的工人从技能的掌握到过时的时间逐渐缩短为4年。以下哪项如果可行,将使企业在上述技能的加速折旧中,最能充分利用工人的技能?(　　)

   A. 公司把能力强的雇员在他们进入公司6年之后送去培训

   B. 公司每年都对其为期5年的AMT计划追加投资

   C. 公司定期走访雇员,来确定AMT计划对他们的影响

   D. 在AMT计划实施之前,公司将开设一个教育机构来向雇员说明AMT计划将对他们产生的影响

   E. 公司为其雇员定期开办培训,使他们不断适应工作的需要

3. 对在某校新当选的校学生会的七名委员中,有一个大连人,两个北方人,一个

福州人，两个特长生(即有特殊专长的学生)，三个贫困生(即有特殊经济困难的学生)。假设上述介绍涉及了该学生会中的所有委员，则以下各项关于该学生会委员的断定都与题干不矛盾，除了：(　　)。

A. 两个特长生都是贫困生　　B. 贫困生不都是南方人

C. 特长生都是南方人　　D. 大连人是特长生

E. 福州人不是贫困生

4. 2000 年，世界范围的造纸业所用的鲜纸浆(直接从植物纤维制成的纸浆)是回收纸浆(由废纸制成的纸浆)的 2 倍。造纸业的分析人员指出，到 2010 年，世界造纸业所用的回收纸浆将不少于鲜纸浆，而鲜纸浆的使用量也比 2000 年有持续上升。如果上面提供的信息均为真，并且分析人员的预测也是正确的，那么可以得出以下哪个结论?(　　)

①2010 年，造纸业所用的回收纸浆至少是 2000 年的 2 倍。

②2010 年，造纸业所用的总的纸浆至少是 2000 年的 2 倍。

③造纸业在 2010 年的只含鲜纸浆的纸将会比 2000 年少。

A. 只有①　　B. 只有②　　C. 只有③　　D. 只有①②

E. ①②③

5. 全国运动会举行女子 5 000 米比赛，辽宁、山东、河北各派了三名运动员参加。比赛前，四名体育爱好者在一起预测比赛结果。甲说："辽宁队训练就是有一套，这次的前三名非她们莫属。"乙说："今年与去年可不同了，金银铜牌辽宁队顶多拿一个。"丙说：据我估计，山东队或者河北队会拿牌的。"丁说："第一名如果不是辽宁队的，就该是山东队的了。"比赛结束后，发现以上四人只有一人言中。以下哪项最可能是该项比赛的结果?(　　)

A. 第一名辽宁队，第二名辽宁队，第三名辽宁队

B. 第一名辽宁队，第二名河北队，第三名山东队

C. 第一名山东队，第二名辽宁队，第三名河北队

D. 第一名河北队，第二名辽宁队，第三名辽宁队

E. 第一名河北队，第二名辽宁队，第三名山东队

6～7 题基于以下题干：

如果"红都"娱乐宫在同一天既开放交谊舞厅又开放迪斯科舞厅，那么它也一定开放保龄球厅。该娱乐宫星期二不开放保龄球厅。李先生只有当开放

交谊舞厅时才去“红都”娱乐宫。

6. 如果上述断定是真的，那么以下哪项断定也一定是真的？（　　）

A. 星期二李先生不会光顾“红都”娱乐宫

B. 李先生不会同一天在“红都”娱乐宫既光顾交谊舞厅又光顾迪斯科舞厅

C. “红都”娱乐宫在星期二不开放迪斯科舞厅

D. “红都”娱乐宫只在星期二不开放交谊舞厅

E. 如果“红都”娱乐宫在星期二开放交谊舞厅，那么这一天它一定不开放迪斯科舞厅

7. 如果上述断定是真的，并且事实上李先生星期二光顾“红都”娱乐宫，那么以下哪项断定一定是真的？（　　）

A. “红都”娱乐宫在李先生光顾的那天没开放迪斯科舞厅

B. “红都”娱乐宫在李先生光顾的那天没开放交谊舞厅

C. “红都”娱乐宫在李先生光顾的那天开放了保龄球厅

D. “红都”娱乐宫在李先生光顾的那天既开放迪斯科舞厅，又开放交谊舞厅

E. “红都”娱乐宫在李先生光顾的那天既没有开放迪斯科舞厅，又没有开放交谊舞厅

8. 远大汽车公司生产的小轿车都安装了驾驶员安全气囊。在安装驾驶员安全气囊的小轿车中，有80%安装了乘客安全气囊。只有安装乘客安全气囊的小轿车才会同时安装减轻冲击力的安全杠和防碎玻璃。如果上述断定为真，并且事实上李先生从远大汽车公司购进的一辆小轿车装有防碎玻璃，则以下哪项断定一定是真的？（　　）

①这辆车一定装有安全杠。

②这辆车一定装有乘客安全气囊。

③这辆车一定装有驾驶员安全气囊。

A. 只有①　　B. 只有②　　C. 只有③　　D. 只有①②

E. ①②③

9. 以下是一份统计材料中的两个统计数据：

第一个数据：到1999年年底为止，“希望之星工程”所收到捐款总额的82%来自国内200家年纯盈利1亿元以上的大中型企业。

第二个数据：到1999年年底为止，“希望之星工程”所收到捐款总额的25%来

自民营企业，这些民营企业中，4/5 从事服装或餐饮业。

如果上述统计数据是准确的，则以下哪项一定是真的？（　　）

A. 上述统计中，“希望之星工程”所收到捐款总额不包括来自民间的私人捐款

B. 上述 200 家年盈利 1 亿元以上的大中型企业中，不少于一家从事服装或餐饮业

C. 在捐助“希望之星工程”的企业中，非民营企业的数量要大于民营企业

D. 民营企业的主要经营项目是服装或餐饮

E. 有的向“希望之星工程”捐款的民营企业的年纯盈利在 1 亿元以上

10～11 题基于以下题干：

三位高中生赵、钱、孙和三位初中生张、王、李参加一个课外学习小组。可选修的课程有：文学、经济、历史和物理。赵选修的是文学或经济；王选修的是物理。如果一门课程没有任何一个高中生进修，那么任何一个初中生也不能选修该课程；如果一门课程没有任何一个初中生选修，那么任何一个高中生也不能选修该程；一个学生只能选修一门课程。

10. 如果上述断定为真，且钱选修历史，则以下哪项一定为真？（　　）

A. 孙选修物理　　B. 赵选修文学

C. 张选修经济　　D. 李选修历史

E. 赵选修经济

11. 如果上述断定为真，且有人选修经济，则选修经济的学生中不可能同时包括（　　）。

A. 赵和钱　　B. 钱和孙

C. 孙和张　　D. 孙和李

E. 张和李

12. 以下是一个西方经济学家陈述的观点：一个国家如果能有效地运作经济，就一定能创造财富而变得富有；而这样的一个国家想保持政治稳定，它所创造的财富必须得到公正的分配，而财富的公正分配将结束经济风险；但是经济风险的存在正是经济有效率运作的不可或缺的先决条件。根据这个经济学家的上述观点，可以得出以下哪项结论？（　　）

A. 一个国家政治上的稳定和经济上的富有不可能并存

B. 一个国家政治上的稳定和经济上的有效率运作不可能并存

C. 一个富有国家的经济运作一定是有效率的

D. 在一个经济运作无效率的国家中，财富一定得到了公正的分配

E. 一个政治上不稳定的国家，一定同时充满了经济风险

13. 在黑、蓝、黄、白四种由深至浅排列的涂料中，一种涂料只能被它自身或者比它颜色更深的涂料所覆盖。如果上述断定是真的，那么以下哪一项确切地概括了能被蓝色所覆盖的颜色？(　　)

①这种颜色不是蓝色。

②这种颜色不是黑色。

③这种颜色不如蓝色深。

A. 只有①　　B. 只有②　　C. 只有③　　D. 只有①②

E. ①②③都不一定是真的

14. 如果新产品打开了销路，那么本企业今年就能实现转亏为盈。只有引进新的生产线或者对现有设备进行有效的改造，新产品才能打开销路。本企业今年没能实现转亏为盈。如果上述断定是真的，那么以下哪项也一定是真的？(　　)

①新产品没能打开销路。

②没引进新的生产线。

③对现有设备没进行有效的改造。

A. 只有①　　B. 只有②　　C. 只有③　　D. ①②③

E. ①②③都不一定是真的

15. 苏格兰科学家在人类历史上首次以无性繁殖，即克隆法成功地培养出绵羊“朵丽”，引起国际社会的极大震动。因为这个试验从理论上表明人类可以复制自己。有人从法律、道德、宗教、传统、政府手段等方面说明，无性生殖技术不可能用于人类自身。以下哪项成立，最能削弱上面的结论？(　　)

A. 好奇心和成功欲使得一些科学家不顾一切地把这项试验用于人类自身。

B. 法律难以完备，以至于对从事此类试验的人束手无策

C. 宗教的影响不够强大，不足以使人们从心灵上敬畏上帝

D. 政府削弱此项研究经费的措施不够得力，以至于这项研究得以继续下去

E. 道德的约束力不够，不足于制止在人类自身上进行这种试验

16. 当颁发向河道内排放化学物质的许可证时，它们是以每天可向河道中排放多少磅每种化学物质的形式来办法颁发的。通过对每种化学物质单独计算来颁发许可证，这些许可证所需的数据基于对流过河道的水量对排放到河道内的化学物质的稀释效果的估计。因此，河道在许可证的保护下，可以免受排放到它里面的化学物质对它产生的不良影响。上面论述依赖的假设是：(　　)。

A. 相对无害的化学物质在水中不相互反应形成有害的化合物

B. 河道内的水流动得很快，能确保排放到河道的化学物质被快速地散开

C. 没有完全禁止向河道内排放化学物质

D. 那些持有许可证的人通常不会向河道内排放达到许可证允许的最大量的化学物质

E. 化学物质对河道污染所带来的危险只应以它是否危及人类健康的观点来评价，而不应以危及野生动植物的观点来评价

17. 当爸爸、妈妈中只有一个人外出时，儿子可以留在家里。如果爸爸、妈妈都外出，必须找一个保姆，才可以把儿子留在家中。从上面的陈述中，可以推出下面哪项结论？(　　)

A. 儿子在家时，爸爸也在家

B. 儿子在家时，爸爸不在家

C. 保姆不在家，儿子不会单独在家

D. 爸爸、妈妈都不在家，则儿子也不在家

E. 爸爸不在家，则妈妈在家

18. 有些具有优良效果的护肤化妆品是诺亚公司生产的。所有诺亚公司生产的护肤化妆品都价格昂贵，而价格昂贵的护肤化妆品无一例外地受到女士们的信任。以下各项都能从题干的断定中推出，除了：(　　)。

A. 受到女士们信任的护肤化妆品中，有些实际效果并不优良

B. 有些效果优良的化妆品受到女士们的信任

C. 所有的诺亚公司生产的护肤化妆品都受到女士们的信任

D. 有些价格昂贵的护肤化妆品是效果优良的

E. 所有不被女士们信任的护肤化妆品价格都不昂贵

19. 美国授予发明者的专利数量，由 1971 年的 56 000 项下降到 1978 年的

45 000项。美国在研究和开发方面的投入，在 1964 年到达其顶峰——占 GNP 的 3%，而在 1978 年只占 2.2%，在这期间，研究和开发费用占 GNP 的比重一直在下降。同一时期，德国和日本却增加了它们 GNP 中研究和开发费用的比重，分别增长到 3.2% 和 1.6%。上述信息最能支持以下哪个结论？（　　）

A. 一个国家的 GNP 和发明数量之间有直接的关系

B. 日本和德国在 1978 年比美国在研究和开发方面花费了更多的钱

C. 一个国家花在研究和开发上的钱的数量，直接决定该国产生的专利数量

D. 1964～1978 年间，美国研究开发费用占 GNP 的比重一直高于日本

E. 德国和日本都将很快在专利数量方面超过美国

20. 赵、钱、孙同为一交通事故的责任者，三人同时指责对方：

赵："钱在说谎。"

钱："孙在说谎。"

孙："赵、钱都在说谎。"

他们三人中谁说的是真话，谁说的是假话？（　　）

A. 赵说真话，孙说假话　　B. 赵说假话，孙说真话

C. 钱说真话，孙说假话　　D. 钱说假话，赵说真话

E. 钱说假话，赵说假话

21. 现在准备从赵、钱、孙、李、周、吴六个工程技术人员中选出三个人组成一个特别攻关小组，集中力量研制公司下一步准备推出的高技术拳头产品。为了使工作更有成效，我们了解到以下情况：

①赵、孙两个人中至少要选上一位；

②钱、周两个人中至少要选上一位；

③孙、周两个人中每一个都绝对不要与钱共同入选。

根据以上条件，若周未被选上，则下列哪两位必定同时入选？

A. 赵、吴　　B. 钱、李　　C. 钱、吴　　D. 赵、李

E. 赵、钱

22. 京城娱乐有限公司招聘公关经理，条件为"三高"：高个子、高智商、高学历。甲、乙、丙、丁四人前来应聘，其中只有一人同时具有"三高"。此外，这四个人中：只有三个人是高个子，只有两个人是高智商，只有一个人是高学历。

每个人至少具备“一高”。甲和乙的智商一样高。乙和丙的个子一样高。丙和丁的个子不是一种类型(即如果丙是高个子,则丁是矮个子;反之亦然)。依据以上叙述,可得出以下哪项结论?(　　)

A. 甲同时具备“三高”

B. 乙同时具备“三高”

C. 丙同时具备“三高”

D. 题干中缺乏足够的信息来确定谁同时具备“三高”

E. 题干中包含互相矛盾的信息

23. 一本小说要畅销,必须有可读性。一本小说,只有触及社会的敏感点,才能有可读性。而一个作者如果不深入生活,他的作品就不可能触及社会的敏感点。以下哪项可以从题干的断定中推出?(　　)

①一个畅销小说作者,不可能不深入生活。

②一本不触及社会敏感点的小说,不可能畅销。

③一本不具有可读性的小说的作者,一定没有深入生活。

A. 只有①　　B. 只有②

C. 只有③　　D. 只有①②

E. ①②③

24. 大城市的公共交通部门正在赤字中挣扎。乘客总抱怨汽车晚点和运输工具出毛病,服务种类的减少,以及票价高于他们过去习惯于支付的水平。由于上述所有原因,以及汽油的价格并未高至令人不敢问津的水平,所以公共交通车的乘客有所减少,更进一步增加了赤字。下面哪一项关于公交乘客数量与汽油价格的关系的陈述最为上面文字所支持?(　　)

A. 随着汽油价格的上升,公交乘客数也上升

B. 即使汽油价格上升,公交乘客数仍继续下降

C. 如果汽油价格升至令人不敢问津的水平,公交乘客数将上升

D. 大多数公交乘客不用汽油,因此,汽油价格波动不太可能影响公交乘客

E. 汽油的价格总是足够低,这使得私人交通比公共交通便宜,因此,汽油价格的波动不太可能影响公交乘客数

25. 一个包裹,除非其大小在规定的尺寸之内,否则投递服务公司不会接受。所有被接受投递的包裹都有退回地址。如果上面陈述是正确的,则下面哪一

项也一定是正确的？（　　）

A. 投递服务公司对重包裹的收费高于对轻包裹的收费

B. 投递服务公司总是接受大小在规定限度内的包裹的投递

C. 如果一个包裹大小在规定的限度之内，并有回邮地址，则无论它多重，都会被接受投递

D. 一个大小不在规定限度之内但是却有回邮地址的包裹，绝不会被投递服务公司接受投递的

E. 投递服务公司对必须返回寄件人的包裹不收取费用

26. 在内陆的养狗场，所有的成年动物都服用了一种新药，这种药物的目的是降低狗类被感染上某种一般性传染病的风险。在用药的几天后，这群狗中的大多数幼狗都体温上升。由于体温上升是这种药的一个副作用，因此该养狗场的场主得出假设，认为幼狗们的体温上升是由于这种药通过幼狗母亲的乳汁进入了幼狗体内。下列哪项如果正确，对养狗场场主的假设提供了最有力的支持？（　　）

A. 有些幼狗直接服用了这种新药，但却没有引起体温上升的副作用

B. 狗的饲养员们完全接受了这种新药，认为它可以安全有效地阻止某种一般性狗类传染病的流行

C. 养狗场中四条幼狗是由奶瓶喂养的，它们都没有发生体温上升的现象

D. 体温上升是养狗场对狗使用的该新药之外的另一些药物的副作用

E. 像该养狗场大多数幼狗所产生的这种体温上升现象基本不会对幼狗的健康产生长期影响

27. 在某一市政府，一法官推翻了一嫌疑犯拥有非法武器的罪名。一看到警察，那个嫌疑犯就开始逃跑，当警察追他时，他就随即扔掉了那件非法武器。那个法官的推理如下：警察追击的唯一原因是嫌疑犯逃跑。从警察旁边逃跑并不能使人合情合理地怀疑他有犯罪行为。在一非法追击中收集的证据是不能接受的，因此，这个案例中的证据是不能接受的。下面哪一条原则如果正确，最有助于证明那个法官关于那些证据是不能被接受的判决是合理的？（　　）

A. 只有涉及其他重要因素，从警察那儿逃跑就能使人产生一个合情合理的有关犯罪行为的怀疑

B. 人们可以合法地从警察那儿逃跑

C. 仅当一个人的举动使人合情合理地怀疑他有犯罪行为时，警察才能合法地追击他

D. 从警察那儿逃跑不应该被认为是一种犯罪行为

E. 在一个人的举动能使人合情合理地怀疑他有犯罪行为的情况下，警察都能合法地追击那个人

28. 尽管人们假定雄孔雀的漂亮尾羽主要是用于吸引雌孔雀的，但没人知道为什么漂亮的尾羽能在求偶中占优势。一种解释是雌孔雀更愿与拥有漂亮尾羽的雄孔雀为偶，而不是那些没有漂亮尾羽的雄孔雀。下列哪一个是解释中举例论证的推理错误？（　　）

A. 把人类的典型特征归属于动物

B. 把一个仅仅对一类中的一个物种正确的结论扩展到该类中所有物种

C. 提供一个原则上既没有被证实也没有被证伪的假说作为解释

D. 提供一个将要被解释的现象作为该现象的解释

E. 没有根据地假设有漂亮尾羽的雄孔雀可能有其他强烈吸引雌孔雀的特征

29. 当一部法国小说无论何时被译成英文后，在英国出售的版本都应是英国英语版。如果在英国出售的版本中是美国英语，那么它的习惯用语和拼写对英国读者而言都是明显的美国英语，这与小说的背景相冲突。上面的建议基于下列哪一个假设？（　　）

A. 法国小说的作者通常是以法语为母语的人

B. 非英国读者在读一部写成英国英语的小说时，将不可避免地无法理解小说中一些单词和习惯用法的意义

C. 在英国出售的翻译成英文的法国小说没有描述发生在美国的事

D. 英国小说的英国读者将注意到用于小说的习惯用法和拼写是英国式的

E. 绝大多数法国小说没有同时被翻译为英国英语和美国英语

30. 正确地度量服务部门工人的生产率很复杂。例如，考虑邮政工人的情况：如果每个邮政工人平均投递更多的信件，就称他们有更高的生产率，但这真的正确吗？如果投递更多信件的同时，每个工人平均丢失或延迟更多的信件会是什么情况呢？以上对度量生产率的方法暗含的反对意见是基于对以下

哪一项论述的怀疑？（　　）

A. 邮政工人是总的服务部门工人的代表

B. 投递信件是邮政服务的主要活动

C. 生产率应归于工人所在的部门，而不是单个人的

D. 在计算生产率时可以适当地忽略提供的服务的质量

E. 投递的信件的数量同度量邮政工人的生产率有关

综合训练六

1. 某学术会议正举行分组会议，某一组有 8 个人出席。分组会议主席问大家原来各自认识与否。结果是全组中仅有 1 个人认识小组中的 3 个人，有 3 个人认识小组中的 2 个人，有 4 个人认识小组中的 1 个人。若以上统计属实，则最能得出以下哪项结论？（　　）

A. 会议主席认识小组中的人最多

B. 此类学术会议是第一次举行，大家都是生面孔

C. 有些成员所说的认识可能仅是电视上或报告会上见过而已

D. 虽然会议成员原来的熟人不多，但原来认识的都是至交

E. 通过这次会议，小组成员都相互认识了，以后见面就能直呼其名了

2. 在某大学的某届校友会中，有 10 个会员是湖南籍的。毕业数年后这 10 个同学欢聚一堂，发现他们之间没有人给 3 个以上的同乡会员写过信，给 3 个同乡会员写过信的人只有 1 人，仅给 2 个同乡会员写过信的只有 3 人，仅给 1 个同乡会员写过信的有 6 人，有 1 个会员收到了 4 个同乡会员的来信。如果上述断定为真，以下各项关于这 10 个会员之间通信的断定中，哪项一定为真？（　　）

①每人都给其他同乡会员写过信。

②每人都收到其他同乡会员的来信。

③至少有一个会员没给所收到的每封来信复信。

A. 只有①　　B. 只有②　　C. 只有①②　　D. 只有①③

E. ①②③

3. 在英语四级考试中，陈文的分数比朱利低，但是比李强的分数高；宋颖的分数比朱利和李强的分数低；王平的分数比宋颖的高，但是比朱利的低。如果以上的陈述为真，根据下列哪项能够推出张明的分数比陈文的分数低？（　　）

A. 陈文的分数和王平的分数一样高

B. 王平的分数和张明的分数一样高

C. 张明的分数比宋颖的高，但比王平的低

D. 张明的分数比朱利的分数低

E. 王平的分数比张明的高，但比李强的分数低

4. 据卫星提供的最新气象资料表明，原先预报的明年北方地区的持续干旱不一定出现。以下哪项最接近上文中气象资料所表明的含义？（　　）

A. 明年北方地区的持续干旱可能不出现

B. 明年北方地区的持续干旱可能出现

C. 明年北方地区的持续干旱一定不出现

D. 明年北方地区的持续干旱出现的可能性比不出现的可能性大

E. 明年北方地区的持续干旱不可能出现

5. 你可以随时愚弄某些人。假如以上属实，以下哪些判断必然为真？（　　）

①张三和李四随时都可能被你愚弄。

②你随时都想愚弄人。

③你随时都可能愚弄人。

④你只能在某些时候愚弄人。

⑤你每时每刻都在愚弄人。

A. 只有③　　　　B. 只有②

C. 只有①③　　　　D. 只有②③

E. ①②③④⑤

6. 正是因为有了充足的奶制品作为食物来源，生活在呼伦贝尔大草原的牧民才能摄入足够的钙质。很明显，这种足够的钙质，对呼伦贝尔大草原的牧民拥有健壮的体魄是必不可少的。以下哪项情况如果存在，最能削弱上述断定？（　　）

A. 有的呼伦贝尔大草原的牧民从食物中能摄入足够的钙质，且有健壮的体魄

B. 有的呼伦贝尔大草原的牧民不具有健壮的体魄，但从食物中摄入的钙质并不少

C. 有的呼伦贝尔大草原的牧民不具有健壮的体魄，他们从食物中不能摄入

足够的钙质

D. 有的呼伦贝尔大草原的牧民有健壮的体魄，但没有充足的奶制品作为食物来源

E. 有的呼伦贝尔大草原的牧民没有健壮的体魄，但有充足的奶制品作为食物来源

7. 总经理："根据本公司目前的实力，我主张玉泉花园和远大小区这两项工程至少上马一个，但长虹桥改造工程不能上马。"

董事长："我不同意。"

以下哪项最为准确地表达了董事长实际同意的意思？（　　）

A. 玉泉花园、远大小区和长虹桥改造这三项工程都上马

B. 玉泉花园、远大小区和长虹桥改造这三项工程都不上马

C. 玉泉花园和远大小区两项工程中至多上马一个，但长虹桥改造工程要上马

D. 玉泉花园、远大小区两项工程至多上马一项，如果这点做不到，那也要保证长虹桥改造工程上马

E. 玉泉花园、远大小区两项工程都不上马，如果这点做不到，那也要保证长虹桥改造工程上马

8. 一天，小方、小林做完数学题后发现答案不一样。小方说："如果我的不对，那你的就对了。"小林说："我看你的不对，我的也不对。"旁边的小刚看了看他们两人的答案后说："小林的答案错了。"这时数学老师刚好走过来，听到了他们的谈话，并查看了他们的运算结果后说："刚才你们三个人所说的话中只有一句是真的。"请问下述说法中哪一个是正确的？（　　）

A. 小方说的是真话，小林的答案对了

B. 小刚说的是真话，小林的答案错了

C. 小林说对了，小方和小林的答案都不对

D. 小林说错了，小方的答案是对的

E. 小刚说对了，小林和小方的答案都不对

9. 某矿山发生了一起严重的安全事故。关于事故原因，甲、乙、丙、丁四位负责人有如下断定：

甲："如果造成事故的直接原因是设备故障，那么肯定有人违反操作规程。"

乙："确实有人违反操作规程，但造成事故的直接原因不是设备故障。"

丙："造成事故的直接原因确实是设备故障，但并没有人违反操作规程。"

丁："造成事故的直接原因是设备故障。"

如果上述断定只有一个人的断定为真，那么以下断定都不可能为真，除了：(　　)。

A. 甲的断定为真，有人违反了操作规程

B. 甲的断定为真，但没有人违反操作规程

C. 乙的断定为真

D. 丙的断定为真

E. 丁的断定为真

10. 某个岛上的土著居民分为骑士和无赖两部分，骑士只讲真话，无赖只讲假话。甲和乙是该岛上的两个土著居民，关于他俩，甲说了以下这句话："或者我是无赖，或者乙是骑士。"根据上述条件，可推出以下哪项结论？(　　)

A. 甲和乙都是骑士　　B. 甲和乙都是无赖

C. 甲是骑士，乙是无赖　　D. 甲是无赖，乙是骑士

E. 条件尚不够充分，推不出结论

11～12 题基于以下题干：

①所有并且只有在高速公路上运行的交通工具才是交通污染源。

②自行车不是交通污染源。

③我的汽车在高速公路上行驶的时候，天都下着雨。

④现在天正下着雨。

11. 如果上述断定都是真的，下述哪项断定也一定是真的？(　　)

A. 自行车并不在高速公路上行驶

B. 只有当天下雨的时候，自行车才在高速公路上行驶

C. 如果我的汽车不在制造污染，那么天没下雨

D. 我现在正在高速公路上驾车

E. 我的汽车不是交通污染源

12. 给上述断定加上以下哪项条件，可逻辑地得出结论"我的汽车没有在制造污染"？(　　)

A. ②改为"自行车是交通污染源"

B. ②改为“我的汽车是交通污染源”

C. ③改为“如果自行车是交通污染源的话，我一定会在高速公路上驾驶我的汽车的”

D. ④改为“雨水被污染了”

E. ④改为“天现在没下雨”

13. 某单位要从100名报名者中挑选出20名献血者进行体检。最不可能被挑选上的是1993年以来已经献过血，或是1995年以来在献血体检中不合格的人。如果上述断定是真的，那么以下哪项所言及的报名者最有可能被选上？（　　）

A. 小张1995年献过血，他的血型是O型，医用价值最高

B. 小王是区献血标兵，近年来每年献血，这次他坚决要求献血

C. 小刘1996年报名献血，因“澳抗”阳性体检不合格，这次出具了“澳抗”转阴的证明，并坚决要求献血

D. 大陈最近一次献血时间是在1992年，他因公伤截肢，血管中流动着义务献血者的血。他说：“我比任何人都有理由献血。”

E. 老孙1993年因体检不合格未能献血，1995年体检合格献过血

14. 某地有两个奇怪的村庄，张庄的人在星期一、星期三、星期五说谎，李村的人在星期二、星期四、星期六说谎。在其他日子里他们说实话。一天，外地的王聪明来到这里，见到两个人，分别向他们提出关于日期的问题。两个人都说：“前天是我说谎的日子。”如果被问的两个人分别来自张庄和李村，以下哪项最可能为真？（　　）

A. 这一天是星期五或星期日

B. 这一天是星期二或星期四

C. 这一天是星期一或星期三

D. 这一天是星期四或星期五

E. 这一天是星期三或星期六

15. 西双版纳植物园中有两种樱草：一种是自花授粉；另一种是非自花授粉，即须依靠昆虫授粉。近几年来，授粉昆虫的数量显著减少。另外，一种非自花授粉的樱草所结的种子比自花授粉的要少。显然，非自花授粉樱草的繁殖条件比自花授粉的要差。但是，游人在植物园多见的是非自花授粉樱草而不是自花授粉樱草。以下哪项断定最无助于解释上述现象？（　　）

A. 和自花授粉樱草相比，非自花授粉樱草的种子发芽率较高

B. 非自花授粉樱草是本地植物，而自花授粉樱草是前几年从国外引进的

C. 前几年，上述植物园中非自花授粉樱草和自花授粉樱草的数量比大约是 5 ∶ 1

D. 当两种樱草杂生时，土壤中的养分更易于被非自花授粉樱草吸收，这又往往导致自花授粉樱草的枯萎

E. 在上述植物园中，为保护授粉昆虫免受游客伤害，非自花授粉樱草多植于园林深处

16.“试点综合症”的问题现在屡见不鲜。出台一项改革措施，先进行试点，积累经验后再推广，这种以点带面的工作方法本来是人们经常采用的。但现在许多项目中出现了“一试点就成功，一推广就失败”的怪现象。以下哪项最不可能是造成上述现象的原因？（　　）

A. 在选择试点单位时，一般选择比较好的单位

B. 为了保证试点成功，政府往往给予试点单位许多优惠政策

C. 在试点过程中，领导往往比较重视，各方面的问题解决得快

D. 尽管试点成功，但许多企业外部的政策、市场环境却并不相同

E. 全社会往往比较关注试点

17. 在最近几年，某地区的商场里只卖过昌盛、彩虹、佳音三种品牌的电视机。2007 年，昌盛、彩虹、佳音三种品牌的电视机在该地区的市场占有率(按台数计算)分别为 25%、35%和 40%。到 2008 年，几个品牌的市场占有率变成昌盛第一、彩虹第二、佳音第三。其次序正好与 2007 年相反。以下条件除了哪项外，都可能对上文提到的市场占有率的变化做出合理的解释？（　　）

A. 昌盛集团成立了信息部，应用信息技术网络与客户建立了密切的联系

B. 佳音集团的经理班子与董事会的经营理念出现分歧，总经理在 2008 年年初辞职

C. 昌盛集团耗巨资购并了一个濒临倒闭的大型电冰箱厂，转产 VCD 机

D. 佳音集团新的总经理推行全面质量管理，引起费用增加，不得不提高价格

E. 彩虹集团设计了一条新的生产线，要等到 2009 年才能投产，在 2008 年难有作为

18. 一个著名的旅游城市，每年都接待许多中外游客。在游览风景名胜的路上，

导游小姐总在几个工艺品加工厂停车，劝大家去厂里参观，而且说买不买都没有关系。为此，一些游客常有怨言，但此种现象仍在继续，甚至一年胜似一年。以下哪项最不可能是造成以上观象的原因？（　　）

A. 虽然有的人不满意，许多游客还是愿意的，他们从厂里出来时的笑容就是证据

B. 有些游客来旅游的一项重要任务就是购物。若是空手回家，家里人会不高兴的

C. 厂家生产的产品直销，质量有保证，价格也便宜，何乐而不为？

D. 所有的游客经济上都是富裕的，他们只想省时间，不在意商品的价格

E. 在厂家购物，导游小组会得到奖励，当然，奖励的钱是间接地从购物者那里来的

19. 一项对南华大学企业管理系 2014 届毕业生的调查结果看来有些问题。当被调查毕业生被问及其在校时学习成绩的名次时，统计资料表明：有 60%的回答者说他们的成绩位居班级的前 20 名。如果我们已经排除了回答者说假话的可能，那么下面哪一项能够对上述现象做出更合适的解释？（　　）

A. 未回答者中也并不是所有的人的成绩名次都在班级的前 20 名以外

B. 虽然回答者没有错报成绩，但不排除个别人对于学习成绩的排名有不同的理解

C. 南华大学对学生学习成绩的名次排列方式与其他大多数学校不同

D. 成绩较差的毕业生在被访问时一般没有回答这个有关学习成绩名次的问题

E. 在校学习成绩名次是一个敏感的问题，几乎所有的毕业生都进行略微的美化

20. 经过人们长时间的统计分析，发现了这样一种非常有趣的现象，大部分的数学家都是长子。由此可见，长子天生的数学才华相对而言更强些。以下哪项如果为真，能有效地削弱上述推论？（　　）

①女性才能普遍受到压抑，很难表现出她们的数学才华。

②长子的人数比起次子的人数要多得多。

③长子能够接受更多的来自父母的数学能力的遗传。

A. 只有①　　B. 只有②　　C. 只有③　　D. 只有①②

E. ①②③

21. 东升商城公关部职工的平均工资是营业部职工的2倍，因此，公关部职工比营业部职工普遍有较高的收入。以下哪项如果是真的，将最能削弱上述论证？（　　）

A. 公关部职工的人均周实际工作时数要超过营业部职工的50%

B. 按可比因素计算，公关部职工为东升商城创造的人均价值是营业部职工的近10倍

C. 公关部职工中最高收入与最低收入之间的差距要远远大于营业部职工

D. 公关部职工的人数只是营业部职工的10%

E. 公关部职工中有20%享受商城的特殊津贴，营业部职工则有25%享受这种津贴

22. 目前食品包装袋上没有把纤维素的含量和其他营养成分一起列出。因此，作为保护民众健康的一项措施，国家应该规定食品包装袋上明确列出纤维素的含量。以下哪项如果是真的，能作为论据支持上述论证？（　　）

①大多数消费者购买食品时能注意包装袋上关于营养成分的说明。

②高纤维食品对预防心脏病、直肠癌和糖尿病有重要作用。

③很多消费者都具有高纤维食品营养价值的常识。

A. 只有①　　B. 只有②　　C. 只有③　　D. 只有①②

E. ①②③

23. 由于邮费不断上涨，《家庭装饰》杂志计划通过把其每年出版的期刊数量减半来最大化其利润。文章的质量、每年发表的文章数量以及订阅价格都不会变化。市场研究表明，如果该计划予以实施，订阅者和广告商都不会受到损失。下面哪项如果正确，则提供了最强有力的证据证明该计划的实施可能使该杂志的利润下降？（　　）

A. 在新的邮费条件下，邮寄一期典型的提议计划的杂志耗费的成本比邮寄一期典型的目前的杂志高出约1/3

B. 该杂志的订阅者中大多数更关心目前文章的高质量可能下降，而较少关心杂志中文章数量的减少

C. 即使订阅价格提高了，许多该杂志的长期订阅者也会继续他们的订阅

D. 大多数在该杂志上购买广告篇幅的广告商会在每期杂志上花费和以前

一样的资金

E. 杂志的生产成本预计会保持不变

24.“肯定性行动”方案非常有效。美国制造商协会在努力促使保留一项要求一些联邦政府采购供应商设立可用数字表示的雇佣少数民族和妇女的目标的行政命令时宣称，“劳动力多元化可能在管理、产品的发展和市场营销方面产生出新的想法”。以下哪一项如果是正确的，将最有力地加强该协会以上短文中所述的论述？（　　）

A. 工商业中少数民族和妇女工人比例的上升比很多少数民族和妇女组织预期的慢

B. 那些少数民族和妇女工人比例最高的企业也是最有创新能力和利润率最高的企业

C. 可支配收入在少数民族和妇女中与在全体劳动者中上升得一样快

D. 制造业中销售增长最快的是那些销售最有创新能力的产品的行业

E. 最近在管理实践中的改进使制造商们从工人的生产率提高中得到巨大的收益

25. 情形：在B国中，政府对汽油课以重税，以鼓励人们不要驾车，它用汽油税的收入来补贴电力供应，以降低电价。

分析：第一个实现得越好，第二个实现得就会越差。

对上述情形所做的分析最适合以下哪一种情形？（　　）

A. 一个图书馆为了促使读者及时还书，决定对晚还的读者罚款。图书馆就用这项收入来向晚还者发信提醒，以防止晚还

B. 一家经营邮购业务的商店对过夜邮递这一服务收取较高的附加费用，以限制用户使用该项业务。商店用从附加费用中获得的收益来支付因过夜邮寄而发生的额外费用

C. 公园管理人员决定征收入门费，以便公园的使用者也对公园的维护出一份力。为了使入门费较低，管理人员决定不把它作为任何新项目的资金来源

D. 一个饭店加收一项服务费，以免除客人单独付小费的麻烦。这项收入将被平均到饭店工作人员的收入中，以提高他们较少的小时工资

E. 公路管理人员决定征收过桥费，以鼓励司机选择其他道路，并用这项收

入来建立一项发展基金，以便修筑另一座桥

26. 在第二次世界大战中，大约有 37.5 万名平民在美国本土死亡，而有大约 40.8 万名美国军人在海外死亡。基于这些数字可以得出结论，在第二次世界大战中作为军人派驻海外并不比作为平民留在本土危险很多。以下哪一项最能清楚地揭示出以上得出的结论的荒谬？（　　）

A. 除了派驻海外的军人死亡数外，将在美国本土死亡的军人数量计算出来

B. 把平民的死亡人数和军人死亡人数之间的差别用占全部死亡人数的百分比表达出来

C. 把在军队中服役期内由事故引起的死亡从由战斗中受伤而导致的死亡中区分出来

D. 比较一下每一种类中每千人的死亡率而不是比较总的死亡人数

E. 把在美国由事故造成的死亡人数同军队里在战斗中的死亡人数进行比较

27. 甲："如果外星人访问过地球，那么，他们肯定是为了寻找能和他们交流的智能动物。但从来没有过我们人类和外星人交往的记录。因此可以断定从来没有外星人访问过我们这个星球。"

乙："或者他们不认为人类具有智能。"

以下哪项是对乙的反应的最恰当评价？（　　）

A. 他没有领会甲的观点

B. 他认为甲表述的假设或许不能成立

C. 他认为甲隐含的假设或许不能成立

D. 他认为外星人访问过我们这个星球

E. 他认为外星人肯定没访问过我们这个星球

28. 在美国 1980 年的人口普查中，婚姻状况被 5 种范畴所描述：单身、已婚（但是没有分居）、分居、离婚和守寡。分居这一范畴既包括那些合法分居者，又包括那些与他们的配偶疏远的分居者，在该范畴中的女性比男性多 100 万人。下面哪项如果正确，能提供或有助于解释这个人口普查的结果？（　　）

①在美国达到结婚年龄的女性比男性多。

②在美国，不能被调查人员所发现的独身男性比不能被他们所发现的独身女性多。

③离开美国移居他国的单身男性比单身女性多。

A. 只有①　　B. 只有②　　C. 只有③　　D. 只有①②

E. 只有②③

29. 事实表明，对坐飞机感到恐惧是没有道理的。仅在 1996 年，车祸就使得 56 000人死亡，而从 1990 年至今，国家航空公司事故平均年死亡仅为 89 人，地方航空公司的事故年均死亡也只略高一些。如果上述论据正确，以下哪项对于评价该论据最重要？（　　）

A. 多次乘飞机旅行的经验是否会减轻对坐飞机的恐惧

B. 地方航空公司与国家航空公司在每架飞机的维护上是否花费了相同的时间

C. 有多少人对坐飞机感到恐惧，因而不坐飞机

D. 自 1990 年以来，乘车的人次和乘坐飞机的人次的比较

E. 自 1990 年以来，地方航空公司的事故率比国家航空公司高多少

30. 需要一种特殊棉纱带的唯一目的是把某些外科伤口包扎 10 天——这些伤口需要包扎的最多天数。纽太配带是这种棉纱带的一个新品牌。纽太配带的销售人员声称纽太配带会有助于伤口愈合，因为纽太配带的黏附能力是现在使用的棉纱带的 2 倍。下面哪种说法如果正确，会对纽太配带的销售人员的声明提出最严重的疑问？（　　）

A. 大多数外科伤口大约需要 10 天愈合

B. 大多数外科棉纱带是由医院和诊所而非私人外科医生购买的

C. 现在使用的棉纱带的黏附能力远超过包扎伤口 10 天所需的足够的黏附能力

D. 纽太配带和现在使用的棉纱带都不能很好地黏附未经洁净的皮肤

E. 纽太配带对已涂上一种特别化学药剂的皮肤的黏附能力仅为现在使用的棉纱带对那种皮肤的黏附能力的一半好

综合训练七

1. 一项研究发现:吸食毒品(例如摇头丸)的女孩比没有这种行为的女孩患忧郁症的可能性高出 2 至 3 倍;酗酒的男孩比不喝酒的男孩患忧郁症的可能性高出 5 倍。另外,忧郁会使没有不良行为的孩子减少犯错误的冲动,却会让有过上述不良行为的孩子更加行为出格。如果上述判定为真,则以下哪项一定为真?(　　)

   A. 行为出格的孩子容易忧郁,进而加重他们的出格行为

   B. 酗酒的男孩比食用摇头丸的女孩患忧郁症的可能性高

   C. 忧郁会让人失去生活的乐趣并导致行为出格

   D. 没有坏习惯的孩子的家庭大多是和谐快乐的

   E. 患有忧郁症的孩子都伴随有不良的行为出格

2. 新挤出的牛奶中含有溶菌酶等抗菌活性成分。将一杯原料奶置于微波炉加热至 50℃,其溶菌酶活性降低至加热前的 50%。但是,如果用传统热源加热原料奶至 50℃,其内含的溶菌酶活性几乎与加热前一样,因此,对酶产生失活作用的不是加热,而是产生热量的微波。以下哪项如果属实,最能削弱上述论证?(　　)

   A. 将原料奶加热至 100℃,其中的溶菌酶活性会完全失活

   B. 加热对原料奶酶的破坏可通过添加其他酶予以补偿,而微波对酶的破坏却不能补偿

   C. 用传统热源加热液体奶达到 50℃ 的时间比微波炉加热至 50℃ 时间长

   D. 经微波炉加热的牛奶口感并不比用传统热源加热的牛奶口感差

   E. 微波炉加热液体会使内部的温度高于液体表面达到的温度

3. 某市规定:如果你出示了二代居民身份证或者社保卡,那么你购买一套普通住房后就必然不会被限购。如果小张购买一套普通住房后被限购,那么根据

上述规定可以得出以下哪项结论？（　　）

A. 小张出示了二代居民身份证，但没有出示社保卡

B. 小张没有出示二代居民身份证，但有本地户口

C. 小张没有出示二代居民身份证，也没有出示社保卡

D. 小张出示了社保卡，但没有出示二代居民身份证

E. 小张出示了二代居民身份证，但没有本地户口

4. 从赵、张、孙、李、周、吴六个工程技术人员中选出三位组成一个特别攻关小组，集中力量研制开发公司下一步准备推出的高技术产品。为了使工作更有成效，我们了解到以下情况：

(1)赵、孙两个人中至少要选上一位

(2)张、周两个人中至少要选上一位。

(3)孙、李两个人中的每一个都绝对不要与张共同入选。

根据以上条件，若周没有被选上，则以下哪两位必同时入选？（　　）

A. 赵、吴　　B. 张、李

C. 赵、孙　　D. 赵、李

E. 孙、李

5. 只有不明智的人才在董嘉面前说东山郡人的坏话，董嘉的朋友施飞在董嘉面前说席佳的坏话，可是令人疑惑的是，董嘉的朋友都是非常明智的人。根据以上陈述，可以得出以下哪项？（　　）

A. 施飞是不明智的　　B. 施飞不是东山郡人

C. 席佳是董嘉的朋友　　D. 席佳不是董嘉的朋友

E. 席佳不是东山郡人

6. 研究人员报告说，一项超过 1 万名 70 岁以上老人参与的调查显示，每天睡眠时间超过 9 小时或少于 5 小时的人，他们的平均认知水平低于每天睡眠时间为 7 小时左右的人。研究人员据此认为，要改善老年人的认知能力，必须使用相关工具检测他们的睡眠时间，并对睡眠进行干预，使其保持适当的睡眠时间。以下哪项如果为真，最能质疑上述研究人员的观点？（　　）

A. 尚没有专业的医疗器具可以检测人的睡眠时间

B. 每天睡眠时间为 7 小时左右的都是 70 岁以上的老人

C. 每天睡眠时间超过 9 小时或少于 5 小时的都是 80 岁以上的老人

D. 70 岁以上的老人一旦醒来就很难再睡着

E. 70 岁以上的老人中，有一半以上失去了配偶

7. 自然界中的基因有千万种，哪类基因最为常见和最为丰富？某研究机构在对大量基因组进行成功解码后找到了答案，那就是有“自私 DNA”之称的转座子。转座子基因的丰度和广度表明，它们在进化和生物多样性的保持中发挥了至关重要的作用。生物学教科书一般认为在光合作用中能固定二氧化碳的酶是地球上最为丰富的酶，有学者曾据此推测能对这种酶进行编码的基因也应当是最丰富的。不过研究却发现，被称为“垃圾 DNA”的转座子反倒统治着已知基因世界。以下哪项如果为真，最能支持该学者的推测？（　　）

A. 转座子的基本功能就是到处传播自己

B. 同样一种酶有时是用不同的基因进行编码的

C. 不同的酶可能由同样的基因进行编码

D. 基因的丰富性是由生物的多样性决定的

E. 不同的酶需要不同的基因进行编码

8. 即使在古代，规模生产谷物的农场，也只有依靠大规模的农产品市场才能生存，而这种大规模的农产品市场意味着有相当人口的城市存在。因为中国历史上只有一家一户的小农经济，从来没有出现过农场这种规模生产的农业模式，因此，现在考古所发现的中国古代城市，很可能不是人口密集的城市，而只是为举行某种仪式的人群临时聚集地。以下哪项，最为恰当地指出了上述论证的漏洞？（　　）

A. 该结论只是对其前提中某个断定的重复

B. 论证中对某个关键概念的界定前后不一致

C. 在同一个论证中，对一个带有歧义的断定做出了不同的解释

D. 把某种情况的不存在，作为证明此种情况的必要条件也不存在的根据

E. 把某种情况在现实中不存在，作为证明此类情况不可能发生的根据

9. 赵光宇、段延丰、王瑞荣、陈晓薇、李婉欣准备考研。老师知道每个人心仪的目标院校，但是这五个学生却并不知道其他人的目标院校。五个人对其他人的目标院校猜测如下：

赵光宇的猜测是：段延丰的目标院校是人民大学，王瑞荣的目标院校是武汉大学。

段延丰的猜测是:李婉欣的目标院校是南京大学,王瑞荣的目标院校是南开大学。

王瑞荣的猜测是:赵光宇的目标院校是南京大学,陈晓薇的目标院校是北京大学。

陈晓薇的猜测是:李婉欣的目标院校是北京大学,段延丰的目标院校是南开大学。

李婉欣的猜测是:王瑞荣的目标院校是人民大学,陈晓薇的目标院校是武汉大学。

老师最后作点评,说他们每人只猜对了一半。

根据以上条件,可以得到以下哪项是正确的?(　　)

A. 赵光宇的目标院校是南京大学,王瑞荣的目标院校是人民大学

B. 陈晓薇的目标院校是北京大学,赵光宇的目标院校是南京大学

C. 段延丰的目标院校是人民大学,李婉欣的目标院校是北京大学

D. 李婉欣的目标院校是武汉大学,陈晓薇的目标院校是北京大学

E. 王瑞荣的目标院校是南开大学,段延丰的目标院校是北京大学

10. 赵、钱、孙、李四位嘉宾参加某综艺节目,主持人播放了巩俐、赵薇、章子怡、周迅四位明星的故事片段,要求嘉宾指出每个故事片段说的是哪个明星。

赵说:“片段四是周迅。”

钱说:“片段一不是巩俐并且片段二不是赵薇。”

孙说:“如果片段一是赵薇,那么片段三不是章子怡。”

李说:“如果片段一不是巩俐,那么片段二是赵薇。”

最终结果表明,上述四人所做的回答中只有一个人的回答是对的。以下哪项可以从上述陈述中推出?(　　)

A. 片段一、片段二、片段三、片段四分别是巩俐、赵薇、周迅、章子怡

B. 片段一、片段二、片段三、片段四分别是赵薇、巩俐、周迅、章子怡

C. 片段一、片段二、片段三、片段四分别是章子怡、巩俐、周迅、赵薇

D. 片段一、片段二、片段三、片段四分别是巩俐、赵薇、章子怡、周迅

E. 片段一、片段二、片段三、片段四分别是赵薇、周迅、章子怡、巩俐

11. 某网络公司通过问卷对登录“心理医生之窗”网站寻求心理帮助的人群进行调查。结果显示:持续登录“心理医生之窗”网站 6 个月或更长时间的人群

中，46%的人声称与“心理医生之窗”网站的沟通与交流使他们心情变得好多了。因此，更长时间登录“心理医生之窗”网站比短期登录会更有效改善人们的心理状态。以下哪项如果为真，最能削弱上述论断？（　　）

A. 持续登录该网站6个月以上的人群中，10%的人反映登录后心情变得更糟了

B. 持续登录该网站6个月以上的人比短期登录的人更愿意回答问卷调查的问题

C. 对“心理医生之窗”网站不满意的人往往是那些没有耐心的人，他们对问卷调查往往持消极态度

D. 登录网站获得良好心情的人会更积极地登录，而那些感觉没有效果的人往往会离开

E. 登录“心理医生之窗”网站不足半年的人多于登录该网站6个月以上的人

12. 长安雅苑、和煦家园、玉璞家园的销售经理在一起讨论楼盘的销售情况。

长安雅苑销售经理说：“除非我们不能开盘售罄，否则和煦家园能够开盘售罄。”

和煦家园销售经理说：“我看长安雅苑能够开盘售罄，但我们不能够开盘售罄。”

玉璞家园销售经理说：“除非我们不能开盘售罄，和煦家园没有开盘售罄”。

事后证明，她们三人中只有一个人说的是真话。

如果上述陈述为真，以下哪项也必然为真？（　　）

A. 玉璞家园销售经理说真话，长安雅苑开盘售罄

B. 长安雅苑销售经理说真话，和煦家园开盘售罄

C. 长安雅苑销售经理说真话，和煦家园没有开盘售罄

D. 和煦家园销售经理说真话，玉璞家园没有开盘售罄

E. 长安雅苑销售经理说真话，玉璞家园没有开盘售罄

13.《旅行者》杂志受北京市交通委员会委托，就北京市地铁定价一事对杂志读者群进行了民意调查，结果69%以上的读者赞成地铁票起步价为5元，于是编辑部宣布，北京市大部分市民赞成地铁票起步价为5元。以下哪项如果属实，最能削弱该编辑部的结论？（　　）

A. 有些《旅行者》读者并不喜欢乘坐地铁

B.《旅行者》杂志的读者主要来自北京市一部分收入较高的女性市民

C.《旅行者》杂志的有些读者并未在调查中发表意见

D. 地铁票价的最后决定权是北京市政府而非交通委员会

E.《旅行者》杂志的调查问卷将乘坐地铁放在公共交通工具列表中的首位

14. 有些婚恋网站涉嫌色情交易，因而，不是所有婚恋网站都有良好的口碑。以下哪项可以使上述论证成立？（　　）

A. 有些涉嫌色情交易的婚恋网站没有良好的口碑

B. 有些涉嫌色情交易的婚恋网站有良好的口碑

C. 所有涉嫌权色交易的婚恋网站都没有良好的口碑

D. 有些婚恋网站涉嫌权色交易

E. 所有涉嫌色情交易的婚恋网站都没有良好的口碑

15. 今年上半年的统计数字表明：甲省 CPI 在三个月环比上涨 1.8%以后，又连续三个月下降 1.7%，同期乙省 CPI 连续三个月环比下降 1.7%之后，又连续三个月上涨 1.8%。假如去年 12 月甲、乙两省的 CPI 相同，则以下哪项判断为假？（　　）

A. 今年 2 月份甲省比乙省的 CPI 高

B. 今年 3 月份甲省比乙省的 CPI 高

C. 今年 4 月份甲省比乙省的 CPI 高

D. 今年 5 月份甲省比乙省的 CPI 高

E. 今年 6 月份甲省比乙省的 CPI 高

16. 最近的研究表明，和鹦鹉长期密切接触会增加患肺癌的危险。但是没人会因为存在这种危险性，而主张政府通过对鹦鹉的主人征收安全税来限制或减少人和鹦鹉的接触。因此，同样的道理，政府应该取消对滑雪、汽车、摩托车和竞技降落伞等带有危险性的比赛所征收的安全税。以下哪项最不符合题干的意思？（　　）

A. 政府应该对一些豪华型的健身美容设施征收专门税以贴补教育

B. 政府不应该提倡但也不应禁止新闻媒介对飞车越黄河这样的危险性活动的炒作

C. 政府应运用高科技手段来提高竞技比赛的安全性

D. 政府应拨专款来确保登山运动和探险活动参加者的安全

E. 政府应设法通过增加成本的方式，来减少人们对带有危险性的竞技娱乐活动的参与

17. 在19世纪，法国艺术学会是法国绘画及雕塑的主要赞助部门，当时个人赞助者已急剧减少。由于该艺术学会并不鼓励艺术创新，19世纪的法国雕塑缺乏新意；然而，同一时期的法国绘画却表现很大程度的创新。以下哪项如果为真，最有助于解释19世纪法国绘画与雕塑之间创新的差异？(　　)

A. 在19世纪，法国艺术学会给予绘画的经费支持比雕塑多

B. 在19世纪，雕塑家比画家获得更多的来自于艺术学会的支持经费

C. 由于颜料和画布价格比雕塑用的石料便宜，19世纪法国的非赞助绘画作品比非赞助雕塑作品多

D. 19世纪极少数的法国艺术家既进行雕塑创作，也进行绘画创作

E. 尽管艺术学会仍对雕塑家和画家给予赞助，但19世纪的法国雕塑家和画家得到的 经费支持明显下降

18～19题基于以下共同题干：

张、王、李、赵四人出差，住在同一个宾馆。一天下午，他们各要去一个单位办事，甲单位星期一不接待，乙单位星期二不接待，丙单位星期四不接待，丁单位只在星期一、三和五接待。而且，星期天四个单位都不接待。临出发前，四人作了一番谈话。

张：“两天前，我已经去谈了一次，今天再去一次，还可以与老赵同走一段路。”

王：“今天我一定要去，要不明天人家就不接待了。”

李：“这星期的前几天和今天，我去都能办成事。”

赵：“我今天和明天去，对方都接待。”

18. 以上的情况都是真的，对这一天是星期几，以下哪项是真的？(　　)

A. 这天是星期一

B. 这天是星期二

C. 这天是星期三

D. 这天是星期四

E. 这天是星期五

19. 对哪个人去哪个单位办事，以下哪项是真的？(　　)

A. 张同志去甲单位办事

B. 王同志去丁单位办事

C. 李同志去乙单位办事　　　　　　　D. 赵同志去丙单位办事

E. 四个同志都没有出去办事

20. 大城市相对于中小城市，尤其是小城镇来讲，其生活成本是比较高的。这必然限制农村人口的进入，因此，仅靠发展大城市实际上无法实现城市化。以下哪项是上述论证所假设的？（　　）

A. 城市化是我国发展的必由之路

B. 单纯发展大城市不利于城市化的推进

C. 要实现城市化，就必须让城市充分吸纳农村人口

D. 大城市对外地农村人口的吸引力明显低于中小城市

E. 城市化不能单纯发展大城市，也要充分重视发展其他类型的城市

21. "辣椒缓解消化不良"，吃完火辣大餐却饱受消化不良之苦的人，看到这句话或许会大惊失色，不敢相信。然而，意大利的专家们通过实验得出的结论却是如此。他们给患有消化不良的实验者在饭前服用含有辣椒成分的药片，在5个星期之后，有60%的实验者的不适症状得到了缓解。以下哪项如果为真，最能反驳上述实验结论？（　　）

A. 辣椒中含有的辣椒素在一定程度上可以对一种神经传递素的分泌起阻碍作用

B. 在该实验中，有5%实验者的不适症状有所加重

C. 在另一组饭后服用该药片的实验者中也有55%实验者的不适症状得到了缓解

D. 注意健康饮食之后，消化不良患者一般会在一个月内缓解不适症状

E. 在实验前，并没有告知实验者所服用的药片中含有辣椒成分

22. 某厂新开发的"哈哈乐"牌饮料中含有一些对人体有益的微量元素，已知，钠和铁至少必须有一种，同时还通过调查发现：

(1)如果有铁，就必须有锌。

(2)锌、钠至多只能有一种。

(3)若有钠，就必须有镁。

(4)有镁，就必须有锌。

如果以上为真，该饮料中一定包含以下哪两种微量元素？（　　）

A. 钠和锌　　　　　　　　　　　　　B. 铁和锌

C. 镁和铁　　　　　　　　　　D. 锌和镁

E. 铁和钠

23. 朱莹、胡春、李杨是人民大学三名即将毕业的专业硕士(会计硕士、审计硕士、税务硕士),他们正在找工作(应聘阿里巴巴、滴滴打车、神州专车)。已知:

(1)胡春没有应聘阿里巴巴,朱莹没有应聘滴滴打车,李杨没有应聘神州专车。

(2)正在应聘阿里巴巴的不是会计硕士,正在应聘滴滴打车的是审计硕士。

(3)李杨不是税务硕士。

根据以上条件,以下哪项一定为真?(　　)

A. 朱莹是税务硕士的,在应聘神州专车

B. 胡春是审计硕士的,在应聘滴滴打车

C. 胡春是会计硕士的,在应聘神州专车

D. 李杨是税务硕士的,在应聘阿里巴巴

E. 朱莹是会计硕士的,在应聘阿里巴巴

24. 在两座"甲"字形大墓与圆形夯土台基之间,集中发现了 5 座马坑和一座长方形的车马坑。其中两座马坑各葬 6 匹马。一座坑内马骨架分南北两排摆放整齐,前排 2 匹,后排 4 匹,由西向东依序摆放;另一座坑内马骨架摆放方式较特殊,6 匹马两两成对相背放置,头向不一。比较特殊的现象是在马坑中间还放置了一个牛角,据此推测该马坑可能和祭祀有关。以下哪项如果为真,最能支持上述推测?(　　)

A. 牛角是古代祭祀时的重要物件

B. 祭祀时殉葬的马匹必须头向一致地摆放整齐

C. 6 匹马是古代王公祭祀时的一种基本形式

D. 只有在祭祀时,才在马坑中放置牛角

E. 如果马骨摆放的比较杂乱,那一定是由于祭祀时混乱的场面造成的

25. 今年以来,A 省的房地产市场出现了低迷迹象,成交量减少,房价下跌,但该省的 S 市是个例外,房价持续上涨,成交活跃。以下哪项如果属实,最无助于解释上述的例外?(　　)

A. 经批准,S 市将建立高新技术开发区,预计大量外资将进入该市

B. 该市加大交通基础建设和投资已显示效果，交通拥堵的状况大为改观

C. 与东部许多城市相比，S市的房地产价格一直偏低，上涨的空间较大

D. S市的银行向房地产开发商发放了大量的贷款，促进该市房地产业的发展

E. 经过网络投票和专家评定，S市被评为国内最适合人居住的城市之一

26. 利兹鱼生活在距今约1.65亿年前的侏罗纪中期，是恐龙时代一种体形巨大的鱼类。利兹鱼在出生后20年内可长到9米长，平均寿命40年左右的利兹鱼，最大的体长甚至可达到16.5米。这个体形与现代最大的鱼类鲸鲨相当，而鲸鲨的平均寿命约为70年，因此利兹鱼的生长速度很可能超过鲸鲨。以下哪项如果为真，最能反驳上述论证？（　　）

A. 利兹鱼和鲸鲨都以海洋中的浮游生物、小型动物为食，生长速度不可能有大的差异

B. 利兹鱼和鲸鲨尽管寿命相差很大，但是它们均在20岁左右达到成年，体形基本定型

C. 鱼类尽管寿命长短不同，但其生长阶段基本与其幼年、成年、中老年相应

D. 侏罗纪时期的鱼类和现代鱼类的生长周期没有明显变化

E. 远古时期的海洋环境和今天的海洋环境存在很大的差异

27～30题基于以下题干：

某班打算从方如芬、郭嫣然、何之莲三名女生中选拔两人，从彭友文、裘志节、任向阳、宋文凯、唐晓华五名男生中选拔三人组成大学生五人支教小组到山区义务支教。要求：

(1)郭嫣然和唐晓华不同时入选

(2)彭友文和宋文凯不同时入选。

(3)裘志节和唐晓华不同时入选。

27. 下列哪位一定入选？（　　）

A. 方如芬　　B. 郭嫣然　　C. 宋文凯　　D. 何之莲

E. 任向阳

28. 如果郭嫣然入选，则下列哪位也一定入选？（　　）

A. 方如芬　　B. 何之莲　　C. 彭友文　　D. 裘志节

E. 宋文凯

29. 若何之莲未入选，则下列哪一位也未入选？（　　）

A. 唐晓华　　B. 彭友文　　C. 裘志节　　D. 宋文凯

E. 方如芬

30. 若唐晓华入选，则下列哪两位一定入选？（　　）

A. 方如芬和郭嫣然　　B. 郭嫣然和何之莲

C. 彭友文和何之莲　　D. 任向阳和宋文凯

E. 方如芬和何之莲

综合训练八

1. 黑脉金蝴蝶幼虫先折断含毒液的乳草属植物的叶脉，使毒液外流，再食入整片叶子。一般情况下，乳草属植物叶脉被折断后其内的毒液基本完全流掉，即便有极微量的残留，对幼虫也不会构成威胁。黑脉金蝴蝶幼虫就是采用这样方式以有毒的乳草属植物为食物来源直到它们发育成熟。以下哪项最可能是上文所作的假设？（　　）

   A. 幼虫有多种方法对付有毒植物的毒液，因此，有毒植物是多种幼虫的食物来源

   B. 除黑脉金蝴蝶幼虫外，乳草属植物不适合其他幼虫食用

   C. 除乳草属植物外，其他有毒植物已经进化到能防止黑脉金蝴蝶幼虫破坏其叶脉的程度

   D. 黑脉金蝴蝶幼虫成功对付乳草属植物毒液的方法不能用于对付其他有毒植物

   E. 乳草属植物的叶脉没有进化到黑脉金蝴蝶幼虫不能折断的程度

2. 商场调查人员发现，在冬季选购服装时，有些人宁可忍受寒冷也要挑选时尚但并不御寒的衣服。调查人员据此得出结论：为了在众人面前获得仪表堂堂的效果，人们有时宁愿牺牲自己的舒适感。以下哪项情形与上述论证最相似？（　　）

   A. 有些人的工作单位就在住所附近，完全可以步行或骑自行车上下班，但他们仍然购买高档汽车并作为上下班的交通工具

   B. 有些父母在商场为孩子购买冰鞋时，受到孩子的影响，通常会挑选那些样式新潮的漂亮冰鞋，即使别的种类的冰鞋更安全可靠

   C. 一对夫妇设宴招待朋友，在挑选葡萄酒时，他们选择了价钱更贵的 A 型葡萄酒，虽然他们更喜欢喝 B 型葡萄酒，但他们认为 A 型葡萄酒可以给宾客

留下更深刻的印象

D. 有些人在太热的夜晚睡觉，宁可不使用空调或少使用空调，他们认为这样做不但可以省电，也可以减少因为大量使用空调所导致的对环境的破坏

E. 杂技团的管理人员认为，让杂技演员穿上昂贵而又漂亮的服装，才能完美地配合他们的杂技表演，从而更好地感染现场观众

3. 汤姆、玛丽和约翰在图书馆一共借了 4 本书。

汤姆说："我借了 2 本书，玛丽和约翰都只借了 1 本书。"

玛丽说："我借了 3 本书，汤姆借了 1 本书，约翰没有借。"

约翰说："我借了 2 本书，汤姆借了 2 本书，玛丽没有借。"

接着，汤姆说："玛丽说谎了。"

玛丽说："约翰说谎了。"

约翰说："汤姆和玛丽都说谎了。"

已知，说真话的人前后都说真话，而说谎话的人前后都说谎话，则以下哪项为真？（　　）

A. 汤姆借了 2 本书，玛丽和约翰都只借了 1 本书

B. 汤姆借了 1 本书，玛丽借了 2 本书，约翰借了 1 本书

C. 汤姆借了 1 本书，玛丽借了 3 本书，约翰没有借书

D. 汤姆和约翰都借了 2 本书，玛丽没有借书

E. 汤姆没有借书，玛丽和约翰都借了 2 本书

4. 某项研究以高中三年级理科生 288 人为对象，分两组进行测试。在数学考试前，一组学生需咀嚼 10 分钟口香糖，而另一组无需咀嚼口香糖。测试结果显示，总体上咀嚼口香糖的考生比没有咀嚼口香糖的考生其焦虑感低 20%；特别是对于低焦虑状态的学生群体，咀嚼组比未咀嚼组的焦虑感低 36%，而对于中焦虑状态的考生，咀嚼口香糖比不咀嚼口香糖的焦虑感低 16%。从以上实验数据，最能得出以下哪项？（　　）

A. 咀嚼口香糖对于高焦虑状态的考生没有效果

B. 对于高焦虑状态的学生群体，咀嚼组比未咀嚼组的焦虑感低 8%

C. 咀嚼口香糖能够缓解低、中程度焦虑状态学生的考试焦虑

D. 咀嚼口香糖不能缓解考试焦虑

E. 未咀嚼口香糖的一组，因为无事可做而焦虑

5～6 题基于以下共同的题干：

六个城市的位置如下图所示：

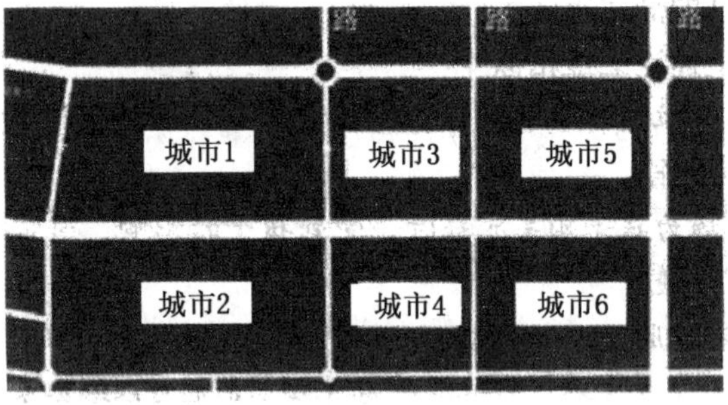

在这六个城市所覆盖的区域中，有四所医院、两所监狱和两所大学。这八个单位的位置如下：

(1)没有一个单位跨越不同的城市。

(2)没有一个城市有两座监狱，也没有一个城市有两所大学。

(3)没有一个城市中既有监狱又有大学。

(4)每座监狱位于至少有一所医院的城市。

(5)有大学的两个城市没有共同的边界。

(6)城市 3 有一所大学，城市 6 有一座监狱。

5. 以下哪项可能为真？(　　)

A. 城市 5 有一所大学　　B. 城市 6 有一所大学

C. 城市 2 有一座监狱　　D. 城市 3 有一所医院

E. 城市 1 有一所大学

6. 以下哪个城市中的医院一定少于 3 所？(　　)

A. 城市 1　　B. 城市 2　　C. 城市 4　　D. 城市 5

E. 不确定

7. 一脸“萌”相的康恩·莱维，看似与其他新生儿并无两样。但因为是全球首例经新一代基因测序技术筛查后的试管婴儿，他的问世，受到了专家学者的关注。前不久，英国伦敦召开的“欧洲人类生殖和胚胎学会年会”上，这则新闻引爆全场。而普通人也由此认为，人类或许迎来了“定制宝宝”的时代。以下哪项如果为真，最能反驳上述普通人的观点？(　　)

A. “人工”的基因筛查不排除会有漏洞；自然受孕中，大自然优胜劣汰准则似

乎更为奥妙、有效

B. 从近代科技发展史可见，技术发展往往快于人类认知，有时技术会走得更远，偏离人类认知的轨道

C. 筛查基因主要是避免生殖缺陷，这一技术为人类优生优育带来契机；至于“定制宝宝”，更多涉及克隆概念，两者不能混淆

D.“定制宝宝”在全球范围内尚无尝试，这一概念也挑战最具有争议的人类生殖伦理

E. 生物技术飞速发展，“定制宝宝”的时代可能尚未热身就已经被别的时代所取代

8. 美联储一直想推出第三次量化宽松货币政策(简称 QE3)，以推动美国经济复苏。如果美联储推出 QE3，则全球美元供给将再次大幅增加，各国要维护汇率稳定，就不得不购买美元资产。如果各国购买美元资产，则会加大本国通货膨胀压力。如果不想输入通货膨胀，各国就要让本币升值。如果本币升值，则会抑制本国出口，导致经济滑坡。如果以上陈述为真，以下哪一项陈述一定为真？(　　)

A. 如果美联储推出 QE3，其他国家若想避免本国经济滑坡，就不要购买美元资产

B. 其他国家或者面临输入性通货膨胀的压力，或者面临经济滑坡的危险

C. 如果其他国家没有输入性通货膨胀，也没有本币升值，则美联储未推出 QE3

D. 如果其他国家未遇到输入性通货膨胀的压力，就不会让本币升值

E. 有些国家既没有通货膨胀也没有本币升值

9～10 题基于以下题干：

某委员会根据气候、位置和友好程度三个标准给五个城市 P、Q、R、S 和 T 从高(最好)到低(最差)排名。

(1)这五个城市中任何两个城市在这三个标准中的每一项所获得的排名都不相同。

(2)在气候这一项上，T 排名第三，S 排名第四。

(3)在位置这一项上，Q 排名第二，R 排名第三，P 排名第四。

(4)在友好程度这一项上，T 的排名比 P 靠前，Q 排名第四，S 排名第五。

(5)R 在气候一项所获得的排名比在友好程度上获得的排名靠前。

(6)Q 在这三项上的排名互不相同。

9. 若 Q 在气候一项上获得的排名是第一，则下面哪一项一定正确？(　　)

A. P 在气候上获得的排名是第二

B. P 在友好程度上获得的排名是第三

C. R 在友好程度上获得的排名是第二

D. R 在友好程度上获得的排名是第三

E. T 在位置的排名比 S 靠前

10. 下面哪一项的陈述不可能正确？(　　)

A. P 在气候上排名第一

B. Q 在气候上排名第五

C. R 在友好程度上排名第三

D. T 在友好程度上排名第二

E. S 在位置排名第一

11. 社会习俗影响人性格的形成这一主张已经被普通接受了。这种教条主义说法只把个人当成社会影响的顺从的接受者，个性完全是社会的产物，在生活中任何一个方面个人的性格都会被社会的管理所改变。而犯罪之所以存在，据说是因为社会在某些方面没能尽到使每人都过上富足的生活这一责任。然而，尽管极端贫穷会迫使人去偷窃是事实，但很明显，有些人不管社会如何善待他们，他们仍会去犯罪。上文描述的"教条主义说法"所隐含的意思是下面哪一句？(　　)

A. 社会习俗对性格的反映与对性格的影响不相上下

B. 富人最能强烈地感觉到社会对其性格的影响

C. 社会财富积聚到少数有特权的人手中是犯罪存在的原因

D. 进行社会改革是最可能减少犯罪的办法

E. 犯罪惩罚力度的降低很可能导致更多的犯罪行为

12. 尽管幼儿园老师反复叮嘱，"我"的孩子总难以养成临睡前刷牙的习惯。"我"做出样子，希望能够供她模仿，给她讲道理，临睡前刷牙比清晨更重要，但总是难以奏效。后来，"我"在她临睡前给她讲一个故事，并要求她听故事前去刷牙。几周后，每天晚上临睡前，只要我一拿起故事书，她就会立即去刷牙。以下哪项是对上述家长经验的最恰当概括？(　　)

A. 喜欢听故事是幼儿的天性，家长应学会这点对孩子进行有益的诱导

B. 家长在教育幼儿方面比幼儿园老师更有效，是因为他们对孩子更具爱心

C. 榜样比说教对幼儿更有效

D. 孩子的习惯是靠重复某个行为养成的，即使她并不理解这一行为的意义

E. 幼儿更愿意去模仿大人的行为，而不愿意听从大人的要求

13. 现在的影视作品使儿童们对世界形成了歪曲的看法。在卡通片中，动物们都被描绘成高贵、友善、富于同情心的精灵，而在《赌城巨霸》这样的电影中，男人、女人一个个都是那么贪婪、残忍和淫荡。这使得儿童们认为，动物比人好，人比动物坏。以下哪项如果是真的，能削弱上述结论？（　　）

①儿童们不允许观看《赌城巨霸》这样的电影。

②卡通片的制作者的目的并不是想让儿童们认为动物比人好。

③儿童们认为“动物比人好”，并不等于他们混淆了善恶标准。

A. 只有①　　B. 只有②

C. 只有③　　D. 只有①③

E. ①②③

14. 最近东方商厦对部分营业员进行为期 2 个月的营销理论培训，参加者月平均营业额增加 9 000 元。其中男营业员平均增加 13 000 元，女营业员平均增加 7 000 元。培训主管部门将男、女营业员营业额增加的差异归结为培训前男营业员营业额一般比女营业员多。从上文能推出以下哪个结论？（　　）

A. 培训前女营业员营业额比男营业员少

B. 所有参加培训的营业员营业额都有上升

C. 培训参加者中女营业员比男营业员多

D. 培训参加者中女营业员比男营业员少

E. 男营业员通过培训后营业额都比女营业员多

15. 目前全球的粮食年产量比满足全球人口的最低粮食需求略高。因此，那种认为将来会因粮食短缺而引发饥饿危机的预言是危言耸听。饥饿危机总是源于分配而不是生产。以下各项关于全球粮食需求的断定中，哪项最符合题干？（　　）

A. 将来不会有粮食短缺

B. 将来不会有饥饿危机

C. 将来不会有粮食分配不公

D. 将来粮食生产不低于目前

E. 全球人口的最低粮食需求将基本保持不变

16. 旅行家汤姆最近访问了克罗特地区，碰到了一件使他为难的事。当地有一种奇特的习惯：男人和男孩从来都是说真话；而女人和女孩从不连续说真话或假话。即，如果前句是真话，则她下一句便是假话；反之亦然。汤姆遇到一对带孩子的夫妇。汤姆问那个孩子："你是男孩吗？"孩子用克罗特语回答，可汤姆听不懂他的话。好在孩子的父母都会说汤姆的语言。他们中的一个说："孩子说自己是男孩。"另一个说："孩子是女孩，孩子说谎了。"请问这个孩子是男孩还是女孩？（　　）

A. 男孩　　B. 女孩

C. 不能断定　　D. 这要看哪个家长先说话而定

E. 如果父亲先说话，则是女孩

17. 一辆电车进站，有些人便一窝蜂地往上挤。突然，"哗啦"一声，一块玻璃被一个人挤碎了。售货员冲着那个人大声喊道："玻璃碎了，要照价赔偿！"那个人反问道："要我赔什么？"售货员说："损坏人民财产难道不应该赔吗？"那个人理直气壮地说："我是人民一员，人民财产有我的一份，我那份，不要了！还赔什么？"请问这个"聪明的乘客"所犯的逻辑错误与以下哪句话不同？（　　）

A. 群众最聪明，我是群众，所以我最聪明

B. 早知道吃了第三个烧饼就饱了，我还吃前两个干什么？

C. 辩证法是马克思主义的精髓，黑格尔的方法是辩证法，所以黑格尔的方法是马克思主义的精髓

D. 所有的坏人都攻击我，你攻击我，所以你是坏人

E. "这个厂的大烟囱真讨厌，整天冒烟，呛得我都喘不过气来。""我给你买戒烟糖去。"

18. 凡物质都是可塑的，树木是可塑的，所以树木是物质。下面的推理哪个与上述推理在结构上最相近？（　　）

A. 凡真理都是经过实践检验的，进化论是真理，所以，进化论是经过实践检验的

B. 凡恒星都是自身发光的，金星不是恒星，所以，金星自身不会发光

C. 凡公民都必须遵守法律，我们是公民，所以我们必须遵守法律

D. 所有的坏人都攻击我，你攻击我，所以你是坏人

E. 凡鲸一定用肺呼吸，海豹可能是鲸，所以海豹可能是用肺呼吸

19. 某本科专业按如下原则选拔特别奖学金的候选人：将本专业的同学按德育情况排列名次，均分为上、中、下三个等级(即各个等级的人数相等，下同)，候选人在德育方面必须为上等；将本专业的同学按学习成绩排列名次，均分为优、良、中、差四等，候选人的成绩必须为优；将本专业的同学按身体状况排列名次，均分为好和差两等，候选人的身体状况必须为好。假设该专业共有 36 名本科学生，则除了以下哪项外，其余都可能是这次选拔的结果？(　　)

A. 恰好有 4 个学生被选为候选人

B. 只有 2 个学生被选为候选人

C. 没有学生被选为候选人

D. 候选人数多于本专业学生的 1/4

E. 候选人数少于本专业学生的 1/3

20. 尊重他人是一种高尚的美德，是个人内在修养的外在表现；受人尊重是一种享受，更是一种幸福。人都渴望得到他人的尊重，但只有尊重他人才能赢得他人的尊重。根据以上陈述，可以得出以下哪项？(　　)

A. 只有具有高尚的美德才能赢得幸福

B. 只有加强内在修养才能赢得他人尊重

C. 不具备任何高尚的美德就不能赢得他人的尊重

D. 尊重总是双方的，单方面的尊重是不存在的。

E. 如果你不尊重他人，就不可能得到幸福

21. 只有世界经济今年走出低谷，欧洲部分国家的财政危机才可以平稳渡过。以下哪项最准确地表达了上述断定？(　　)

Ⅰ. 如果世界经济今年走出低谷，则西方国家的财政危机可以平稳渡过。

Ⅱ. 如果世界经济今年未能走出低谷，则有的西方国家财政危机没能平稳渡过。

A. 只有Ⅰ　　　　B. 只有Ⅱ

C. Ⅰ和Ⅱ　　D. Ⅰ或Ⅱ

E. Ⅰ和Ⅱ都不对

22. 借助动物化石和标本中留存的DNA，运用日益先进的克隆和基因技术，人类已经能够“复活”一些早已灭绝的动物，如猛犸象、渡渡鸟、恐龙等。与此同时，科学界对“人类是否应该复活灭绝动物”也展开一场大讨论。支持者们相信，复活动物有望恢复某些地区被破坏的生态环境。例如，猛犸象生活在西伯利亚广阔草原，其排泄物是滋养草原的绝佳肥料。猛犸象灭绝后，缺少肥料的草原逐渐被苔原取代。如果能让猛犸象复活，重回西伯利亚，将有助于缩小苔原面积，逐渐恢复草原生态系统。以下哪项如果为真，最能反驳上述支持者的观点？（　　）

A. 如果投入大量时间、精力和成本去复活已经消失的生物，势必牵制和削弱对现存濒危动物的保护，结果得不偿失

B. 仅仅克隆出某种灭绝动物的个体，并不等于人类有能力复活整个种群

C. 即便灭绝动物能够成批复活，适宜它们生长的栖息地或许早已消失，如果不能给予重生物种一个适宜生存的环境，一切努力都将徒劳

D. 这些动物绝大多数是在人类发展过程中逐渐消失的，正是人类活动，才导致了它们的灭绝

E. 地球资源有限，复活灭绝了的动物势必对现存生物造成威胁

23. 昨天是赵光宇值班，后天是延丰值班。他俩值班日期距星期五同样远。如果上述断定为真，那么，明天是星期几？（　　）

A. 星期五　　B. 星期一

C. 星期二　　D. 星期三

E. 星期四

24. 一个国家汇率要稳定，首先必须实体经济强大；一个国家，只有货币政策稳健，才能实体经济强大；而一个国家如果没有足够的外汇储备与黄金储备，就不可能货币政策稳健。以下哪项结论可以从题干的断定中推出？（　　）

Ⅰ. 一个汇率稳定的国家，一定有足够的外汇储备与黄金储备。

Ⅱ. 一个货币政策不稳健的国家，不可能汇率稳定。

Ⅲ. 一个有足够的外汇储备与黄金储备的国家，一定实体经济强大。

A. 只有Ⅰ和Ⅱ　　B. 只有Ⅰ和Ⅲ

C. 只有Ⅱ和Ⅲ　　D. Ⅰ、Ⅱ和Ⅲ

E. 只有Ⅱ

25. 江苏省“挑战杯”创业大赛预选赛有南京大学、东南大学、河海大学、南京财经大学、南京航空航天大学入围，对于预选赛结果，评委有如下议论：

(1)冠军队不是南京大学，就是河海大学。

(2)冠军队既不是东南大学，也不是南京财经大学。

(3)冠军队只能是南京财经大学。

(4)冠军队不是南京大学。

比赛结果显示，只有一条议论是正确的。那么获得冠军的是哪所大学？(　　)

A. 南京大学　　B. 南京财经大学

C. 东南大学　　D. 河海大学

E. 南京航空航天大学

26. 研究发现，昆虫是通过它们身体上的气孔系统来“呼吸”的。气孔连着气管，而且由上往下又附着更多层的越来越小的气孔，由此把氧气送到全身。在目前大气的氧气含量水平下，气孔系统的总长度已经达到极限；若总长度超过这个极限，供氧的能力就会不足。因此，可以判断，氧气含量的多少可以决定昆虫的形体大小。以下哪项如果为真，最能支持上述论证？(　　)

A. 对海洋中的无脊椎动物的研究也发现，在更冷和氧气含量更高的水中，那里的生物的体积也更大

B. 石炭纪时期地球大气层中氧气的浓度高达 35%，比现在的 21%要高很多，那时地球生活着许多巨型昆虫，蜻蜓翼展接近一米

C. 小蝗虫在低含氧量环境中尤其是氧气浓度低于 15%的环境中就无法生存，而成年蝗虫则可以在 2%的氧气含量环境下生存下来

D. 在氧气含量高、气压也高的环境下，接受试验的果蝇生活到第五代，身体尺寸增长了 20%

E. 在同一座山上，生活在山脚下的动物总体上比生活在山顶的同种动物要大

27. 小陈经常因驾驶汽车超速收到交警的罚单。他调查发现同事开小排量汽车超速的可能性低很多。为此他决定把自己驾驶的大排量汽车卖掉，换购一

辆小排量汽车，以此降低超速驾驶的可能性。小陈的论证推理最容易受到以下哪项的批评？（　　）

A. 仅仅依据现象间有联系就推断出有因果关系

B. 依据一个过于狭隘的范例得出一般结论

C. 将获得结论的充分条件当作必要条件

D. 将获得结论的必要条件当作充分条件

E. 进行了一个不太可信的调查研究

28. 通过分析物体的原子释放或者吸收的光可以测量物体在远离地球还是接近地球，当物体远离地球，这些光的频率会移向光谱的红色端（低频），简称“红移”，反之，则称“蓝移”。原子释放出的这种独特的光也被组成原子的基本粒子尤其是电子的质量所影响。如果某一原子的质量增加，其释放的光子的能量也会变得更高，因此，释放和吸收频率会蓝移。相反，如果粒子变得越来越轻，频率将会红移。天文观察发现，大多数星系都有红移现象，而且，星系距离地球越远，红移越大，据此，许多科学家认为宇宙一定在不断膨胀。以下哪项如果为真，最能反驳上述科学家的观点？（　　）

A. 在遥远的宇宙中，也发现了个别蓝移的天体

B. 地球并非处于宇宙的中心区域

C. 人们所能观察的星体可能不足真实宇宙的百分之一

D. 从宇宙中其他天体的视角看，红移也是占绝对优势的现象

E. 根据现代科学观察，宇宙中粒子的质量没有大的变化

29～30 题基于以下共同的题干：

有些互联网广告是骗人的，有些骗人的广告是被千夫所指的，有些被千夫所指的广告不是互联网广告。

29. 如果以上命题为真，以下哪个选项可能真？（　　）

A. 没有骗人的广告是被千夫所指的

B. 没有互联网广告是骗人的

C. 没有被千夫所指的广告是骗人的

D. 所有被千夫所指的广告都是骗人的

E. 所有被千夫所指的广告都是互联网广告

30. 如果题干中的命题为真，以下哪个选项不可能真？（　　）

A. 并非有些被千夫所指的广告都是互联网广告
B. 所有被千夫所指的广告都是互联网广告
C. 唯利是图的互联网企业不会受到人们的尊敬
D. 所有骗人的广告都是互联网广告
E. 并非某些被千夫所指的广告不是骗人的